黑马波段操盘术

凌 波 ◎著

图书在版编目（CIP）数据

黑马波段操盘术 / 凌波著. —北京：北京联合出版公司, 2019.5（2020.10重印）
ISBN 978-7-5596-3057-5

Ⅰ.①黑… Ⅱ.①凌… Ⅲ.①股票交易 – 基本知识 Ⅳ.①F830.91

中国版本图书馆 CIP 数据核字（2019）第 056608 号

黑马波段操盘术

项目策划　斯坦威图书　斯坦威 Standway
作　　者　凌　波
责任编辑　楼淑敏
策划编辑　李佳铌　肖　宇
封面设计　杜　帅

北京联合出版公司出版
（北京市西城区德外大街 83 号楼 9 层　100088）
河北鹏润印刷有限公司印刷　新华书店经销
230 千字　710 毫米 ×1000 毫米　1/16　17 印张
2019 年 5 月第 1 版　2020 年 10 月第 2 次印刷
ISBN 978-7-5596-3057-5
定价：59.00 元

未经许可，不得以任何方式复制或抄袭本书部分或全部内容
版权所有，侵权必究
本书若有质量问题，请与本公司图书销售中心联系调换
纠错热线：010-82561793

序　言

　　A股市场自2007年10月创出历史大顶以来，主要有两波中长线的上涨行情：第一波是2008年11月到2009年8月从1664点涨到3478点，第二波是2013年7月到2015年6月从1849点涨到5178点。单边上涨是少数的送钱行情，股市在多数时间都处于区间震荡。但即便是在震荡行情中，股市也体现出一贯的特点，那就是每年至少都会有两到三波可操作的波段上涨行情，这是基金的吃饭行情，也是广大投资者的机会。

　　这个特点也是由股市的涨跌规律决定的，没有一直只跌不涨的股市，同样也没有只涨不跌的股市。中小投资者具有资金规模小、进出市场灵活、"船小好调头"的先天优势，其实只要投资者遵循一定的投资原则，进行有计划的波段操作，很有可能实现高于50%的胜率。不过，由于很多投资者缺少投资技巧和经验，大部分人会在最初的两三年以亏损收场。

　　盈利的关键在于以一定的胜率和盈亏比进行一致性操作，这就要求投资者具有一定的经验，并能坚决地执行经过验证的操作方法。我们常说，新手总是用钱（亏损）换经验，老手总是用经验换钱，不过现实情况是，更多的新手在获得足够的能力把经验转换成盈利之前就已经被市场所淘汰。

　　赚钱是因为有好的经验，而好的经验往往是由失败的操作换来的。但还是应该借鉴他人的经验，这会让你少给市场交很多学费，加快找到实现稳定盈利的途径。

　　很多初入市场的投资者都想赚快钱，这种迫切的心情我们可以理解，但投资者也应该知道这样一句话：财不入急门。股神巴菲特也曾经说过，中国投资者的一个主要问题就在于总想快速地在股票上赚钱。

市场最不缺少的是机会，而缺少的是耐心。市场不会关门，它一直在为投资者敞开着，给有准备的投资者以机会，给盲目的投资者以教训！现在你可以问自己一个很现实的问题：我凭什么在股市中赚钱？如果你还没有一个具体的答案，那么可以说，即使你在股市中赚了第一桶金也都是浮云，终究还是会"还"给市场。因为你不知道它如何而来，它必然同样让你不知道如何而去。可以说，你的投资计划越明确、越具体，那么你就越有可能赢，也越有可能赢得更久。

我从事证券交易已有十多年，不仅亲身体验了市场沉浮，也看到了很多人的沉浮，"谈笑间樯橹灰飞烟灭"的策略高手有之，"壮志未酬"者更有之，可以说投资是"一将成名万骨枯"的行业！我希望投资者能够更加注重控制风险，而不只看到盈利机会，像股神巴菲特所说的，保住本金为第一原则。

初学者头脑中想的都是盈利，而老手想到的更多是风险。以经验来看，连续三年盈利达到100%以上的投资者应该只占极少数。倒是看到更多的人被市场无情地清除出门，由于没能合理地控制风险而失去了在下次大行情中翻身的机会。不管是在股票市场还是在期货市场中，暴富永远都是一时的传说，对于绝大多数的投资者来说，最现实的事情是实现本金的稳步增长。请记住，稳定就是暴利！

股市是人性的放大器，在这里很多人失去了金钱却找到了自己！我希望投资者在失去本金之前就以开放的心态不断认识自己并找到股市波动的规律。市场对于每个人都有其特定的"秩序"，找到属于你自己认识到的"秩序"，那么，不管是在对世界的认识上还是在财富的回报上，市场都将成就于你！

本书旨在揭示市场波动的规律，把最新的研究成果与广大投资者分享，使投资者了解股市疯狂、诡诈的一面，帮助投资者更快地进入状态。全书的两个关键词是"黑马"与"波段"，选择黑马股是最直接有效的获利方法，而波段操作是最符合市场波动本质的操作手法，我们会在挑选黑马股和波段操作理念之下来展开操作方法的讲解和讨论。

为了便于记忆，我们可以总结为，"两个关键词，十字金言，两大理论，四大方法，综合图谱，黑马系统"。本书一共分为八章，具体内容如下：

第一章主要内容为：挑选黑马股与波段操作的理念基础。主要讲到"轻仓、顺势、止损、持长、扩利"十字金言的内涵，道氏理论与波浪理论两大波段操作理论基础，波段操作中常见的误区及获利原则等。

第二章主要内容为：利用"黑马线"的波段操作方法。主要讲到均线原理与"黑马线"的选择，黑马股的均线形态特征与买卖点的判断，以及用均线抓黑马的实战操作应用。

第三章主要内容为：利用K线图的波段操作方法。主要讲到K线的起源与酒田战法，波段顶部与底部的反转K线形态，趋势线的正确画法，以及利用K线形态判断顶部与底部的实例讲解。

第四章主要内容为：利用MACD指标的波段操作方法。主要介绍"指标之王"MACD的原理，黑马股的MACD指标形态特征，买卖点的判断、市场多空分析，以及用MACD指标抓黑马的实战操作实例。

第五章主要内容为：利用量价形态的波段操作方法。主要介绍量价关系本质，黑马股的量价形态特征，以及依据量价形态抓黑马的实战操作应用。

第六章主要内容为：黑马股的K线图谱。综合介绍黑马股的图形特征，把起涨点作为买点以及多空临界点作为卖点分开讲解；还介绍了左侧交易与左侧交易方法；最后是多种技术指标共振分析与经典图谱讲解。

第七章主要内容为：最容易出现黑马的板块分析。介绍股票板块的划分、黑马板块中的潜力黑马股及历史表现、帮助投资者掌握建立黑马股票池的方法、历史黑马图形分析等。

第八章主要内容为：黑马交易系统。主要介绍交易系统的概念、抓黑马之神器的优势以及对交易系统认识的误区，并介绍如何建立一个完整的交易系统、"黑马线"交易系统的建立及测试评估。

在各章之后，都有一篇小文章，三分钟学会一招必杀技的小技巧，虽然篇幅不长，但技术含量和实用性相当高，可以用来帮助投资者对关键技术环节加强记忆和训练。

本书从一位实战交易者的角度来解开市场的秘密，力求用简单易懂的语言与投资者探讨股市波动的真相和规律；帮助投资者了解市场的波动原理，找到波动的内因，了解"市场的性格"；针对各种操作技术方法，介绍其基本原理，结合市场波动性，有针对性地给出高胜算的操盘方法和技巧。

不管你是一位初学者还是正在寻求技术上突破的晋级者，相信这本书都会对你有所启发。趋势操作的正统投资理念，控制交易情绪和心态，以及投资哲学等内容也会贯穿始终。促进投资者树立良好的投资观念，培养良好的投资习惯，使盈利的观念形成固定操作模式，重复操作这些模式形成具有优势的投资习惯，这种投资习惯将最终帮助你实现稳定盈利。

希望投资者通过阅读本书，在投资技术与技巧上更进一步，获取更多和更稳定的收益。书中介绍的操作技术主要针对股票市场讲解，并且大部分内容是针对近期的行情走势进行图解分析，它们对于期货、权证、外汇等投资品种同样具有借鉴作用。

由于作者水平有限，书中难免有不足之处，恳请读者不吝赐教，不胜感激。与投资相关的问题，尤其是与波段操作和系统化交易相关的交流建议请发邮件到邮箱：lingbostock@163.com 进行交流。作为实战交易者，我非常欢迎与投资者互相交流，互相促进！

目 录
Contents

第一章 抓黑马技术理念

第一节 让黑马自己跑出来／3

第二节 十字金言：轻仓、顺势、止损、持长、扩利／7

第三节 常见误区及获利原则／15

第四节 波段操作基础——道氏理论／21

三分钟学会一招必杀技之一 底部突破缺口／27

第二章 一条均线抓黑马

第一节 均线原理／31

第二节 哪条线适合做"黑马线"／35

第三节 一线乾坤与双线交叉／40

第四节 三线开花与多线穿越／52

第五节 波段操作综合实例／58

三分钟学会一招必杀技之二 断头铡刀／61

第三章 裸K形态抓黑马

第一节 蜡烛图传奇／65

第二节 顶部反转K线形态／70

第三节 底部反转K线形态／88

第四节 趋势线的正确画法／101

三分钟学会一招必杀技之三 神奇数字与黄金比率／107

第四章 MACD指标抓黑马

第一节 指标之王——MACD／111

第二节 MACD指标之父——杰拉德·阿佩尔／116

第三节　快线多空穿越点 / 119

第四节　快线背离做波段 / 125

第五节　快慢线交叉买卖点 / 133

第六节　柱状线的抽脚与缩头 / 143

第七节　市场多空强弱分析 / 152

三分钟学会一招必杀技之四　上升通道是送钱行情 / 157

第五章　量价形态抓黑马

第一节　量价本质 / 161

第二节　成交量的相关指标 / 165

第三节　量价形态 / 171

第四节　分时窗口中的秘密 / 175

三分钟学会一招必杀技之五　量价背离 / 180

第六章　黑马K线图谱

第一节　起涨点——买点 / 183

第二节　多空临界点——卖点 / 186

第三节　左侧交易与右侧交易 / 189

第四节　经典图谱 / 193

三分钟学会一招必杀技之六　天量阴线 / 200

第七章　最容易出黑马的板块分析

第一节　主要板块分类 / 205

第二节　建立黑马股池 / 211

第三节　五大黑马板块之券商板块 / 213

第四节　五大黑马板块之有色金属板块 / 215

第五节　五大黑马板块之生物医药板块 / 218

第六节　五大黑马板块之互联网板块 / 220

第七节　五大黑马板块之新能源板块 / 222

第八节　永不褪色的长线黑马 / 224

三分钟学会一招必杀技之七　合理止损／226

第八章　黑马交易系统

第一节　交易系统——抓黑马之神器／231

第二节　误区与优势／235

第三节　建立高胜算交易系统／240

第四节　交易系统实例——黑马线交易系统／244

三分钟学会一招必杀技之八　对策比预测更重要／258

后　记／261

第一章

抓黑马技术理念

> 人生如滚雪球，重要的是找到很湿的雪和很长的坡。
> ——"股神"沃伦·巴菲特(Warren Buffett)

本章主要内容

第一节　让黑马自己跑出来

第二节　十字金言：轻仓、顺势、止损、持长、扩利

第三节　常见误区及获利原则

第四节　波段操作基础——道氏理论

三分钟学会一招必杀技之一　底部突破缺口

第一节　让黑马自己跑出来

在股票投资过程中，投资者经常会在电视、广播、网络上看到或听到各种关于黑马股的新闻、消息。黑马让人很自然地联想到赚钱和暴利。很多投资者在初入股市时，心里的第一个念头就是要找一只黑马股。其寻找方法往往是听消息，听股评推荐，或者研究明星基金建仓股。可是，投资者有没有仔细考虑过这样一个问题，黑马消息真的可靠吗，谁会把发财的好机会无偿地告诉你呢?!

这些黑马消息，应该称为情报更为准确，情报的价值不用多说，肯定不会是广而告之的！所以，投资者独立的思考能力很重要。我们下面一起来看一看关于黑马的真相。

"黑马"最早用在赛马比赛中，指那些不被看好的、难以预测的胜出者，后来黑马一词被广泛运用于各种竞技比赛领域。黑马股在股市中更是被股民广泛使用，指那些开始不被人看好，而在后期却有惊人上涨表现的股票。

黑马消息

现在很多投资者可以在家中通过网络操作股票，而不必去各地的营业部交易大厅看盘和操作，这样就极大地提高了操作的便捷程度，也方便投资者使用各种行情软件与分析工具，同时，也为快速地获得大量投资资讯创造了有利条件。

网络上或其他各种媒体上，关于黑马的消息可以说是铺天盖地，投资者面对这么多的信息，该如何分辨，如何处理呢？我们的资金有限，不可能去不断地试错，用真金白银去验证大量真伪不辨的黑马消息显然是不明智的投资行为。假设有100条关于黑马的传言，并且都听消息进行买入操作的话，就算结果证明有半数消息是真实的，那么也会有50次操作是错误的。事实上，很少有投资者能承受连续5次以上的大亏。况且从经验来看，在市场中得到真实获利消息的可能性微乎其微，听消息做股票，比"赌博"还要差，好比是在根本"不看牌"的情况下下注，到最后只能是帮主力"抬轿"，而自己承担被套牢的风险。

有经验的投资者会对那些所谓的黑马消息嗤之以鼻，往往是那些投资经验不多的人容易被各种消息误导。

市场中满天飞的消息是做什么用的？

（1）大部分是庄家（或称为主力资金更为合适）让散户关注股票。在庄家看来，不怕你赚钱就怕你不看盘，因为庄家知道，只要赚多数人的钱就足够了。有更多的人看，就会有更多的追涨跟风操作，庄家需要有对手盘和流动性，这样，庄家也就更好操作，易于出货。

（2）庄家实力不足，想通过散户来买入部分股票，起到固定筹码的作用。进入股市时间较长的投资者，一般都会发现这样一种奇怪的现象，那就是消息从来都是提示买入的，几乎没有提示卖出的，这是巧合吗？为什么？答案很简单，因为没人会送钱给你。股市是利益的博弈场，庄家的目的当然是获得利润！庄家出货时从来是"静悄悄的"，甚至正是在出重大利好消息的时候，庄家才好抽身离场，而这时是没有人给你提示的。

（3）庄家被套！是的，你没看错，现在已经不是20世纪90年代A股刚起步时的股市了，市场规模已经相当大，2015年以来上证指数平均一天的成交额就经常维持在5 000亿元以上，甚至突破过1万亿元大关。市场中的大小机构都在博弈，有很多资金雄厚的机构参与其中，所以已经没有绝对控股的庄家了。持有大资金的机构或个人都是盘面的有力影响因素，所有投资行为都是博弈的，有些实力稍弱或是操作不当的庄家也会被套，那么他就会散播出消息来自救。

所有黑马消息都反映在图形上

多年的投资经验告诉我们，黑马消息的可信性很小，那么投资者靠什么在股市中赚钱呢？究竟有没有方法能够实现持续盈利？我们给出的解决办法就是最真实的、最贴近市场的参考依据——行情图表。

可以说，广大中小投资者最能相信的就是技术分析，这是很多成功投资者实现持续盈利的途径。只有客观发生的，实际走出来的行情趋势才是最可信的！

技术分析并不是分析师的专利，电脑应用在投资中已经相当普遍，利用专业的行情软件分析行情，制作自用指标，从而实现盈利的高手有很多，有些成绩较好的散户甚至动用两三台电脑进行操作，走上了专业投资的道路，这都是实实在在发生在现实中的事情。在专业投资领域中，很多基金经理的投资成绩并不理想，而不少民间高手的投资成绩远远高于多数的基金经理。所以说，掌握技术分析方法是中小投资者想要取得成功所必不可少的条件之一，良好的技术分析能力是取得投资佳绩的保障。

这里简要说明一下技术分析的立论基础，所有技术分析都是在以下三方面的前提下产生的：

（1）市场行为包容消化一切。

一切信息反映在股票价格上，市场行为包容消化一切，构成了整个技术分析的基础。技术派投资者认为，影响价格的所有因素，如经济、政治、社会因素等，都会通过价格得到体现。我们不需要去研究原因，只需要关注价格变动这个结果。能够影响价格的所有因素，实际上最终都会反映在价格上。其实质含义就是价格变化反映供求关系；供求关系决定价格变化。既然影响市场价格的所有因素最终必定通过市场价格反映，那么研究价格就足够了。这也就是那句"市场永远是对的"的本质含义。

（2）价格沿着趋势移动。

"趋势"理念是技术分析的核心。随便打开一张K线图，我们都会发现，无论是股票还是期货、外汇，其大部分时间的价格变动都是运行在趋势之中，出现最高点和最低点只是瞬间的事情。研究价格图表的全部意义，就是要在一个趋势的运行初期，及时准确的介入，从而达到顺着趋势交易的目的。

（3）历史会重演。

技术分析和金融行为学、交易心理学有着关系，价格通过特定的图表形态表示了人们对市场看好或看淡的心理。过去有效，未来同样有效。"上涨—下跌—再上涨—再下跌"，循环往复成为价格走势的特点。波浪理论、道氏理论之所以能流传，就是因为它们不仅在过去证明是有效的，它们在未来仍将有效。历史不会简单的复制，但历史会重演。

让黑马自己跑出来

从打听"消息"到相信行情图表，这是一个投资观念上的飞跃，"消息"是听到的，而行情走势图是看到的。听到的是没发生的事情，其发生的可能性我们无从知晓，但行情走势是已经发生的，是客观存在的。投资者只要坚持操作那些由经验总结出来的易于上涨的图形，从长期来看，我们就能不断盈利。有些投资者甚至提出，只做一种上涨图形，这种方法虽然有些极端，但也说明了高概率上涨图形对于持续获利有着至关重要的作用。

很多投资者倾向于挖掘黑马股，可是挖掘黑马股会面临一些很不利的问题，比如，当看好的黑马股不涨时怎么办，需要换股吗，还是继续坚守呢，如果过了很长时期都没有启动迹象怎么办，这时坚守的信心会不会产生动摇。

我们提出抓黑马的方法是"让黑马自己跑出来"，而不是去挖掘黑马。投资者靠自己去分析和挖掘黑马是很困难的，搞不好就被套在里面很长时间。我们是要让黑马自己跑出来，我们只需要依据总结的图形特征，来判断做哪只黑马，从哪里开始介入，而不是做大量烦琐的工作去费力挖掘黑马。

做股与"赌马"是不一样的，"赌马"要在赛马开赛前下好注，而在比赛中是不能下注的，也不能改变下注，而做股是可以随时下注和改变下注的，所以黑马并不需要事先猜测，真正有经验的投资老手，会在股票刚露出黑马迹象的时候果断出手，而不是在2 000多只股票里面费尽脑力去挖掘黑马。

这也正是我们倡导的抓黑马理念：让黑马自己跑出来，书中会通过四大抓黑马方法，来总结黑马上涨启动的形态特征，投资者掌握了黑马出发时的形态，然后照方抓药，在黑马启动时下注，这样能极大地增加"买了就涨"的可能性。这些黑马形态，是我们经过多年投资经验所总结出来的，是经过大量实战所证明的具有大概率的上涨攻击形态。

第二节　十字金言：轻仓、顺势、止损、持长、扩利

在股票投资中，很多投资者因为在起初没有接触并树立起良好的投资理念，而付出了无谓且惨重的代价。多数情况，他们是在经过一段时间投资遭受亏损之后才开始正式学习和研究投资的。这时他们才发现，原本只要记住一些基本原则就可以少犯很多由于没有经验所导致的致命错误，进而避免白白给市场交很多学费。因此，我们在本书的开始阶段首先介绍如何树立一个正确的投资理念，这样，投资者就会有一个正确的努力方向。这些理念也是操作原则，它们不仅是盈利的保证，更重要的是，它们是使你能够在险恶的股市中立足的生存法则。

"轻仓、顺势、止损、持长、扩利"这十个字蕴含了丰富内涵，不同阶段的投资者会有不同的理解。投资者可以通过对这个总原则的理解程度，来测试出自己对市场的理解程度。不信你可以仔细回想一下，在初入股市时对它的理解，再想想目前对它的理解。不妨可以做些笔记记录下来，然后每经过一段时间做一次总结，并不断回过头来看看自己之前的心得。你会发现自己对这句"十字金言"的领悟在不断加深，你的投资水平也会随之提高。看似简单的一句话，确实是千人千解。再次强调这句"十字金言"，它可能伴随你的投资生涯。

轻仓

"轻仓"有两层含义，一是操作的仓位要适当，二是要采用分批买卖策略。

"轻仓"原则涉及的是资金管理的内容，很多投资者没有仓位的概念，一出手就是满仓或是重仓，感觉像要靠单次交易发财一样，这显然不是合理的资金管理方法。"轻仓"原则首先要使投资者有仓位的概念，仓位控制是控制风险最有效、最直接的方法。我们不能保证每次都大赢，但能保证每次少输。

相对于利润，风险是第一位的。"股神"巴菲特曾提到过投资有三条原则：

"第一，保住本金；第二，保住本金；第三，谨记第一条和第二条。"这句话虽然被经常提到，但还是要再强调一遍。投资者如果两只眼都只看到利润，而忽视了风险，那么投资的效果不会很理想。我们既要看到利润，同时也要看到风险，甚至看风险要重于看利润。这是在股市中长久生存要遵循的原则之一。

在操作中，投资者最常犯的错误是，有了控制持仓的观念，但随着行情的发展很快就淡忘了，容易被盘中的刺激和诱惑冲昏头脑，一来二去就容易满仓。我们说，当有一定浮盈的时候可以加仓，甚至最后一直加到满仓为止，但应该避免在一个价格区间进行重仓操作，因为在胜负不定、多空不明的市场环境下，盲目地重仓会让资金暴露在风险之下，行情一旦不按预期的方向发展就会陷入被动。所以要记住，在市场证明你正确之前，千万不要轻举妄动。

有人提出散户资金小没有必要分批买入，这种说法是不恰当的。散户虽然资金小，但不管是拥有大规模资金的机构还是小规模资金的散户，所有投资者的资金都是一个100%，我们不是要讨论亏多亏少的问题，不是说散户即使满仓进出亏掉的也少，这样在绝对数额上比较显然不合适。因为不管资金多少，盈亏比例是一样的，操作方法对于有计划的投资来说是相通的。不管是大资金还是小资金，亏掉了50%都需要再赚100%才能回本。

拥有大资金的机构采取分批建仓策略，一方面是为了不让别人发现，另一方面是因为大资金本身就不方便在市场上进出。小资金的散户则没有这方面的问题，但不管资金规模如何，在操作策略上应该是一样的。小资金分批建仓同样能起到控制风险的作用，在有盈利时再加仓也不迟。有必要着重强调一点，根据凯利公式和平均出手成功率，每次出手的仓位控制在35%~50%较为合适。

顺势

"顺势"，顾名思义，是要顺着趋势的方向操作，在上涨趋势开始的位置买入，在趋势结束的位置卖出。通过前面对技术分析的理论基础介绍，我们已经知道市场是沿着趋势方向行进的，也就是说股价波动呈现一种趋势性。投资者可以打开行情图来看一下股票行情或是反映多数股票运行情况的指数行情，如上证指数，如图1-1所示。

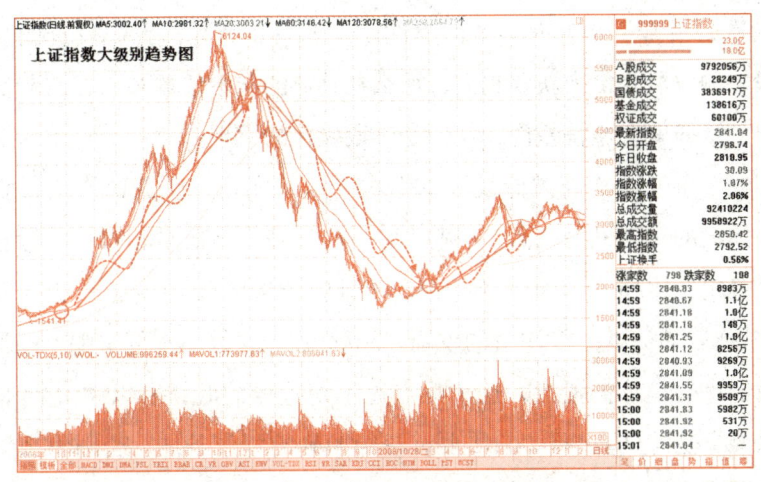

图 1-1　上证指数大级别趋势图

图 1-1 中以 60 日均线和 120 日均线的聚散交叉为依据，可以很轻松地把 2006 年到 2010 年的主要行情图表划分成三个明显的趋势波段。在这三个波段中，价格像波浪一样并且符合波浪的波动特性（后浪过前浪顶点，直到后浪没有能量过前浪顶点并转向为止）行进。我们可以抽象到图 1-2 中，可以更明显地看出价格波动的趋势性特点，这也是我们进行波段操作的依据。

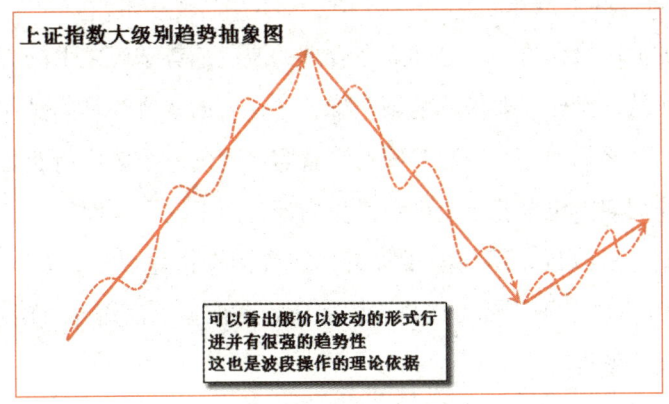

图 1-2　上证指数大级别趋势抽象图

通过图 1-1 和图 1-2 能够看出，市场在一个确定的周期（日线）内，并不是没有规律可循的，它在多数时间呈现出一种趋势性。趋势性在这里是指，股票价格（指数）沿着一个方向移动的惯性。这说明什么呢？我们投资的目的是要通过做股票的波段差价来获取利润，那么在趋势的起始位置买入，在趋势的终止位置卖出，这样就会赚得差价，这便是波段操作的原理。

我们经常听说的"高抛低吸"这个词，这其实是一个股评用语，它在没有定义时是模糊的，哪里是"高"，哪里是"低"呢？高低是相对的，而且时间框架也没有确定。比如2008年大熊市时，上证指数从顶点6 124点一路下跌，跌到3 000点时跌去了一半，即50%的跌幅，3 000点位置算不算低了呢？当然算！但并不是我们讲的趋势的低点，这个低点还不是趋势的底，所以"高抛低吸"这一说法只能算是"伪真理"，它需要有一个明确的背景条件，否则怎么说都可能是对的，因为只要买入后，不管过几天也好，过几周，甚至几年也好，只要涨过了买入价，这里都是低点，但这不是合理的解释方法。

继续说从上证6 124点跌下来，到3 000点是相对低点，但这波下跌趋势并没有停止，直到2008年10月底跌到了最低点1 664点，这时距离前面看上去是低点的3 000点位置几乎又跌去了一半（如图1-3所示）。这也是我们曾经说过的不应摊平亏损的原理所在，我们的操作应该是按波段趋势来的，而不是按想当然的"高"与"低"操作。

抓黑马的波段操作方法，是建立在合理的波段趋势基础之上的方法。每一波趋势对应一次波段操作，要做到清晰明确，这在后面章节的具体操作方法中会得到详细体现。那么如何算一波趋势呢？这就需要明确一个操作周期的概念。

长线操作周期内包含若干个中线操作周期，而中线操作周期内又包含若干个短线操作周期。所以说，不同的投资者，在咨询操作建议时，要先明确操作周期。比如用10日移动平均线可以作为中短线投资依据，而用60日移动平均线可以作为长线投资依据。

不同的操作周期对应不同的趋势级别，一波大牛市可以包含几个次级别的牛市与熊市的转换，这个问题，在本章的道氏理论中会有专门的介绍。

所以说，在一定的周期内，有一定级别的趋势，这个趋势具有沿着某个方向行进的惯性。投资者明确了操作周期，那么在这个周期内的每波趋势波段都对应着一次波段操作。而黑马股的趋势性更强，波段持续的空间更大，时间更长，更易于操作。

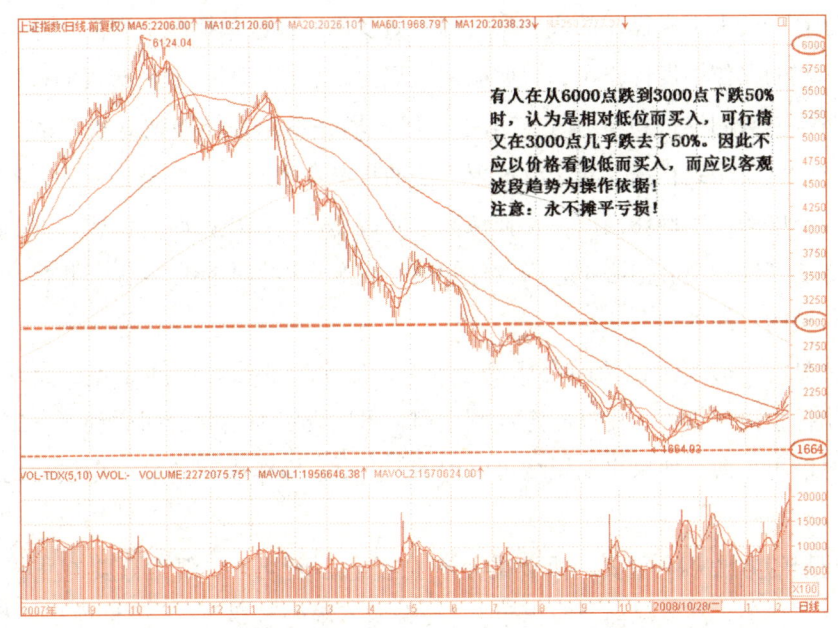

图1-3 客观波段趋势

"顺势"是符合市场波动自然法则的操作原则。真正地领悟到"势"的含义对于每位投资者都很重要。《孙子兵法》上说"善战人之势，如转圆石于千仞之山者，势也"。意思是说，善于指挥作战的人，所依仗的态势，就像从千仞高山上滚下的圆石，用力极其微小，但冲击力极大，形成势不可挡之势，这就是势！投资者包括投资机构都很难制造"势"，我们能做的只能是识别"势"，利用"势"，做趋势的朋友。

止损

止损在前面已经提到过，它是指合理使用止损单，止住亏损。

亏损总是不好的心理感受，所有人都会厌恶亏损，很难倾向于主动地承认亏损。不过投资经验丰富的老手会知道，亏损是投资的一部分。没有人能避免亏损，尽管谁也不愿意看到它发生，但它还是会发生。

任何的操作方法都会有一定的错误概率，而一旦有了一个成形的操作方法之后，就更易于接受使用止损。这时你会知道，一次的止损不但阻止了本金继续减少，而且会增大下次操作的成功率。因为只要你一致地坚持一个好的方法，它就会在多数的操作中发挥作用。要明确地认识到，止损并不一定是错误的操作，因为你下次遇到同样的机会还是会出手。但市场并不总是能够朝着预想的方向行进，这时就要用到止损。对于有成形方法的投资者来说，止损是必须的，这仅是众多操作中的一次操作而已。当你像家常便饭那样使用止损时，说明你对自己的操作方法已经相当有信心了，因为你知道，一次止损并不能影响你，相反增大了下次盈利的可能性。

常见的止损方法包括固定比例止损、固定金额止损、时间止损、支撑位止损、指标止损，等等。比如固定比例止损，可以设定为当股价回撤到买入价格的10%时使用止损，如果更偏短线可以用5%止损，操作周期越短，止损的比例应该越小。

止损的方法并不重要，重要的是有止损的心理准备。因为只要有止损的想法，总能在陷入高风险前及时出手。"没有卖不出的股票"，关键是你想不想卖。能想到止损位，就是接受了可能的亏损，这是有计划的投资者所必需的。尽管止损有可能并不真正地被触发，但它是资金的保护伞。有很多初学者，容易在陷入亏损时有"死扛"的想法，不回本不卖，这样死抱亏损单，如果某一两次真的解套，并不是什么好事情，因为你会更加抱有侥幸心理，早晚会套在一次大顶上，并有一次长时间的套牢。

止损比起深套后的"割肉"来说，代价要小很多，"最早的亏损是最便宜的亏损"，有经验的投资者会对这句话深有体会。

记住，止损不是用来增长盈利的，但它能让我们更长久地在市场生存，直到下次真正的大机会出现时，我们才会有机会有大的作为。一旦不使用止损而陷入深度套牢后，不仅会亏损本金，而且会错失后面的机会，同时会打击投资的信心。

持长

"持长"是指尽量在持有盈利单的时候再忍一忍，多持有一段时间，坐等上涨，吃足波段，在行情显示出上涨势头明显减弱的时候再出局。

很多投资者会有这样的经历，甚至有人经常会发生这种情况，那就是买到一只黑马股，才上涨了20%到30%，也就是两三个涨停板的幅度就开始拿不住了，急于兑现到手的利润。在这里出掉筹码后，该股继续强劲上涨，这时已经再没勇气追高了。这是投资中最让人懊恼的事情了，明明已经发现了黑马，但黑马刚刚启动就下马了，眼看着黑马扬长而去。

兑现利润是一种投资心理倾向，是人性的表现，人们都是倾向于确定的利润，而厌恶不确定的风险。"持长"原则在股票操作中更侧重于持股心态的训练。在实际操作中，降伏自己的心是很重要的，当然也是很困难的。没有别人能真正控制住你自己的手，只有你的心能控制。

在抓黑马操作中，平均来说，每年股市的上涨行情仅有两到三波，每波持续几周的时间，涨幅少则50%，多则100%，遇到极端的单边行情会有翻倍以上的涨幅。从经验来看，越大的黑马，遇到的可能性越低，那么一旦抓住黑马，做足上涨行情就显得尤为重要！因为一旦错失一次机会就要再等几周甚至几个月的时间，单边行情是可遇不可求的，我们能做的是坚持一致性的操作原则。

"任他东西南北风，抓紧黑马不放松"，投资者可以在遇到黑马时想想这条原则。"持长"只需要我们的耐心更多些，利润就会自己增长，华尔街的传奇大作手利弗莫尔曾经说过，"从来不是我的思考替我赚大钱，而是我的坐功"。

很多新手在牛市时的盈利会比老手还要多，为什么？因为新手在牛市不频繁的换股，新手虽然不是主动地"捂股"，却造成了"牛市捂股"这个事实，虽然他们在熊市会因为没有好的卖出技巧继续"捂股"而失去很多浮盈，但这个事实告诉我们，在盈利的时候"捂股"就是客观在"持长"，这是增长盈利的最简单、有效和直接的途径。

"持长"是与"止损"相对的操作，止损是尽量缩短错误的时间，而持长是尽量延长正确的时间。错误时应尽早的认错出局，而在正确时需要再多持有一会儿。华尔街有一条金规玉律是"Cut lose short, let profit run"意指"截断亏损，让利润奔跑",一语道破了盈利天机。

扩利

"扩利"原则和"持长"原则的含义类似,目的都是为了扩大利润,"持长"是"扩利"的方法之一。影响"扩利"的因素无非两条,一个是持有的时间长度,即"持长"原则;另一个重要因素是在盈利时的持仓数量,即"加仓"原则。

加仓是投资老手"扩利"的"撒手锏"。仓位管理也是投资中的关键一环,在交易系统中,资金管理策略中的重要一项内容就是仓位管理。合理的加仓方法能让获利变得简单而轻松。

常用的加仓方法有正金字塔加仓法、倒金字塔加仓法、固定比例加仓法、固定金额加仓法等。我们建议投资者使用正金字塔加仓法,即按一定比例从底部向上逐步减少买入仓位,比如第一次开仓时买入40%,再出现买入机会时分别按30%、20%、10%的比例加仓买入,如图1-4所示,具体的比例可以依据投资者的操作风格来确定。这样由下向上逐渐减少比例的加仓方法使底部的持仓比例较高,避免由于在头部加重仓导致稍有回调就陷入亏损的局面。

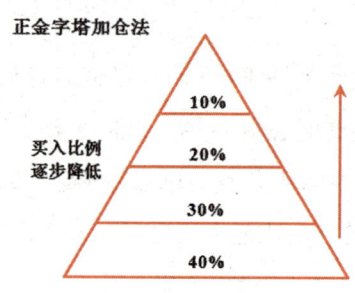

图1-4　正金字塔加仓法示意图

加仓的次数一般限制在3次以内,也就是算上开仓,一共分4次买入。从经验来看,加仓太分散或过于集中的效果都不理想,因此,建议的加仓次数是2~3次,这取决于你的操作风格和风险偏好。

加仓操作时要记住一条关键原则"只在盈利的持仓上加码"。这很容易理解,如果不是在盈利的持仓上加仓,那么就是犯了"摊平亏损"的错误,可以看出，作为一个整体系统，我们的方法是互相配合的。

"持长"原则再加上"加仓"原则可以组成"扩利"原则，这两个最直接高效的"扩利"原则相配合能极大地增加操作黑马的利润。

"轻仓、顺势、止损、持长、扩利"是我们为投资者树立的总的投资理念，以这十字金言为指导，可以演化出很多层次的意义。这五条原则同样可以组成一个交易体系的五个方面。投资者通过本书的介绍，如果能最终在这条原则的基础上建立起一套交易系统，那就是投资道路上的一座里程碑。

第三节　常见误区及获利原则

抓黑马的误区

在实战中，投资者抓黑马操作容易陷入很多误区，其中主要的操作误区我们总结成如下五点：

（1）盲目听消息。

这是很多投资者容易犯的错误，前面我们已经说过，市场中的消息对操作并没有多少实质性的帮助，甚至是有百害而无一利的。盲目地跟风操作是没有投资方法的表现。每个人的操作风格不一样，就像每个人的性格不一样，即使是投资老手给你的投资建议，也只能是一时的，他的操作方法是一个系统，它可能是中线的，也可能是短线。投资者在接受投资建议时最好是同时问好出场点，没有计划的投资，其结果往往不会很理想。

（2）主观选股。

主观选股是指投资者不依据事实数据，仅凭感觉操作股票，这样的操作没有一致性，也不会可靠。比如一些投资者凭主观认为跌多了就会涨，可是在没有明确市场大背景的条件下，主观抄底的话，只能是越抄股价越低，最后造成深度套牢。

还有些投资者专买低价股,他们认为低价股上涨空间大,感觉风险也比较小。可是你有没有想过,1万元本金买2元的低价股可以买5 000股,买10元的普通价位的股票可以买1 000股,其实涨跌比例是一样,只是2元股看上去波动小,涨跌5%对于1万元本金都是盈亏500元。低价股往往是大盘股和流动性不强的股,很难出现"黑马股",但跌起来和普通的股票是一样的,比如盘子较大的银行股,很难启动,但跌起来和大盘的下跌比例是基本相同的。

主观选股的表现可以罗列出很多,只要不是按照经过验证的方法进行的操作,都是犯了主观选股的错误,在投资中还是要以事实说话,感觉并不总是可靠。

(3) 臆断目标位。

臆断目标位,同样是一个很多投资者极易陷入的操作误区,表现在投资者买入股票后,凭感觉设定一个卖出的价位,甚至很多股评也喜欢说"不到XX价位不卖"。这样很多投资者在心理上也会产生一个习惯,买进股票之后就会设定一个自己想当然的目标价位。这同样是无视市场规律的表现。

设定目标位是对的,但目标位的设定应该是一个动态的出场点,比如用跌破某个支撑位、跌破一个指标线、利润回撤一个百分比等方法来跟踪设定出场点。如果是在买入初期就固定下来目标位,那么就会产生问题。比如如果没上涨到目标位怎么办,涨到目标位后继续上涨怎么办?使用固定出场价位的投资者,往往会在买入股票一段时间后,连固定的出场价位都忘记了,变成了随意交易,某天股价剧烈波动可能就出局了,而之后又继续没有章法地操作,这种操作最常见的结果是,牛市追涨换股吃不到多少利润,而熊市被长期套牢。

(4) 摊平亏损。

摊平亏损是具备一定投资技巧,但尚不成熟的投资者常犯的错误。他们认为通过摊平亏损使亏损的比例降低了,比如某个投资者持有一只10元的股票1 000股,当跌到6元,跌去40%的比例,这时再补仓1 000股,这时共持有2 000股,持仓成本由10元变成了8元,亏损比例由40%变成了20%,如果再上涨25%就能解套。这样看上去亏损比例减小了，认为解套更容易，可是事实上，亏损的本金额还是之前的 4 000 元，这样做，只是通过增加持股来降低了比例，亏损的规模并没有缩小，如果股价进一步下跌，在重仓的情况下只能亏损得更多。

"永远不摊平亏损"这是很多投资大师给投资者的一再建议！我们在这里也要强调，当陷入亏损时，应该想办法降低持股数量，而不是继续摊平亏损，你应该想到，如果股价进一步下跌，你再扩大仓位会不会扩大亏损，如果再遇到像 2008 年那样从高位跌去 70% 多的熊市，你需要有多少资金来补仓！处理持仓的能力甚至比买入技术更重要。

（5）频繁换股。

频繁换股是一些有经验的投资者还在犯的错误之一。频繁换股是指在一波上涨趋势中，不断地追涨杀跌，看到哪只个股涨的好就买哪个，而一旦有回调便卖出，再追涨下一只股票，如此循环，最后在这波上涨趋势中，损失了本金，交了不少手续费，最重要是错失了很好的获利机会！

频繁换股也是投资计划性不强的表现，在持仓心态上也有待改进。最可惜的是很多投资者已经能识别黑马的一些启动迹象，但就是在买入之后拿不住、骑不住黑马。这可能是投资中最让人追悔莫及的事，在卖出之后，眼看着股价一路飙升。

以上是抓黑马操作中常见的一些误区，我们针对这些误区提出了下面 6 条抓黑马的操作原则：

抓黑马的原则

（1）以价格图形特征为准。

价格是我们操作的最关键依据，我们能看到的最真实、最重要的数据就是价格（行情）。无论投资者认为自己挖掘的黑马股将会如何好，但最终还要靠上涨来证明。如果在买入之后所谓的黑马股还在继续按兵不动，毫无启动迹象，那么这时就要反思一下，这只股票与其他股票有什么差别？

我们提倡买点、卖点、加仓点、减仓点等都要以价格为主，以事实说话。做黑马就要做明显的上涨，在黑马出发的时候骑上去。不必枉费心机去翻看 2000

多只股票，只需要在每天的涨幅榜里找处于上涨趋势初期的股票，然后对照书中讲到的抓黑马的图形特征，按照既定的操作原则操作。

(2) 买在起涨点。

买在起涨点有两层意思，一是"追势不追高"，精确、果断地在起涨点买入；二是对于涨幅大的股票谨慎追涨。

抓黑马最关键的是买在起涨点，我们在书中将要讲到的起涨点都是在启动位置，而不是追在高位，高位意味着高风险，这不是抓黑马的投资者想要的。

在黑马拉升过程中，也是分级别逐波上涨的，在一波最小的日线上涨中，要记住"三板莫追"的原则，意思是说连续三个涨停板或是三个涨停板的幅度附近不要盲目地追高，这时一定要忍住，即使放过后面可能的连续上涨也是正确的操作，因为从历史的统计上来看，三个涨停后面连续上涨的概率是很小的，而面临调整的风险已经相当高了。对于连续上涨的黑马股，等待对前一波的上涨进行调整之后，再一次上攻时再入场，这时就像是下蹲再次起跳，这里的风险相对较小，而上涨概率较大。

(3) 分批建仓。

资金管理是被很多人忽视的一个影响盈利的关键因素，很多投资者倾向于满仓或重仓进出。重仓是导致亏损的主要原因之一。要知道，不管有多少资金，每次买入前都只有一个100%的资金，如果每次都满仓或重仓，在发生连续亏损的情况下，本金会迅速减少，再想翻本就会非常困难。表1-1是亏损比例与所需回本的比例对照表。

表1-1　　　　　　　亏损比例与所需回本的比例对照表

亏损比例	翻本需要获利比例
5%	5.26%
10%	11.11%
20%	25.00%
30%	42.86%

续表

亏损比例	翻本需要获利比例
40%	66.67%
50%	100.00%
60%	150.00%
70%	233.33%
80%	400.00%
90%	900.00%

所以说，控制风险的最好办法就是控制仓位，采用分批建仓的入场策略。根据凯利公式和平均的出手成功率，每次出手的仓位控制在35%~50%较为合适，如果你是一个新手，最好是按较低比例的开仓标准慢慢来。这样在你形成好的方法时，才不至于没有本金翻本，才能有本金支持你继续盈利。

（4）使用止损位。

止损是风险控制的利器，很多投资大师都强调过使用止损。止损很好理解，就是止住亏损，不过却很难做到，一旦身处市场之中，投资者就会感到很难出手止损。止损有很多方法，比如按比例止损、按金额止损、时间止损、支撑位止损、指标止损，等等。

止损是为那些错误的操作准备的，实战中没有人能做到100%的正确，所以合理的止损是本金的保护伞。错误的操作可以有正确的止损，正确的止损可以是亏损的，却是最大程度地降低亏损的措施！

合理地运用止损是投资高手的一项技巧。只有勇于接受小的亏损才能保留抓住大黑马的机会。可以说，出场都可以用止损来决定，而且在运用熟练后，会发现止损的次数越来越少。再进一步，止损还可以用跟踪止损方法，在后面的章节中会有结合实例的应用介绍，这里只做简要说明。跟踪止损就是采用趋势跟踪策略，动态提高止损位，这样，止损的操作不一定是亏损的操作，它可以变成止盈，也就是所有的出场点都可以采用跟踪止损方法。

（5）波段操作。

抓黑马就是要波段操作，但是很多人只看重买点，却忽视了卖点的重要性。我们说，波段操作是指以行情发展为依据，客观地制定进出场策略。买点与卖点对应着波段的起点与终点，它们匹配的越好，获得的波段利润就越大。买点和卖点是一个循环，卖点比买点甚至更重要！

在本书中，会不断强调波段操作理念，强化波段操作的周期理念。买点能买在起涨点，同样卖点也要卖在一波行情的结束位置。这样做足波段才能最大限度地获利。

（6）建立交易系统。

建立交易系统，它是对所有原则的概括，也是所有交易经验的总结。投资者经过多年的投资实践之后，必然形成一套交易方法。这套交易方法就是交易系统，泛指所有交易计划，就是常说的"计划你的交易，交易你的计划"中的"计划"。交易系统是所有交易原则的集合，是对各种行情的应对策略。包括出入场策略、资金管理策略、心理控制策略等三大部分。这些在最后一章的交易系统部分会有详细介绍。

交易系统是一个不断探索交易的过程，并不是一成不变的，它是一个动态的"圣杯"，包含了所有研究成果。每位投资者，在经过长时间的投资活动之后都应该有一个适合自己的交易系统。交易系统并不一定是很复杂的东西，它可以是数条经过实战检验过的原则组成的。这些原则就是不容违反的铁律，它是投资者从无数成功和失败教训中得来的。

最后，还有一个观念需要着重强调，那就是"概率"的观念，是指上涨和下跌的可能性。投资者往往难于接受"错误"，倾向于认为自己永远"正确"，如果有人告诉你他永远"正确"，那么他一定接近于"神"，按照这样的节奏进行操作，不过一年就能富可敌国，但事实上，并没有这样的"神人"，"股神"巴菲特的年平均回报率在26%~32%，当然这一方面是由于他的资金庞大，难以再快速增长，另一方面也说明，资金增长是有限度的。市场中常说，稳定就是暴利！我们只需要做大概率的正确的事，坚持下来，就会有相当惊人的投资回报。

第四节　波段操作基础——道氏理论

波段操作方法是建立在市场的波动规律基础之上的，市场中的价格波动并不是完全没规律的，但这种规律却没有简单的公式能够表达出来，否则的话，投资者都用一种公式做股票，市场也就不存在了。市场是以非对称的周期重复着自身的波动，这种规律是混沌中的秩序，这使其走势很难被准确预测。市场的波动具有趋势性，这种趋势能通过技术分析捕捉到，这也是技术分析成立的理论依据。我们已经知道所有技术分析的立论基础可以概括为三条内容，这是技术分析的基石：

（1）市场行为包容消化一切；
（2）价格沿着趋势移动；
（3）历史会重演。

道氏理论——股市晴雨表

道氏理论是股票市场技术分析的基础，这套理论最早是由查尔斯·道（《华尔街日报》的创办人之一）发展出来，他认为这套理论并非用于预测股票市场，也不是用来指导投资者进行操作，而只是一般用来衡量经济趋势的指标，并作为反映市场总体趋势的晴雨表。然而这套理论却描述了股市波动中可能重复出现的模型，也衍生出了波浪理论。道氏理论中关于潮汐的描述，实为技术分析中的精髓，投资者若能够理解这套理论，必能对股价波动的轮廓有更深入的认识。

道氏理论在19世纪30年代达到巅峰。那时，《华尔街日报》以道氏理论为依据每日撰写股市评论。1929年10月23日《华尔街日报》刊登"浪潮转向"一文，正确地指出"多头市场（牛市）"已经结束，"空头市场（熊市）"的时代来临。这篇文章是以道氏理论为基础提出的预测。紧接这一预测之后，果然发生了可怕的股市崩盘，于是道氏理论名噪一时。

道氏理论有三个假设，也是我们所有技术分析的基石。这三个假设如下：

（1）人为操纵：指数每天的波动可能受到人为操纵，次级折返走势也可能受到这方面有限的影响，但主要趋势绝对不会受到人为的操纵。

（2）市场指数包容一切信息：每一位对于金融投资有所了解的人，他所有的希望、失望与知识，都会反映在"道琼斯铁路指数"与"道琼斯工业指数"每天的收盘价波动中；基于这个缘故，市场指数永远会适当地预期未来事件的影响。如果发生火灾或地震等自然灾害，市场指数也会迅速加以评估。

（3）这项理论并非不会错误："道氏理论"并不是一种万无一失而可以击败市场的系统。成功利用它协助投机行为，需要深入的研究，并客观地综合判断。绝对不可以让一厢情愿的想法去主导思考。

道氏认为市场有三种走势，三者都可以同时出现。

第一种走势最重要，它是主要趋势，整体向上或向下的走势，称为"多头市场（牛市）"或"空头市场（熊市）"，持续时间可能长达数年。

第二种走势最难捉摸，它是次级的折返走势，它是主要多头市场中的重要下跌走势，或是主要空头市场中的反弹。修正走势通常会持续三个星期至数个月。

第三种走势通常较不重要，它是每天波动的走势。

主要走势：主要走势代表整体的基本趋势，通常称为多头或空头市场，如图1-5所示，持续时间可能在一年以内，甚至数年之久。正确判断主要走势的方向，是投资行为成功与否的最重要因素。没有任何已知的方法可以预测主要走势的持续期限。

主要的空头市场（熊市）：主要的空头市场是长期向下的走势，其间夹杂着重要的反弹。它来自于各种不利的经济因素，唯有股票价格充分反映了可能出现的最糟情况之后，这种走势才会结束。

主要的多头市场（牛市）：主要的多头市场是一种整体性的上涨走势，其中夹杂次级的折返走势，平均的持续期间长于两年。在此期间，由于经济情况好转与投机活动转盛，投资性与投机性的需求增加，并因此推高投票价格。

多头市场的特色是所有主要指数都联袂持续走高，回调走势不会跌破前一个次级折返走势的低点，然后再继续上涨而创出新高。在次级的折返走势中，指数不会同时跌破先前的重要低点。

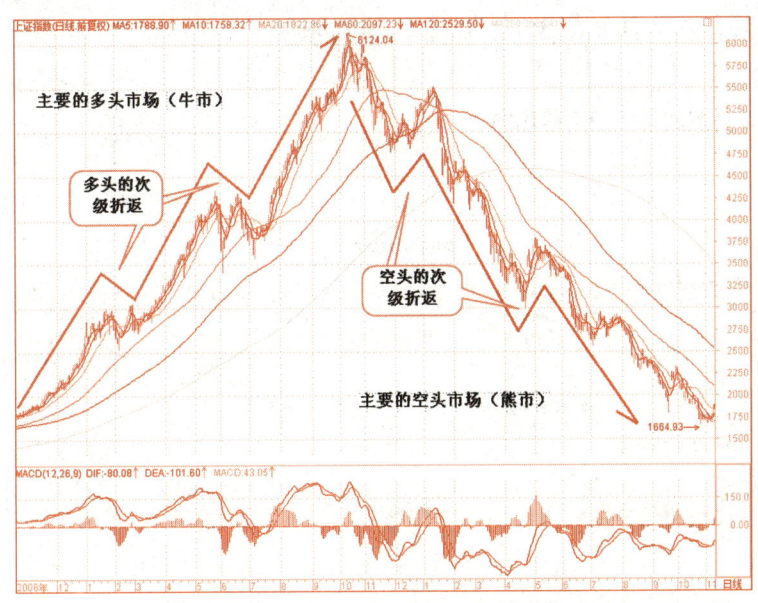

图1-5 道氏理论在上证指数的应用说明

次级折返走势：次级折返走势是多头市场中重要的下跌走势，或空头市场中重要的上涨走势，持续的时间通常在三个星期至数个月；此期间内折返的幅度为前一次级折返走势结束后之主要走势幅度的33%~66%。次级折返走势经常被误以为是主要走势的改变，因为多头市场的初期走势，显然可能仅是空头市场的次级折返走势，相反的情况则会发生在多头市场出现顶部后。

次级折返走势（修正走势）是一种重要的中期走势，它是逆于主要趋势的重大折返走势。判断何者是逆于主要趋势的"重要"中期走势，这是道氏理论中最微妙与困难的一环。

综上所述，是对道氏理论的要点介绍，下面根据道氏理论来总结上证指数的牛市与熊市的交替。

上证指数牛市与熊市循环

我们把主要上升行情运行在年线（250日均线）之上的市场计为牛市，主要下降行情运行在年线以下的市场计为熊市。A股从1990年成立至2015年，可以分为四轮主要的牛市与熊市循环，为了更清楚地表示，我们将这四轮最大级别的牛熊转换标注在了日 K 线图上，如图 1-6 所示。

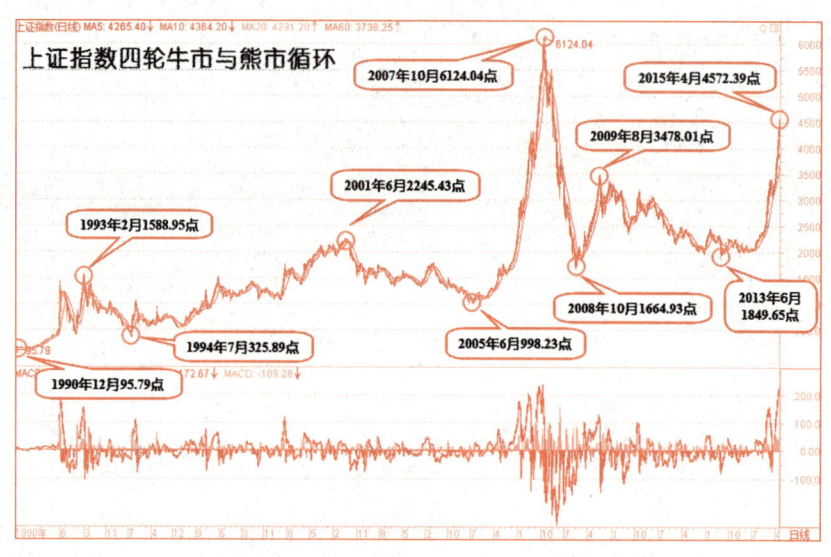

图 1-6　上证指数四轮牛市与熊市循环标示图

根据道氏理论，第二轮主要牛熊循环又可以分为次级别的四轮牛熊循环。从图 1-6 中可以看出，这轮持续 11 年的大循环，包括从 1994 年 7 月 325 点开始到 2001 年 6 月 2245 点结束的大牛市，以及从 2001 年 6 月 2245 点开始到 2005 年 6 月 998 点结束的大熊市。我们结合波浪理论的时间、比例和形态来划分四轮次级别牛熊循环，可以看上证指数的周线图，如图 1-7 所示，我们能很清楚地看出第二轮主要牛熊循环中的四个次级别的牛熊循环。周线图中一根 K 线表示一周的价格情况，用周线图是为了便于观察。这张图在后面的波浪理论中还会用到。

道氏理论产生之后，艾略特（R. N. Elliott）在 1934 年创立了基于道氏理论的波浪理论，波浪理论又名艾略特波浪理论。艾略特发展了道氏关于市场的三级趋势理论，把道氏所说的"浪潮、波浪、涟漪"进一步发展成数浪详细规则。

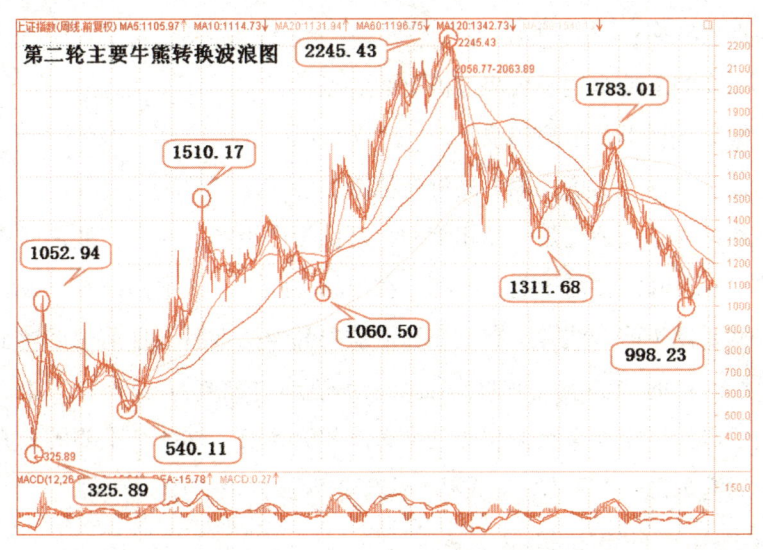

图1-7 第二轮主要牛熊转换周线图上标注的次级牛熊转换

波浪理论把与主要趋势同向的波浪称为推动浪，把与主要趋势相反的波浪称为调整浪。推动浪分为五浪，调整浪分为三浪，也就是常说的"五上三下"，如图1-8所示。波浪理论中的数浪，更像是艺术，而不是完全如科学一样的公式。我国投资者关于数浪有"千人千浪"一说，意思是说每个人对同一张K线图都可能有自己的数浪结果，波浪理论更具有解释市场的功能，而其预测市场的功能显然被夸大了。投资者只需要了解波浪理论的一些基本的铁律就可以了，这些铁律，是市场波动特性的精华。

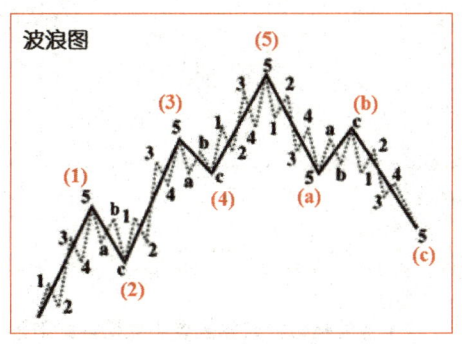

图1-8 波浪图

波浪理论铁律：

（1）浪2的运动永远不会超过浪1的起点；

（2）浪3永远不是最短的浪；

（3）浪4永远不会进入浪1的价格范围。

波浪理论和道氏理论是一脉相承的，都认为在市场上涨中，波浪的波谷逐波抬高，波浪的波峰需要高于前一波峰；在市场下跌中，波浪的波谷逐波降低，波浪的波谷需要低于前一波谷。在上涨和下跌中都保持着后浪推前浪的特征，市场会一直延续这样的趋势惯性，直到推动浪不能超过前高（前低）为止，再改变方向。波段操作者需要重点关注的是第3浪和第5浪，这两个主要的上升推动浪是主要的利润来源，"黑马"也大都产生于这两波升浪之中。

上证指数牛熊循环的波浪图

我们用前面讲到的图1-7来画出上证指数第二轮主要牛熊循环的波浪图，如图1-9所示。

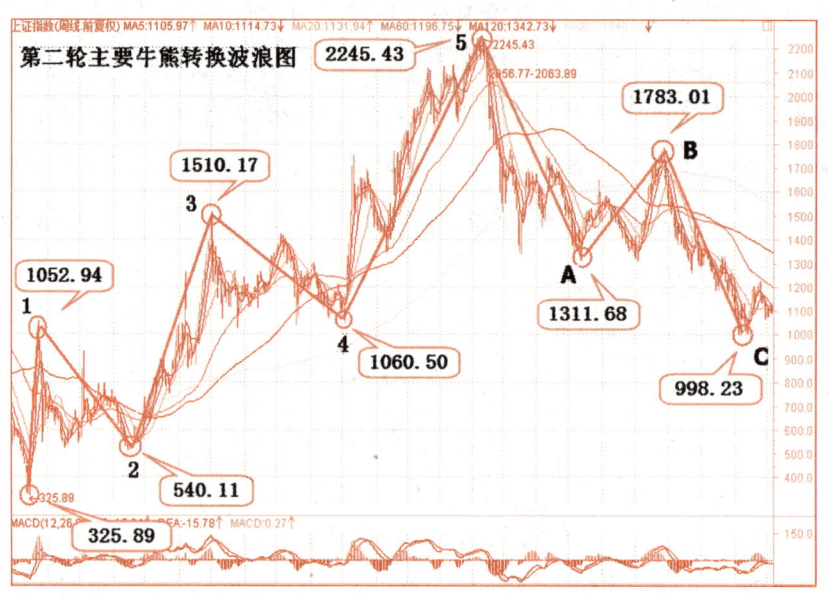

图1-9 上证指数第二轮主要牛熊循环的波浪图

细心的投资者可以看出图中波浪的时间、比例、形态等都很好地符合了波浪理论。为了便于说明，图上标注点位用的是K线的最高价和最低价。

从 2005 年 6 月 998 点到 2007 年 10 月的 6 124 点，这波大牛市的上升推动浪及第五浪延长浪（见图 1-10）。

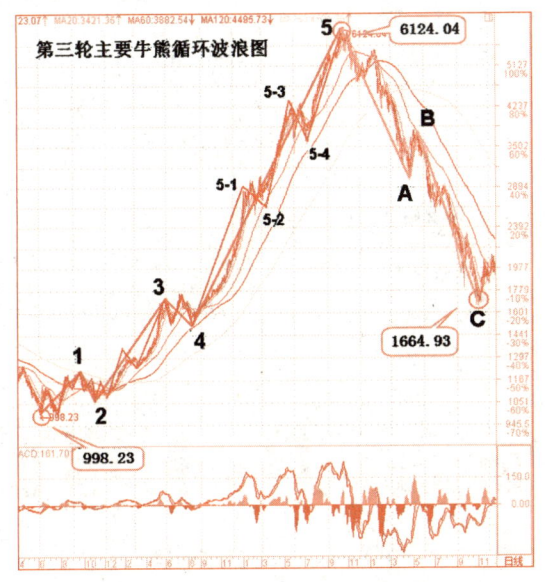

图 1-10　上证指数第三轮主要牛熊循环波浪图

▶▶三分钟学会一招必杀技之一　底部突破缺口

缺口是指股价在快速波动时形成的没有成交价格的区域，又被称为跳空。当市场中的多数投资者对市场形成短期内的一边倒的看法时，价格会快速脱离当前价格，这样就会造成价格的缺口。

在一波趋势行情中，通常会发生三种缺口：发生在趋势初始位置的突破缺口；发生在趋势进行中的持续缺口；发生在趋势末端的衰竭缺口。这三种缺口可以作为判断波段发展进程的依据。当股价经过长期的低位震荡之后，股价被大量买盘快速买进形成底部的突破缺口，这预示着该股被普遍看好，市场中出现抢筹的局面，这是技术面上的黄金买点，这时市场中常伴随着一些利好传言（见图

1-11)。这三种缺口在下跌趋势中同样有效，当股价在高位震荡之后，形成向下的突破缺口时，是卖出机会。

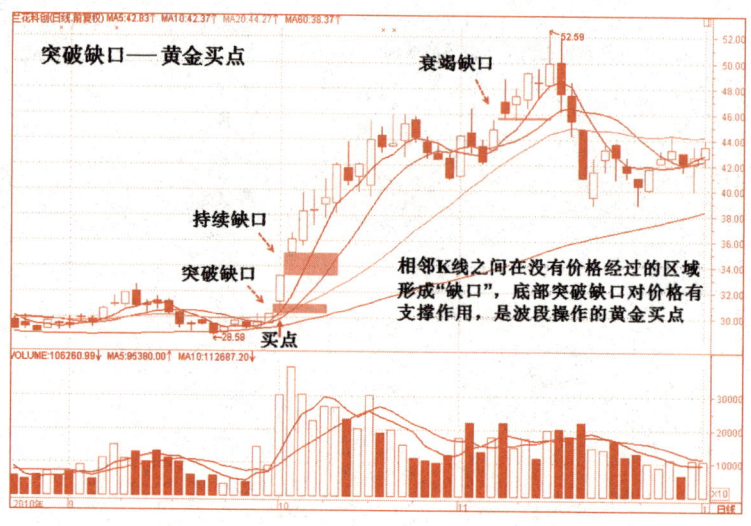

图 1-11 底部突破缺口

第二章

一条均线抓黑马

> 判断对错并不重要,重要的在于正确时获取了多大利润,错误时亏损了多少。
> ——金融大鳄乔治·索罗斯(George Soros)

本章主要内容

第一节　均线原理

第二节　哪条线适合做"黑马线"

第三节　一线乾坤与双线交叉

第四节　三线开花与多线穿越

第五节　波段操作综合实例

三分钟学会一招必杀技之二　断头铡刀

第一节　均线原理

在股票行情软件中，默认的主图是由K线（日本蜡烛图）和均线指标组成的，如图2-1所示。均线是由K线中的收盘价计算得来的，它能简单、直观地表现出市场价格变化的一般趋势。许多经验丰富的投资老手只看均线这个指标做股票就能赚钱，这是因为他们已经摸透了由均线表现出的价格波动的规律，指标具有很好的总结历史形态的作用。

在所有指标当中，均线无疑是最简单实用的指标之一。在股票软件中，绝大多数的指标都是均线类指标，它们都是根据价格的不同算法得来的，均线类指标的应用方法大同小异，学会了均线这一种指标的应用方法，其他均线类指标也就极容易上手了。我们将要介绍的均线是由K线的收盘价计算得来的，那么就有必要先简要了解一下K线图。

对于K线图表，投资者应该不会感到陌生，常说的K线是指日本蜡烛图，如图2-1所示，是最常使用的一种价格记录形式。K线由哪些部分组成呢？就是我们常说的"高开低收"，即由最高价、开盘价、最低价和收盘价这四部分组成，它直观地表现出了价格的主要信息，对投资者分析行情很有帮助。

除K线之外，还有一些其他形式的价格图表，如美国线、收盘线、收盘站线、宝塔线等，如图2-2所示，这些表现形式在国内不常用，人们已经习惯使用K线图来看盘。

通过对K线、美国线、收盘线、收盘站线图的比较，可以看出K线看起来比较"好看"，这不是指K线漂亮，是指其包含的信息较多，而且更易于观察。

对于看盘功力深厚的投资者来说，根本不需要什么指标，只看K线就可以操作，因为几乎所有在股票软件价格图表上的指标都是根据价格的不同算法得来的。他们已经能做到通过看"裸K线"就能凭经验知道各种指标的大体情况，甚至其技术分析可以建立在裸K线（没有任何指标辅助）之上。但对于多数的普通投资者来说，在形成这种"直觉"前，还是需要一些技术指标的帮助来分析行情。

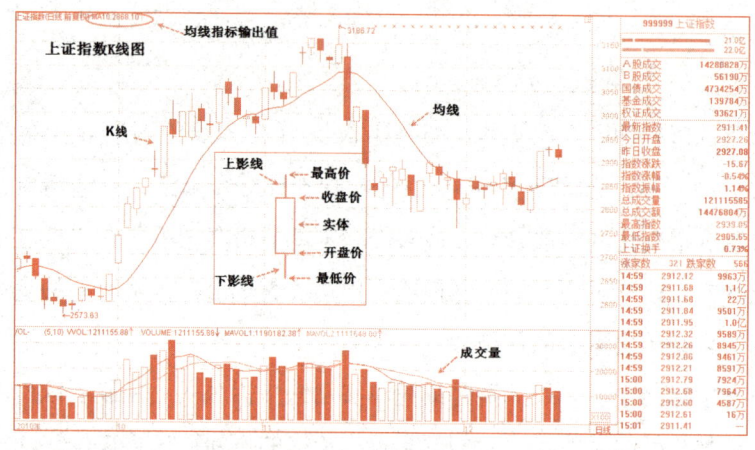

图2-1 上证指数K线图

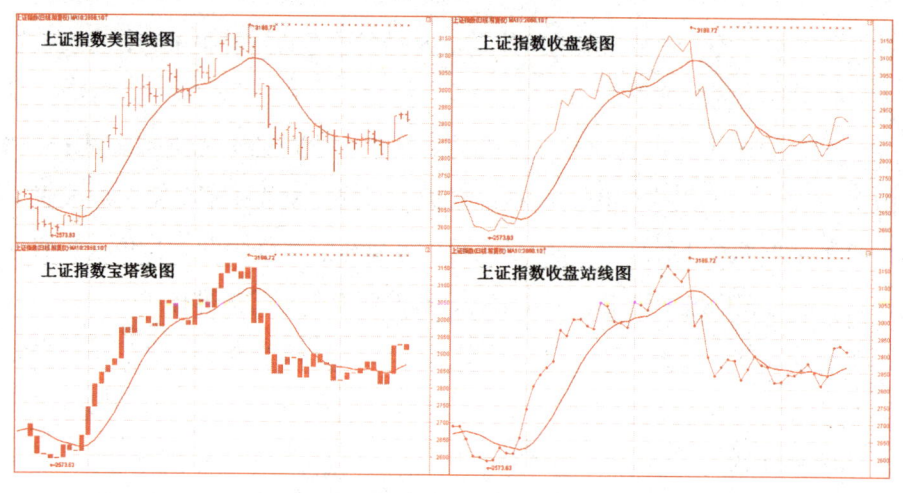

图2-2 美国线图、收盘线图、宝塔线图与收盘站线比较

要说明的是，在技术分析中，我们始终认为价格是最重要的，没有什么形式的指标能取代价格。投资者想要赚钱，说到底是要赚取差价，这是所有分析形式

的最终目的。而在实际操作中，也正是由于K线比均线更能表现出较多的信息，往往会对那些对K线使用不太熟练的投资者产生干扰。因此，我们在讲K线抓黑马方法之前，先由均线抓黑马的方法讲起。

移动平均线（moving average）

在所有技术指标之中，最接近价格本质的，也是最常用的主图指标是移动平均线，简称为均线（MA），MA是moving average的缩写。均线的用途非常广泛，可以加载到前面介绍的任何形式的价格图表上。常见的均线种类包括简单算术移动平均线（SMA）、加权移动平均线（WMA）、指数平滑移动平均线（EMA）等。在股票行情软件中默认的移动平均线是简单算术移动平均线（SMA），所以在不特别说明的情况下，所说的均线都是指简单算术移动平均线。

均线的最大优点莫过于简单、直观、实用。最能表示出市场的平均成本变化情况。一条均线使用熟练就足以应付复杂的股市，这句话一点也不夸张。

简单算术移动平均线的算法是计算一定周期内的所有收盘价的平均数，它的计算公式是：

$$MA = (C_1 + C_2 + C_3 + \cdots\cdots + C_n) / N$$

C表示：某日收盘价

N表示：移动平均周期

常用的周期有5、10、20、30、60、120、250等。均线可以用在各周期的K线图中，通常是用在以交易日为周期的K线图中，就是常用的日线图；也可以加载到分钟K线或周K线图上，那么均线的周期单位也就分别为分钟或周。不作特别说明的情况下，我们指的都是日K线图。

在日K线图中，常用的一些均线包括，短线的5日、10日均线，中线的20日、30日均线，长线的60日（季线）、120日（半年线）、250日（年线）均线。

均线周期的选取与交易日相关，这也是约定俗成的，通常情况下，平均一周有5个交易日，一月有20个交易日，一季有60个交易日，半年有120个交易日，一年有250个交易日。这几条均线都很重要，对于不同操作周期的投资者有着不同的意义。

例如计算5日移动平均线，N=5，MA5等于最近5天内的所有收盘价之和的平均数，把每天计算得出的 MA5 值连接而成的线就得到了行情软件图中的5日移动平均线。

下面以个股万科A（000002）为例，来说明 MA5 的算法，表2-1列出的是2010年7月万科A的收盘价和 MA5 的计算数值。

表2-1　　　　万科A（000002）2010年7月份 MA5 计算数据　　　　单位：元

交易日	时间	收盘	MA5	交易日	时间	收盘	MA5
1	2010/07/01	6.68		12	2010/07/16	7.62	7.528
2	2010/07/02	6.93		13	2010/07/19	7.74	7.548
3	2010/07/05	6.98		14	2010/07/20	7.81	7.618
4	2010/07/06	7.06		15	2010/07/21	7.75	7.688
5	2010/07/07	7.05	6.94	16	2010/07/22	7.95	7.774
6	2010/07/08	7.07	7.018	17	2010/07/23	8	7.85
7	2010/07/09	7.24	7.08	18	2010/07/26	8.01	7.904
8	2010/07/12	7.64	7.212	19	2010/07/27	8.08	7.958
9	2010/07/13	7.46	7.292	20	2010/07/28	8.31	8.07
10	2010/07/14	7.4	7.362	21	2010/07/29	8.3	8.14
11	2010/07/15	7.52	7.452	22	2010/07/30	8.29	8.198

我们把表2-1中的 MA5 数据表现在股票行情软件中，如图2-3所示。

从图2-3中可以看到个股万科A（000002）在7月的前四天是没有 MA5 均线的，由于 MA5 均线的算法是选取最近5天内的收盘价的算术平均值，因此 MA5 均线从第五交易日7月7日开始，这与表2-1中前四天的 MA5 均线值是空值相对应。

当然在实际运用中，除新股之外的股票只要能满足均线周期，其均线都是连续的。投资者也并不需要亲手计算均线的数值，均线都可以通过软件进行选择，均线的周期也可以以参数的形式进行随意设定，比如有些热衷于波浪理论或对神奇数字有研究的投资者，倾向于使用由费波纳奇数列组成的均线组 MA3、MA5、MA8、MA13、MA21……均线的周期参数的选取可以根据投资者的使用习惯和股票的波动性来定。最常用的，也是被多数人所使用的还是我们讲到的软件默认的均线组，因为其是多数人的参考依据，我们完全可以认为这样的指标对多数人的影响更大，也更有效力。投资者需要弄清 MA 的算法和内在原理，只有从本质上理解了指标，才能更好、更准确地运用指标。

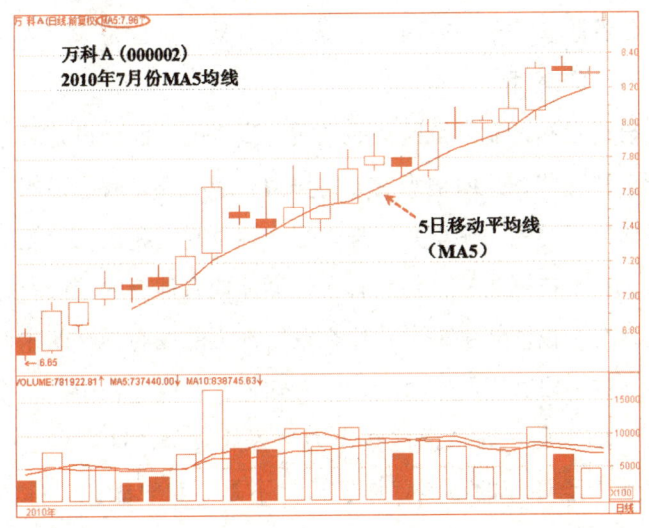

图 2-3 万科 A（000002）2010 年 7 月份 MA5 均线

第二节 哪条线适合做"黑马线"

均线有几种算法，又可以在多种周期内使用，那么哪条均线最好用呢？有没有终极的神奇均线？

均线之秘

很多人想得到所谓的神奇均线，这里的神奇是指通过特殊算法得来的均线，并能通过它不断获利。而事实上，这种均线并不存在，抱有得到神奇均线想法的人恐怕要小小地失望一下了。不过，均线本身虽然是无奇的，甚至说是普通的，它却有着神奇的一面。这正是均线之秘的所在，均线的秘密并不在算法上，而在运用上。这好比是，兵书从来讲的都是最朴素的道理，但军事家运用起来从来不按常理出牌，所谓"运用之妙，存乎一心"。

越简单的东西越接近真理，运用起来也越不容易，巴菲特曾这样评价过投资"It is simple, but not easy"，意思是说，投资看起来简单却并不容易。万物一理，所有有价值的、看起来简单的东西，一定不会容易，这也是股市入市门槛低，但想要成功并不容易的道理。

我们想让投资者尽可能了解股市最本质、真实的一面，也是最难以接受的一面，如果你能正视这些，并向正确的方向努力，成功还是有途径的。

那么均线的秘密究竟在哪里呢，是否那么神奇呢？我们已经说了，均线的秘密在运用方法上，不在算法上，如果有人告诉你他有神奇的均线，那他一定是才接触均线的人。对于投资新手来说，什么东西都可能成为神奇的东西。但是否真的神奇，只能通过一段时间的亲手验证才能知道，在这过程中，新手会不断地发现所谓"神奇"的东西。如果把这些作为学习的过程，这当然是好的，但如果把这些当作找到"圣杯"的终点，那还远远不是。我只能说"你的世界我曾经来过"！

均线是股票软件上的默认指标，被多数人采用，它被认为是最有影响，最有效用的指标之一。利用指标能很直观地识别出关键的形态，这些关键形态是投资者交易心理与投资行为的表现，可以这样说，股市从来没有变，因为人性没有变，牛熊循环一直在不断地往复。简单的均线不仅反映了大众心理，也有助于识别形态，它是对股价趋势最直接的反映。没有神奇的均线，均线都是朴素的，只有神奇的用法。

均线的优势

（1）反映趋势。

一个指标是否能直观、简单地反映股价或指数的趋势性是衡量一个指标好坏的重要标准之一。在所有指标之中，均线是最简单的算法。均线是最贴近价格的指标，最能反映出价格的真实面目。

均线指标很好地反映出了价格的平均波动水平，各种周期的均线相互配合使用更是能发挥其作用。均线的周期不同，所反映的趋势大小也不同，5日、10日均线反映短期趋势，20、30日均线反映中期趋势，60日以上的均线反映长期趋势。120日均线（半年线）可作为牛熊分界线，当股价长期运行在120日均线上时说明是牛市，当股价长期运行在120日均线之下时说明是熊市。

（2）平滑稳定。

股价的波动是投资者群体的市场情绪的反应，在市场中，投资者群体的跟风操作会放大股价波动的幅度，而股价的剧烈波动又会进一步刺激投资者的冲动性交易。投资者在行情图上经常会看到暴涨或暴跌的K线，当市场情绪极其亢奋时，往往会产生很长的上影线或下影线，这是市场为人们的非理性行为留下的痕迹。很多投资者会禁不住所谓的"洗盘"，在价格波动剧烈时出手，不是被冲高诱惑买入，就是被恐慌性杀跌逼迫出局，这些"噪音"增加了散户出手的次数，容易使人头脑发热，犯下错误。

均线因为是对股价的平均波动幅度的反映，对股价波动起到了平滑的效果，所以从行情图上看起来，K线图可能充满"毛刺"而均线却很"平滑"。均线反映了股价的一般趋势和波动情况，具有稳定性。这也是道氏理论讲的，"短期波动可能被操纵，而中长期趋势不会改变"的道理。均线正是反映了这种趋势的稳定性。

（3）助涨助跌。

"助涨助跌"是指当股价运行在均线之上时，均线对股价具有支撑作用，它反映出市场平均成本在股价之下，市场筹码稀缺，而市场资金充裕，容易形成资金抢筹码的局面，从而推动股价进一步上涨；当股价运行在均线之下时，均线对股价具有压力作用，它反映出市场平均成本在股价之上，市场筹码充裕，而市场资金不足，容易形成抛筹兑现的局面，从而推动股价进一步下跌。

从最根本上来说，股价在均线之上，是因为股价在涨，是由投资者普遍看好后市造成的；股价在均线之下，是因为股价在跌，是由投资者普遍看淡后市造成的。

（4）易于量化。

易于量化是所有指标的明显好处之一，均线作为最简单实用的指标，它可以帮助投资者制定量化的投资策略，比如，经常使用的以5日均线由下向上穿越10日均线作为买入信号，或以股价有效跌破10日均线作为卖出信号，等等。如果只看K线，投资者难以形成一个明确的买入或卖出条件。

这也是为什么有些投资者在看K线时总是下不了决心卖出股票，而一旦习惯使用均线作为卖出依据时就很容易一致地执行交易策略的原因。在K线图表中，投资者容易受各种因素的干扰，在做买入和卖出决策时犹豫不决，其中的一个原因是看K线需要一定的功力，另一个原因是K线表现的信息比较多，包括开盘价、最高价、最低价、收盘价等，盘中又会有很多无序的波动，面对如此多的信息，对于经验不足的投资者来说，很容易受剧烈的价格波动影响到持股心态，从而改变既定的操作计划。投资者在开始阶段应该首先掌握最简单实用的方法，逐步提高看盘水平，使用均线便是拨云见日、化繁为简的好办法！

我们说，任何有优势的方法，它都会有相应的劣势，没有完美的指标，均线也不例外。均线的劣势在于，因为它反映了股价的一般趋势性，具有平滑和稳定性，所以它会相对股价稍有滞后，这种不足可以通过适当调整操作周期和使用多周期均线相配合来减少影响。但世界上没有完美的东西，必须要承认和接受这种不足，相对于它的诸多好处来说，这种瑕疵还是可以接受的。

黑马线

在众多周期的均线中，我们选择哪一条均线作为主要的参考依据呢？

选择的原则要由投资者的操作周期来决定，长短线是相对，一般来说，偏短线的可以用10日均线，偏中线的可以用20日线，偏长线的可以用60日线，但作为抓黑马技术要使用的均线，一定要能反映出中短期趋势，所以我们把10日均线（MA10）作为主要的参考依据。

把MA10称为股票的生命线一点也不为过，操作黑马股，十分看重短期内的上涨，更是不能跌破10日线。判断黑马股或所有强势股的两条标准是：

（1）股价在MA10线之上；

(2) MA10 线向上。

根据道氏理论,我们已经知道市场呈现出牛熊循环的特征,我们"抓黑马做波段"的方法是只做上涨的一波,在下跌时休息。如果同时满足两个条件则说明黑马运行良好。任何一波行情都是有"生命"的,它是一个循环,有开始也有结束。这次结束是为了下次循环的开始。对于波段操作者来说,不必担心下跌,重要的是,在上涨的时候我们要在市场里面,而在下跌的时候我们要在市场外面。

在目前我国股市中只能做多,也就是只有上涨才能赚钱。多头行情是我们要把握的行情。上涨就是多头的生命,黑马是那些最活跃最有生命力的股票,这些黑马可谓是呈现出精彩的股市生命。当然,如果我们能把握好黑马股,那么我们的投资生活也会同样精彩。在一定周期内的一轮涨跌波段循环中,我们把起涨点看作是一只黑马股生命的开始;把上涨看作是黑马生命的延续;把下跌看作是黑马生命的结束。那么,MA10均线就是黑马的生命线,也是我们在均线抓黑马系统中定义的"黑马线",如图2-4所示。

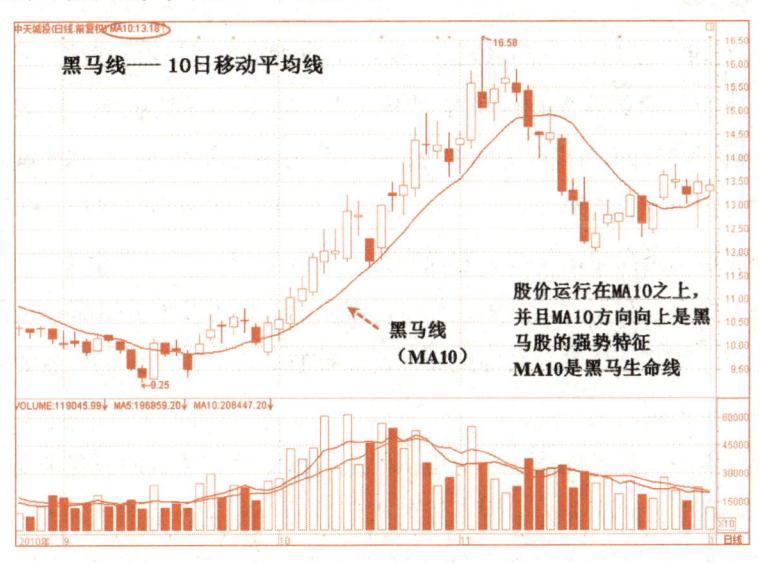

图2-4 黑马线——10日移动平均线

依据我们在后面将要讲到的找买点方法,在黑马特征初现端倪时,应该果断地骑上黑马,在买入之后,它在图形上一定同时满足前面说的两条原则,说明黑马很"健康";之后如果违反第一条,说明黑马"体质在减弱",这时可以考虑开始卖出部分仓位;之后的图形如果又违反了第二条原则,说明黑马的"生命已经终结",这时投资者不应再抱有幻想,应该及时兑现利润出局,等待行情调整后,再次出现起涨点时,即黑马重生时,再回来骑上黑马。

第三节　一线乾坤与双线交叉

MA10(10日均线)是黑马线,是上涨股票的生命线,可见它在均线操作中的重要性。下面将要介绍的利用均线抓黑马的方法基本也都是围绕黑马线展开,它是黑马生存的坐标!

一线乾坤

"一线乾坤"是指用一条均线区分多空力量的强弱,从中寻找波段操作的最佳买卖点,我们依赖的这条均线就是黑马线——MA10。一线乾坤,顾名思义,用MA10均线将股票行情可以分为两部分,一部分为多方占主导,有利于做多;另一部分为空方占主导,有利于做空。我们将介绍两种利用黑马线判断多空的方法。

别小看这一条简单的均线,它确实具有一线定乾坤(一线定多空)的功效,并且最重要的是,利用这条规则,你可以很明确地把市场划分出哪些是做多机会集中的区域,哪些是风险较高的区域,这简单的一招会让你少走很多弯路,当然也会提高投资回报。

我们先看一线乾坤的第一个应用,用黑马线相对于K线的位置来划分多空区域。在MA10上方的部分为多方主导的市场,做多有利,是买入机会;在MA10下方的部分为空方主导的市场,做空有利,是卖出时机。我们看图2-5,在图中我们将上证指数行情图用MA10划分了多空两个区域,一目了然。

为了反映黑马线对于多数股票的普遍适用性,我们先在指数上应用,去掉了其他几条均线,MA5、MA20、MA60等的显示,只留下了MA10一条黑马线。可以看到，图中用阴影区分多空双方，黑马线 MA10 之下用阴影标出的是空方主导的区域，黑马线 MA10 之上正常显示的是多方主导的区域。投资者很容易得出结论，按黑马线划分的多空区域，只要在多方操作，就可以明显提高操作成功率，最简单的方法就是，在价格确认进入多方后买入，在价格确认进入空方后卖出。

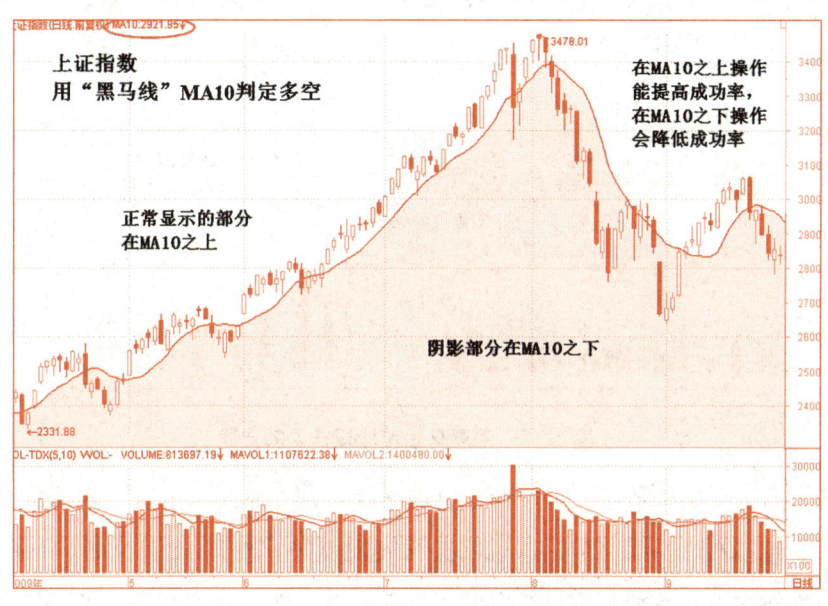

图 2-5　上证指数用黑马线判断多空

再看利用黑马线在个股上划分多空并寻找买点与卖点的波段操作例子，如图 2-6 所示。

从图中可以看到，阴影部分显示的是在黑马线下方的 K 线，正常显示的是位于黑马线上方的 K 线，前期该股一直运行在阴影内，这时不应考虑买入，只需要耐心等待。

当该股运行到 2010 年 9 月 13 日时，出现了一根突破黑马线的阳 K 线，这时就要密切关注将要出现的买点，一旦确认站上黑马线将毫不犹豫地进行买入操作。从图上可以看到，突破之后，连续三天的小阴线，这时可以再等一等，直到 9 月 17 日，股价再次站上黑马线，这时可以看作对突破的确认，应果断买入，买入价格是 10.06 元，是图中用圆圈标志出的第一个位置。

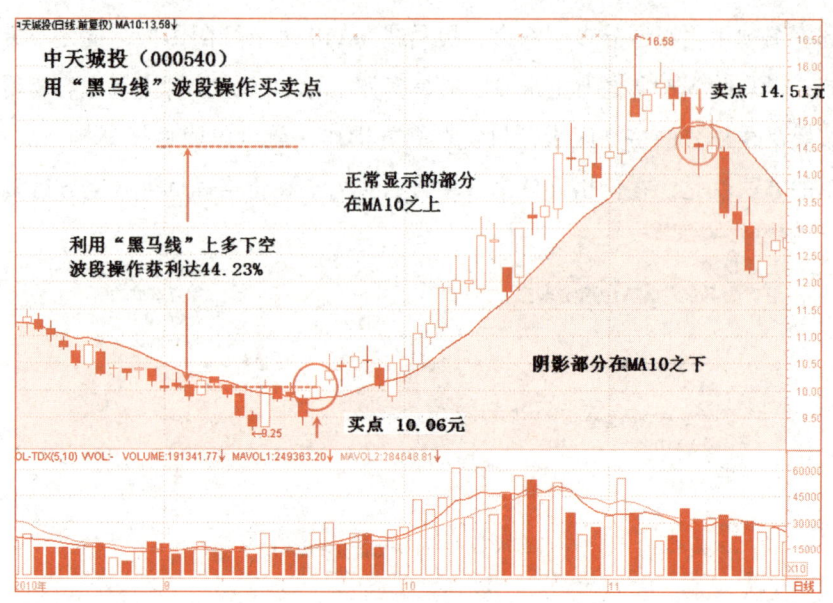

图 2-6 用黑马线波段操作买卖点

买入后，伴随着放量，该股开始出现连续拉升，显现出了黑马的本色，并且股价一直维持在黑马线之上，这说明黑马表现良好。直到 11 月 9 日，该股在这次波段操作中第一次跌到黑马线之下，这说明黑马有结束的可能，在第二天仍没再回到黑马线之上我们这时就不应再恋战，应果断出局，11 月 10 日的收盘价是 14.51 元，在图中用圆圈标志出的第二个位置。

在卖出之后，股价继续运行在阴影之内，即黑马线的下方，到此为止，我们就完成了一次完整的波段操作，干净利落地抓住了黑马股的一波主升行情。

"一线乾坤"的另一个应用是用黑马线的方向来区分多空。当黑马线 MA10 向上时都看作是多方主导，是做多买入机会；当 MA10 向下时，看作市场转入空头，是做空卖出机会。为了防止"噪音"信号干扰，我们把连续两天 MA10 向上或向下反向视为转向标志。

图 2-7 显示的是上证指数在 2007 年历史大顶位置的表现，从图中可以看到，正常显示的部分是黑马线 MA10 连续向上时的 K 线，阴影部分显示的是 MA10 连续向下时的 K 线图。

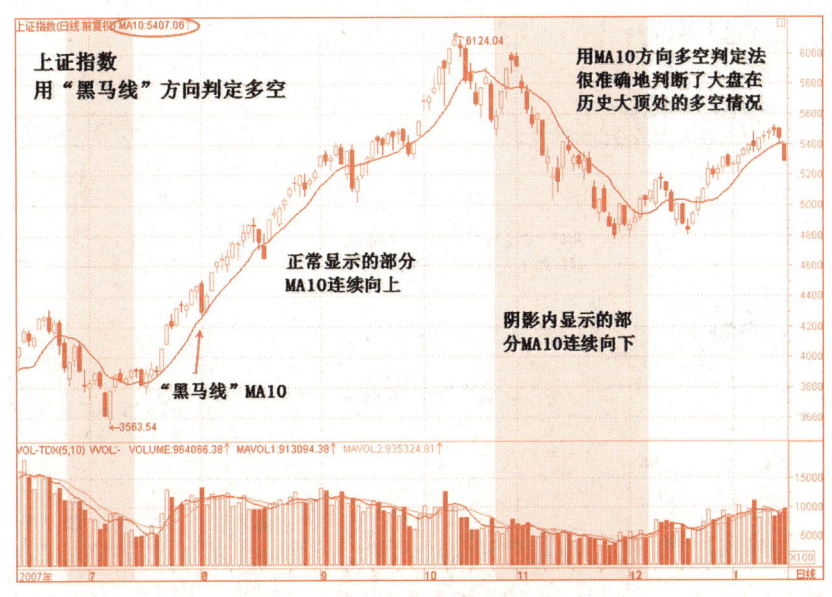

图 2-7 黑马线方向定多空

可以很清楚地看出，阴影内都是中短线波段下跌的部分，而阴影外都是波段上涨的部分，投资者只需要按照 MA10 区分出的多头区间内进行操作，回避那些空头区间。

图中的两部分阴影区间是 2007 年 6 月 26 日至 7 月 12 日和 10 月 26 日至 12 月 6 日，其余区间为正常显示的连续上涨波段部分（可从图中最下部观察日期刻度）。按照这个方法操作就能顺利逃出历史大顶，保住大部分利润。

再来看一个应用在个股上的波段操作例子，如图 2-8 所示。

在图 2-8 中是开滦股份（600997）在 2009 年 5 月到 9 月的一段走势图。同样按照黑马线方向把行情分为多空两部分，在阴影内的部分为 MA10 连续向下的 K 线部分，在阴影外的为 MA10 连续向上的 K 线部分。这样我们只需要找到两部分的交界 K 线，这就是我们的买卖点操作位置。

在图中显示的 6 月 4 日至 6 月 25 日是第一个阴影部分，8 月 6 日至 9 月 1 日是第二个阴影部分。第一个阴影部分的最后一个交易日是 6 月 25 日，是 MA10 第一天由向下转为向上，那么 6 月 26 日连续第二天再次向上时，则宣告该股由空转多,是波段买点,当天的收盘价是17.44元,如图中所示。

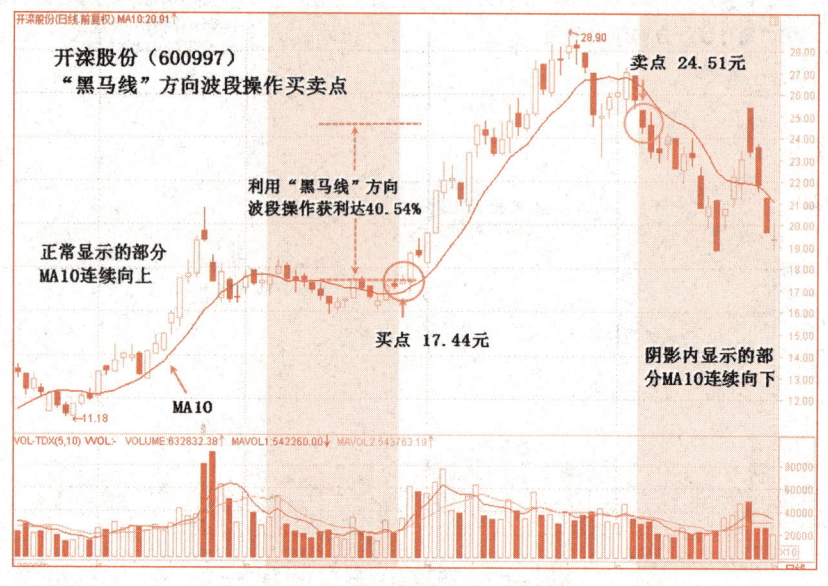

图2-8 开滦股份(600997)黑马线方向波段操作买卖点

在买入后,该股放量上涨,进入正常显示的区间。直到8月25日,该股MA10第一天向下,若8月26日MA10第二天连续向下,则宣告该股由多转空,是波段卖点,当日收盘价格是24.51元,如图中所示。

在卖出之后,该股继续在阴影部分快速下跌,短期内再也没有收盘到卖出价之上。到此为止就完成了一次完整的波段操作,这次利用黑马线方向操作方法,波段获利达40.54%。

这种操作方法比较稳健,买入后一般不会再回到买价之下,卖出后也一般不会再回到卖价之上,这说明黑马线方向判断法的稳定性和准确性比较高。在操作中,如果遇到买入后股价又回到买价之下这种小概率事件时,需要做好止损保护,因为没有方法是100%正确的,一定要想好每次出手要承担的最大亏损。同样,在遇到卖出之后,股价又回到卖价之上的情况时,也要小心买入,防止套在顶部,最好是等确认再次突破后,再用同样的波段操作方法,进行下一轮的操作,而不是盲目地操作。

因此我们可以得出结论,黑马线向上移动并且处于黑马线上方的区域是黄金操作机会；黑马线向上移动，但处于黑马线下方的区域是较好的操作机会；黑马线向下移动并且处于黑马线下方的区域是较差的操作机会，或者说是不宜做多的区域。

以上结论是建立在顺势交易的基础上的，我们提倡的是顺势而为，跟随趋势做大波段。

双线交叉

双线交叉是指用两条均线的交叉作为买卖依据的操作方法，这是一种常见的指标应用方法，在应用各种指标操作时都可作为判断买卖点的依据。

双线交叉选用的两条均线可以视操作风格而定，偏短线可以分别选取 MA5 和 MA10，偏中长线可以选取 MA10 和 MA20，偏长线可以选取 MA20 和 MA60，用 MA60 和 MA120、MA240 线的交叉可以判断大势。并且可以中长短配合使用，互相验证，这样操作的成功率更高。

双线交叉分为两种情况，即黄金交叉和死亡交叉。

（1）黄金交叉。

黄金交叉是指较短周期均线由下向上穿越较长周期均线的均线状态，或者说是快线由下向上穿越慢线的均线状态，例如，MA5 向上穿越 MA10 即为发生黄金交叉，MA10 向上穿越 MA20 也是黄金交叉。黄金交叉通常又被称为"金叉"，是买入信号。

（2）死亡交叉。

死亡交叉是指较短周期均线自上而下穿越较长周期均线的均线状态，或者说是快线自上而下穿越慢线的均线状态，例如，MA5 向下穿越 MA10 即为发生死亡交叉，MA10 向下穿越 MA20 也是死亡交叉。死亡交叉通常又被称为"死叉"，是卖出信号。

均线能反映出市场的平均成本水平，当较短期均线交叉较长期均线时，是市场平均成本的平衡点，一旦平衡被打破就会发生一边倒的走势，这就是均线交叉之所以重要的原因所在。

我们先以 MA60 和 MA120 双线交叉判断大势多空为例说明黄金交叉和死亡

交叉的波段作用，如图2-9所示。

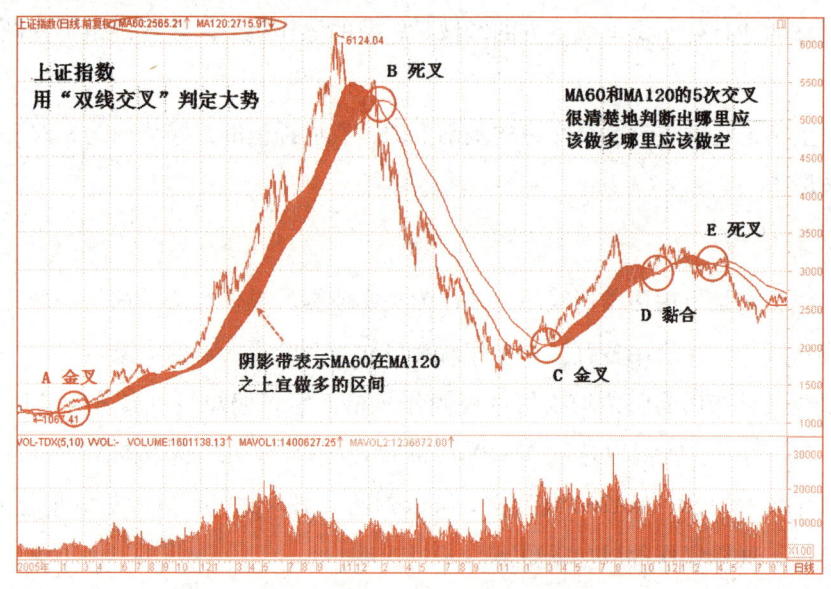

图2-9 上证指数用"双线交叉"判断大势

从图2-9中可以看到，用MA60均线和MA120均线组成的双线交叉判定系统，能非常清楚地判断出上证指数大势的多空情况。在图中用字母A、B、C、E分别标出了4次交叉点，其中A、C为黄金交叉点，B、E为死亡交叉点，D点是发生黏合的点，两条线的分离并不明显，可以看作趋势的延续。

2005年9月到2010年9月，5年时间内的上证指数多空对比情况尽收眼底，根本不用分析什么经济数据或基本面，只看长线的"双线交叉"就可以做到准确地判断大势。

图中用阴影表示的是MA60线与MA120发生黄金交叉之后，MA60在MA120线之上的均线带。这些阴影区域是做多的黄金区间。用"双线交叉"判断方法不仅有利于把握做多机会，而且可以避免空头行情。我们看到，从历史大顶6124点跌下来的趋势中，"双线交叉"判断系统标出了从头部死叉到底部金叉的大部分下跌行情，这是一波持续时间达一年多的大熊市，下跌幅度达70%之多，如果在这段时间退出市场休息，不亏钱就相当于是赚钱了。

讨论完长线"双线交叉"判断大势的方法之后，我们再来看一个偏短线的

"双线交叉"系统，这次我们选取较短的两条均线：MA5和MA10作为实际操盘线。

这里要说明一下，投资者一定要注意看大势做个股，在大势不好的时候少操作或不操作，经验丰富的投资者一定听说过股市中流行的两句话"覆巢之下安有完卵"和"君子不立于危墙之下"。这正是说明了看大势做个股的道理。

图2－10显示的是在个股北京城建（600266）中利用短线的"双线交叉"系统作为波段买卖点的操作实例。图中的两条均线分别是MA5和MA10，第一个圆圈处标注的是黄金交叉点，是短线波段买点，当天10月8日的收盘价是10.4元，第二个圆圈标注处是死亡交叉点，当天11月10日的收盘价是12.7元，这次短线波段操作只用了一个月的时间，获利20%以上。

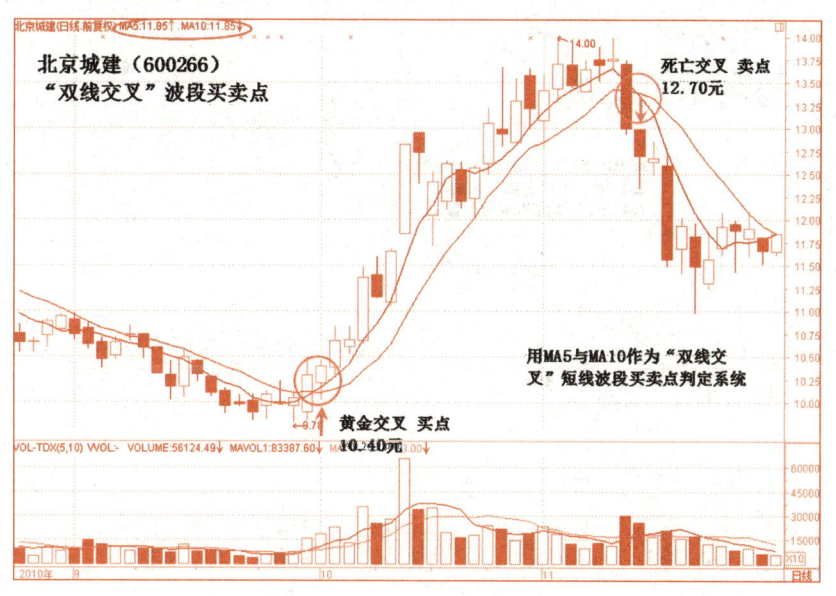

图2－10　北京城建（600266）"双线交叉"波段买卖点

短线"双线交叉"系统稍有一定的滞后性，遇到股价急剧波动的时候会有较大误差，所以投资者在操作时要注意尽量挑选流动性好，流通盘适中的个股。同时，要设置好止损，一旦股价回调到一定幅度就要考虑大势是否已经发生逆转，及时小亏离场。较为合理的操作方法是配合大周期的均线"双线交叉"系统先做好大势的判断。在多头明显的趋势行情之中，再利用短期的均线"双线交叉"系统进行买卖点的判断。

最后我们看一个中线波段"双线交叉"系统，选用的两条均线是：MA10 和 MA20。

从图 2-11 可以看到，图中有三条均线，分别是 MA5、MA10、MA20。我们用到的"双线交叉"中线波段系统是 MA10 和 MA20。在图中发生黄金交叉的位置是 2010 年 7 月 26 日，当日收盘价是 16 元，发生死亡交叉的位置是 11 月 18 日，当日的收盘价是 20.48 元。在这波中线波段中，投资者可以仔细观察，图中的 MA5 线和 MA10 线一共分别发生了三次黄金交叉和死亡交叉，也就是这波在中线系统中的波段可以分为短线系统中的三个较小波段。

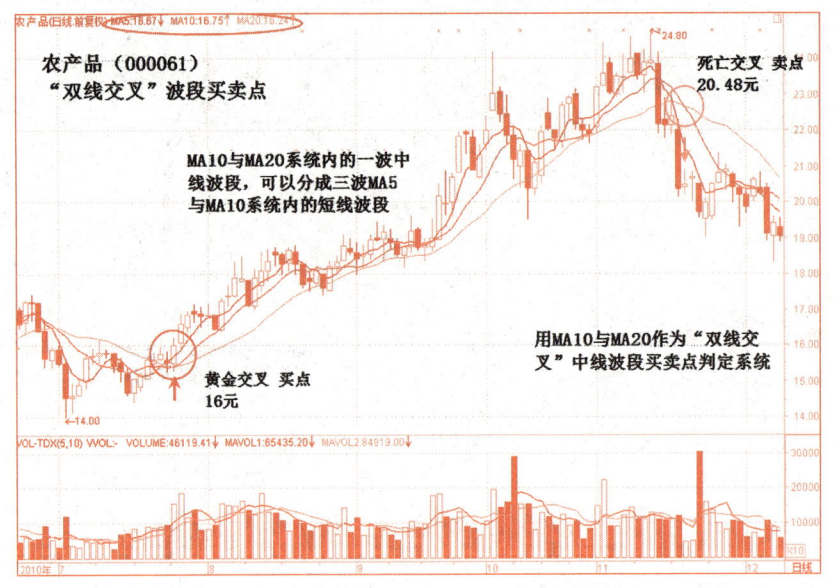

图 2-11 农产品（000061）"双线交叉"波段买卖点

我们将三次小波段和一个中波段的操作记录列成表格，如表 2-2 所示。

表2-2　　　　　　　中短线"双线交叉"系统操作记录表　　　　　　单位：元

短线"双线交叉"系统操作记录					
买入日期	买入价格	卖出日期	卖出价格	盈利值	盈亏比例
7月23日	15.52	8月24日	18.12	2.60	16.75%
8月30日	18.77	10月18日	20.37	1.60	8.52%
10月25日	22.70	11月15日	22.15	-0.55	-2.42%
总计					22.85%
中线"双线交叉"系统操作记录					
买入日期	买入价格	卖出日期	卖出价格	盈利值	盈亏比例
7月26日	16.00	11月18日	20.48	4.48	28.00%

从表2-2中可以看出，短线的第一次买入时间要早于中线的买入时间，说明短线均线的反应较快，买点要提前于中线波段；短线最后一次的卖出时间也要早于中线的卖出时间，这说明短线对利润的保护较多，如果亏损时，每次亏损的比例也较低；短线系统发出了三次买入信号，而中线系统只有一次买入信号，说明短线系统较灵敏，而中线系统较迟缓，短线系统善于做小波段，中线系统善于抓大波段的主要部分；在该股的这波行情中，三次短线共盈利22.85%要低于中线的28%，这还是不算手续费的情况下，如果算上交易费用，中线比短线获利会更多。

我们这样比较中短线并不是要说明中线与短线孰优孰劣，而是为了说明各自的特点，在这次操作中，中线比短线操作的结果要好，并不说明中线操作方法就战胜了短线。但我们建议投资者偏向中线操作，因为从经验来看，中线的效果更好。当然不排除有短线的高手的存在，但短线的成功率相对于中线来说更低，稳定性也较差。

"双线交叉"均线选择

对于"双线交叉"两条均线的选择问题上，在常用的几条均线中，选择哪条更合适，或者说选择时间周期较短的更好，还是选择时间周期较长的两条均线更好，这个问题没有统一的标准答案，因为在一个长周期的大波段内，包括几个较短周期的小波段，小波段是对大波段的"微分化"，但太小的波段又缺少稳定性。选择哪两条均线要考虑以下几个因素：

（1）习惯的操作周期。

每位投资者都有自己习惯的操作周期，有人喜欢短线，有人喜欢中长线，这个习惯决定了对均线周期的选择。所以说，平时人们讨论买点与卖点时，或讨论推荐股票时，在没有定义操作周期的前提下，基本是没有意义的，因为只有在你了解对方所指的操作周期时的买卖点才有意义，否则产生的分歧就很难统一。比如有人认为的买点可能是他想短炒的买点，他今天买进了，过两天有盈利就可能卖掉了，如果你是一位习惯中线操作的投资者，你就不会同意他的买点，从而会产生争执，但这并不能说他不对，只能说他做了在他操作周期内的正确操作，而你正确地坚持了你的操作周期内的原则。

（2）操作品种的波动性。

均线系统的选择也要考虑到操作品种的波动性，有的品种波动较小，波动较慢，比如一些大盘股或基金等等，针对这种波动性的品种可以选择偏中长周期的均线，这样可以抓住大波段，也不会担心发生剧烈和快速的反向波动。而有的品种波动较大，波动也比较快，比如一些高价的中小盘股，特别是一些创业板股票，它们的流通市值一般只有几千万，大一些的也就在一两亿左右，而且价格一般都被炒的比较高，这样的股票就需要选择中短周期的均线系统，这样可以防止大的波动回撤风险，也能最大限度地保护利润。

（3）手续费。

普通投资者的佣金通常是在千分之一左右，一些专业投资者由于资金量比较大，能把佣金谈到万分之五左右，甚至万分之三。千万不要小看这看似不起眼的佣金，有些投资者可能没仔细计算过，如果你的账户资金本来就比较小再加上佣金比较高，那么每交易一次，来回的佣金就差不多是持有股票市值的1%了，也就是说你每交易一次，都是先亏损1%的，只能在上涨1%之后才算持平。

有些新手的操作频率还比较高，试想如果你一年以重仓操作20次，那么一年光是佣金就要扣掉20%的利润。以经验来看，很多新手的本金很大部分是交给了证券公司，而不是亏在了市场里面。因此，投资者一定要重视交易成本，切勿过度交易。

（4）看盘时间。

这个影响因素很简单，你没有时间看盘的情况下，不得不选择较长周期的均线和比较温和的股票来做。其实这未尝不是一件好事，看盘越多往往越容易产生冲动性的操作，盘后一总结，又是误操作，所以很多投资者不是输在没有看盘时间，而是输在看得太多。我们建议投资者盘后多总结，盘中要做一个没有观点的操作者，顺势而为，根据盘后制定的计划操作。在市场中的很多情况下，其实比的并不是谁的获利能力强，而是比谁犯的错误更少。

（5）风险偏好。

投资者如果可以承担的风险较大，可以选择较长周期的均线，因为长周期的均线浮盈和浮亏都会比较大。如果是对风险极度厌恶的投资者，会很难在高压之下做出正确的操作决策。

对于均线的选择没有最好的，只有更合适的。

短周期均线的优势是：对近期价格比较敏感，利润回撤比较小，若产生亏损也较小。

短周期均线的劣势是：对价格反应过于灵敏，容易被震荡出局。

长周期均线的优势是：对近期价格反应较慢，可以反映大趋势，容易抓住大波段。

长周期均线的劣势是：对价格反应滞后，利润回撤比较大，若产生亏损也较大。

周期长短的优劣比较就像是兵器长短的比较一样：一寸长一寸强，一寸短一寸险。真是"运用之妙，存乎一心"。

第四节　三线开花与多线穿越

多个时间周期均线的配合运用是均线波段操作的技巧之一，各周期均线对于不同操盘风格的投资者具有不同的参考价值和意义。一般来说，MA10 是黑马线，是股票的生命线，是长中短线都要参考的重要指标。参考 MA5 是偏短线，MA20（月线）偏中长线，MA60（季线）、MA120（半年线）和 MA250（年线）是长线指标。均线在 K 线图上排列的特性是，越短周期均线距离 K 线越近，对价格变化越敏感；越长周期的均线距离 K 线越远，对价格的变化越不敏感。

以 MA10 为主，以其他各条线为辅，可以演绎出很多操作方法。这些以均线为主要依据的操盘方法，可以说是万法同宗，殊途同归，赢利是正道，没有孰优孰劣之分，适合的就是最好的！我们的首要重点是介绍正确的投资理念和法则，其次是讨论相对高效的具体获利方法，我们相信"授之以渔"比"授之以鱼"要更好一些。

三线开花

"三线开花"是指以三条不同周期的均线为依据，随着价格的发展，相对较短周期的均线带动较长周期的均线向同一方向运动，最终达到三条均线具有相同方向时的均线排列状态。在图表中，三条均线就像盛开的花瓣一样伸展开来，形象易懂。

在选择均线周期时，可以依据投资者自身的投资风格、风险偏好、操作周期等因素综合考虑来选择合适的三条均线。我们建议投资者选择偏长线的均线作为背景参考来判断大势，用偏短线的均线作为实际操作依据，因为周期大意味着要承担更大的资金回撤风险，万一操作失误时亏损较多。当然仓位管理也很重要，在形势不好的时候谨慎用重仓或干脆休息不做。

投资者根据三线开花的定义，不难看出，既然是当三条均线达到同方向时

"三线开花"成立,那么在市场中,"三线开花"一定分为两个方向,包括向上和向下的"三线开花"。开口向上的"三线开花",表示在既定周期内,市场属于多头趋势,做多有利,是买入机会;开口向下的"三线开花",表示在既定周期内,市场属于空头趋势,做空有利,是卖出机会。

我们的"三线开花"选取的均线是 MA5、MA10 和 MA20 这三条均线。这三条均线是中短线波段操作的最优选择,同时可以选取 MA20、MA60 和 MA120 这三条均线作为宏观大势的参考。当短周期与长周期达到共振时,则是最佳的操作机会。

指数反映了多数个股的运行情况,我们先结合上证指数为例来说明"三线开花"形态的波段操盘方法,如图 2-12 所示。

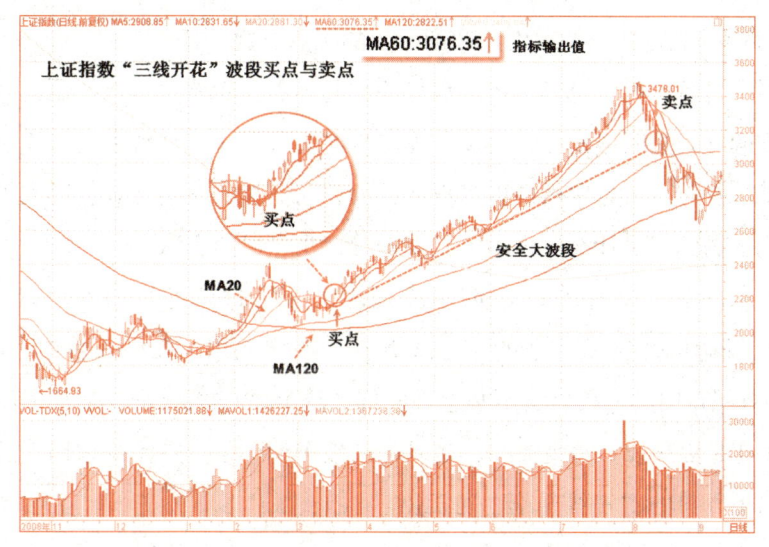

图 2-12 上证指数"三线开花"波段买点与卖点

如果仅凭肉眼来看不好分辨均线方向的话,可以查看均线的指标值,当各周期均线都分别大于前一天的指标值,并且均线由上到下按从短线到长线的顺序排列时则说明是向上的"三线开花"。一个更方便的方法是,很多股票软件可以调出箭头来指示均线的方向,箭头显示在主图指标输出值的后面,如图 2-12 中所示 MA60 的指标输出值示例。

在行情图上寻找"三线开花"的简便方法是，从大周期均线的方向找起，大周期均线的方向向上时才会有买点，因为大周期的均线是最后转向的。

按常规的方法，我们先用 MA20、MA60 和 MA120 这三条均线寻找大势做多的买点，投资者可以打开行情软件看更详细的数值，我们从图 2-12 中可以看到，在三条均线中，最大周期的均线从 2009 年 3 月 16 日开始，MA120 后面的箭头开始指示向上，再看较小周期的两条均线 MA60 和 MA20，这时 MA60 也是向上的，MA20 却是向下的，这时还不完全满足"三线开花"的条件。直到 3 月 18 日，MA20 均线也指示向上，这时完全满足了"三线开花"，说明大势向好。

这时看 MA5、MA10 和 MA20 这三条实际操盘参考均线，在 3 月 16 日这一天，也同时满足了"三线开花"条件，在这天是一个非常不错的买点，上指指数在 2 223.73 点位置，如图中用圆圈标出的买点位置。

在买入之后，投资者只需要跟踪趋势，并不需要劳神费力地猜顶，我们进行黑马操作的理念是顺势而为，在黑马涨出来时买入，在黑马跌下去时卖出，就是这么简单地操作。一定要做到能骑得住黑马，在上涨的途中下马会错失可观的利润。我们要做的就是什么也不做，只需坐等，坐等股票上涨。

再回到图 2-12 中来，在买入位置之后，我们只需要等 MA5、MA10 和 MA20 这三条操盘线形成向下的"三线开花"时再卖出。在买入后的一段时间，MA20 一直保持向上，投资者不必担心股价跌破 MA5 均线，需要多加关注 MA10，因为 MA10 是黑马线，是生命线，当股价跌破 MA10 线时要保持警惕，随时准备在形成向下开口的"三线开花"时卖出。

最终指数在 8 月 6 日跌破 MA10，在 8 月 7 日 MA10 开始向下，这时就要小心了，到 8 月 12 日 MA20 后面的箭头开始指示向下，说明 MA20 开始向下转向，这一天形成了向下开口的"三线开花"，这里毫无疑问是波段卖点，上证指数在 3 112.72 点位置，见图中第二个圆圈标出的位置。到此为止，依据"三线开花"形态的一波完整的波段操作就算完成了。

从 2 223.73 一路跟随趋势持有到 3 112.72 点，这种操作方法完全是按照客观的行情波段来截取利润，市场涨多高就截取多大的利润，这能大大减少很多不必要的失误，同时实现利润最大化，又省时省力，简便易行，何乐而不为！

指数反映了多数股票的情况，同时也是基本符合基金的波动情况，上面的例子可以说明"三线开花"波段操作法的普遍适用性。下面我们再来看一下应用在个股上的情况，如图2-13所示。我们为了显示得更清楚些，只用了中短线周期的三条操盘均线：MA5、MA10和MA20。

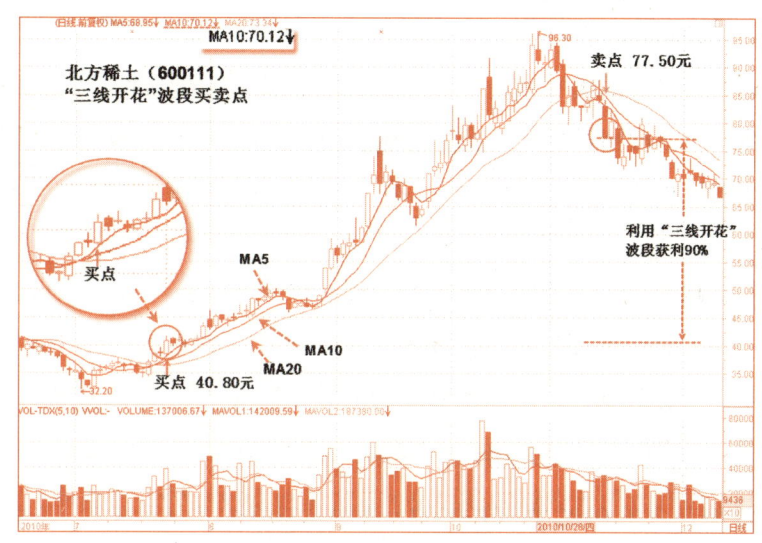

图2-13 北方稀土（6000111）"三线开花"波段买卖点

从图2-13中可以看到，该股在2010年7月22日时满足"三线开花"形态，这里是买点，当日收盘价为40.81元。从买点位置的放大图中可以看出，MA5、MA10和MA20三条均线由上向下顺序排列，此后三条均线向上伸展，距离K线较近的是较短周期均线，较远的是较长周期均线。只需要持股待涨跟随趋势，直到11月12日，MA20线形成向下开口的"三线开花"形态，这里是卖点，当日收盘价为77.50元，这次波段操作获利幅度高达90%。

通过上面两个例子的操作讲解，有经验的投资者会发现，向上开口的"三线开花"均线形态与均线多头排列是异曲同工的，但"三线开花"更易于识别，也更易于理解。

多线穿越

均线在实际运用中经常被看作是成本线，事实上，均线也能反映出市场的平均成本情况。在上涨中，均线对股价具有支撑作用，这是因为，均线在股价的下方，可以看作市场的平均成本重心在股价之下，支持着价格节节攀高；而在下跌中，均线对股价具有压力作用，这是因为，均线在股价的上方，可以看作市场的平均成本重心在股价之上，不断地卖压迫使价格逐级下降。

市场平均成本除了高于和低于市场价格两种状态之外，就是趋于平衡的状态，这也是一种临界状态。在这个平衡状态下，多空双方一旦哪一方稍占上风就会打破平衡，使市场的天平倒向一方。我们要讲的"多线穿越"就是指多条均线同时达到一个波段相对平衡位置时的形态，很容易想象，当多条均线聚集起来时，相对应的市场的多周期平均成本也趋于一致，这时就迎来了一个变盘的"时间窗口"。

我们把穿越的目标定义为一根K线，那么"多线穿越"就是指多条均线同时穿越同一根K线时的图形形态。发生"多线穿越"的K线，很可能是改变市场多空力量的关键K线，是"压倒骆驼的最后一根稻草"。江恩有句名言："永不确认转势，直至时间超越平衡。""多线穿越"就是这个时间超越平衡点。这一点目前基本没有人公开做过太多讨论，这也是股票投资的一个真谛，如果投资者能把握好"多线穿越"点，也就是把握了江恩所说的"时间超越平衡"，那么对趋势的正确判断也便是顺理成章的事了。

"多线穿越"一根K线，是我们总结出的一个最具代表性的"穿越"，这是"形"，实际上，做得多了就能感觉到市场的"神"，也就是不拘泥于那一根K线，那就上升到了一种更高的操盘水平，对市场的直觉也自然更好了。

在达到"形神"兼备之前，我们还是先从"多线穿越"K线入手，这是最明显的市场转势标志之一。

下面看"多线穿越"发生在个股南方航空（600029）中的实例，如图2-14所示。

从图2-14中可以看到，图中共有四条均线，分别是MA5、MA10、MA20和MA60。在图中用第一个圆圈标出的K线处，发生了一次向上的"多线穿越"，这一天是2010年9月3日，一根实体阳线同时穿越了四条均线，这是不多见的，

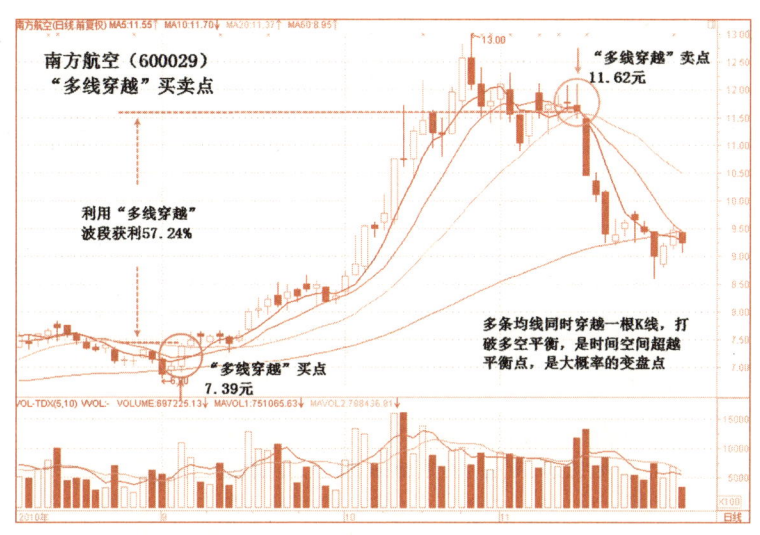

图 2-14　南方航空（600029）"多线穿越"买卖点

一般是穿越三条。四条均线集中的位置，可以看作是四个周期的市场平均成本密集区，一旦 K 线向上突破，即打破了多空平衡，很可能迎来变盘。这一天是一个买点，当天的收盘价是 7.39 元。

在这一天之后，价格就再没有收盘在 7.39 元以下，先是以小阴小阳的 K 线慢慢突破前期高点，之后股价更是"一飞冲天"，连续地拉出大阳线。而且从图中可以看出，在发生"多线穿越"之后没有几天，也发生了向上的"三线开花"形态，这也说明市场多头占优。

在 10 月 27 日创出新高 13 元之后，股价开始回落，先是跌破了黑马线，然后围绕 MA10 展开震荡，等 MA20 线与 MA10、MA5 均线同时穿越 11 月 11 日的 K 线时，又迎来了一个变盘"时间窗口"，在这里是一个卖点，当天收盘价是 11.62 元。果然在第二天就是一个跌停的大阴线，我们看到，"多线穿越"很好地体现了市场多周期成本的集合，只要找到这个明显的变盘标志点，就能极大地提高操作成功率。

随后该股也是一路下跌，在向下的"多线穿越"之后，形成了向下开口的"三线开花"形态，表明市场的空头占优，市场开始进入下跌循环。利用"多线穿越"进行波段操作，两个多月的时间，最终可在该股获利达 57.24%。

"多线穿越"形态和买卖点，并不是在每个波段中都会出现的形态，它不像"三线开花"那样是每波行情必然出现的形态。但实际上，每个波段都会发生"超越平衡"，只是有时不是正好穿越在一根 K 线上。而"多线穿越"却是一个很实用的实战技巧，一旦发生了，就表示处在"时间窗口"中，发生变盘的可能性非常大。

第五节　波段操作综合实例

均线波段操作技术的最大优势在于简便实用、易于上手、指示明确。能熟练掌握一条黑马线就足以笑傲股市，这样说一点也不夸张。投资者可以把黑马线的波段技术用到历史行情图中去进行测试，你会发现，所有的利好消息都表现在图表上，而所有的黑马股都符合黑马线的形态特征。

波段操作者应该注意 K 线图表所传达出来的信息，有些投资者研究股票到了一定阶段已经把思维局限在了过于短线的日间杂波之中，越是"看进去"越难操作，因为股票的趋势性需要适当地放大周期才能看得清楚。有些投资大师提倡离市场远一点就是这个道理，站得远一点，与市场保持一段距离，你的视野就会更开阔。越是拼命想抓住每次行情，越是容易在不是好机会的时候盲目跟进，造成失误操作。离市场太近还表现在没有盈利却持有重仓上，如果你的持仓让你睡不好觉时，你就要考虑减仓了，失去平常心时很难做出客观、准确的判断。

很多投资者在起初都对均线"视而不见"，我们一打开行情软件就能看到均线指标，可很多人都是在经过凭感觉做股票的入门阶段之后，才发现均线指标的妙处。我们在本章中主要介绍了四大方法："一线乾坤"，利用一条黑马线 MA10 划分牛熊市场找买卖点；"双线交叉"，利用两条均线 MA5 与 M10 的交叉判断多空平衡买卖点；"三线开花"，利用长中短三个周期均线判断买卖点；"多线穿越"，利用多条均线共同穿越同一根 K 线判断转势的时间窗口。

最后，我们根据一个实例来介绍均线应用四大方法的综合应用，如图 2-15 所示。

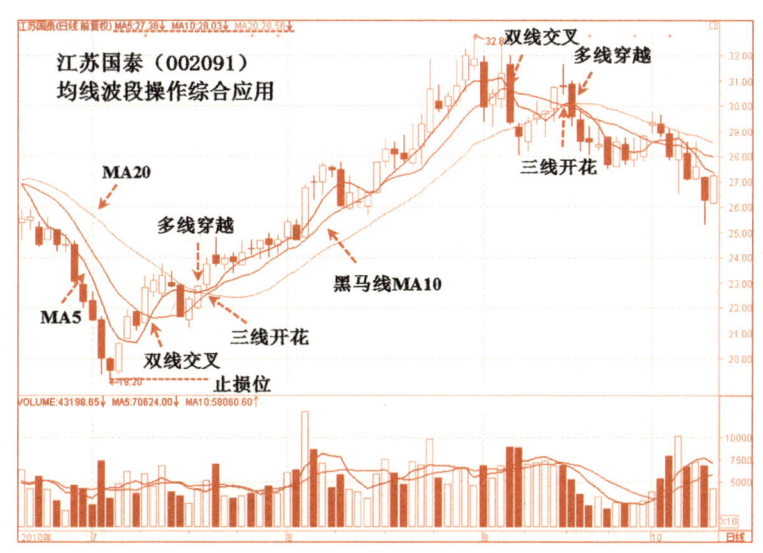

图 2-15　江苏国泰（002091）均线波段操作综合应用

图 2-15 显示的是个股江苏国泰（002091）在 2010 年 6 月到 10 月期间的走势图。从图中可以看到，前期该股是下跌走势，均线 MA5、MA10 和 MA20 的方向都是向下的。该股在 7 月 5 日创出新低 19.2 元之后开始反弹，在处于开口向下的"三线开花"均线形态时的上涨我们都认为是反弹，直到出现开口向上的"三线开花"为止。

该股在 7 月 12 日当天，MA5 完成了向上对 MA10 的穿越，形成双线交叉，也就是黄金交叉，这说明短线趋势有转好的可能，这里是一个买入机会，当日收盘价是 23.10 元。在买入的同时设定止损位为前低价 19.20 元。这时 MA5 已经向上，黑马线 MA10 转为走平，在之后的一个交易日也随之拐头向上，这时依据黑马线方向向上并且价格站上黑马线的条件，该股短线已经多头占优，具备了买入条件。在 7 月 19 日发生了三条均线同时穿越同一根 K 线的情况，即"多线穿越"，这是一个向上变盘的"时间窗口"，当天的收盘价为 22.87 元。紧接着在 7 月 20 日，MA10 向上穿越了 MA20，形成了向上开口的"三线开花"，到这时 K

线已经成功站上了三条均线，趋势彻底转为向上。

形成向上开口的"三线开花"形态之后，健康的上涨走势均线形态应该是MA5、MA10和MA20三条均线从上到下顺次排列，组成一个以黑马线为中心的均线带，均线带整体保持向上运行。

只要均线带保持着这种良好的上升形态，投资者就可以高枕无忧，并不需要担心一两天内短期的波动。该股的上涨均线带一直运行良好，直到9月6日这天，MA5向下穿越了MA10，发生了向下的双线交叉，即"死亡交叉"，这是一个卖点，当天收盘价为29.35元。之后该股的三条均线开始靠近，均线带的顺序不如原来上升趋势良好时那么规整，均线的杂乱无序客观地说明了价格处于调整之中，这不是上涨的中继形态就是波段的头部。到9月15日这天，该股没能继续向上突破，反而是均线MA10向下穿越了MA20，发生了向下开口的"三线开花"，同时也在当日K线上发生了"多线穿越"，这明显是一个向下变盘的"时间窗口"，如果还持有股票，在这时应该卖出，当日收盘价为29.6元。在此之后，该股由空头力量占优，一直处于向下开口的"三线开花"之中，这时是休息的时候，已经没有了操作机会。

在图2-15的个股江苏国泰（002091）波段操作中，我们只用了均线操作方法中的部分方法，就已经能起到多个信号互相验证的作用，这能帮助我们提高操作的成功率。在实战当中，需要注意处理好一些小幅震荡的行情，可以采用一些技术方法作为配套措施，比如趋势线、支撑阻力线、MACD多空指标等等。另外，也要注意使用止损，这是在买入时设定的如果处于亏损并达到某一位置或比例时无条件卖出的策略，投资者可以根据自身投资风格来设定，比如固定比例、固定金额、压力支撑位等。止损不是用来盈利的，它是用来保住继续盈利的机会的。

▶▶ 三分钟学会一招必杀技之二　断头铡刀

断头铡刀是指股价在波段高位盘整时，5 日、10 日和 20 日均线由先前的多头排列转而收敛并逐渐黏合，此时如出现一根阴线跌破此三条均线，即一阴断三线时就形成了断头铡刀。这时预示着股价很可能进一步下跌，一波上涨行情即将结束。断头铡刀是中短线的卖出信号。阴线的实体越大，继续下跌的可能性越大；切断的均线越多，说明跌破的市场平均成本周期越多，市场下跌的能量越大；通常会伴随成交量放大，放量下跌更增加其卖出信号的可靠性。

断头铡刀形象地说明了这种形态，在波段顶部的长阴线就像是铡刀一样，切断行情的"气脉"。我们说过 MA10 是黑马线，良好的上涨均线形态特征是，不同周期的均线组成一个稳步上升的均线带，而断头铡刀形态则终止了这样良好的上涨趋势，市场转向的可能性加大（见图 2-16）。

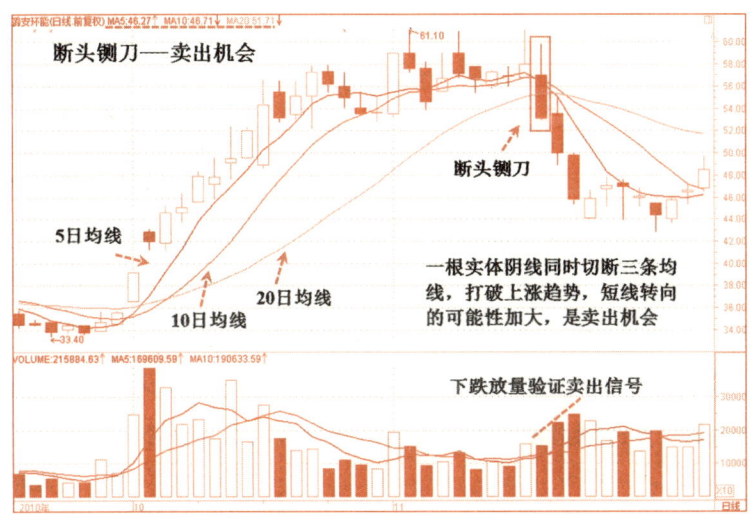

图 2-16　断头铡刀——卖出机会

第三章

裸K形态抓黑马

> 华尔街没有新事物。因为投机像山岳那样古老。股市今天发生的事情以前发生过,以后会再度发生。
> ——华尔街传奇大作手杰西·利弗莫尔(Jesse Livermore)

本章主要内容

第一节　蜡烛图传奇

第二节　顶部反转K线形态

第三节　底部反转K线形态

第四节　趋势线的正确画法

三分钟学会一招必杀技之三　神奇数字与黄金比率

第一节 蜡烛图传奇

投资者经常使用的 K 线图最早源于日本，被称为蜡烛图（Candlestick Charts），又称为阴阳烛、日本线，常用的说法是"K 线"。K 线是"罫线"的读音（日本音读 kei），西方以英文第一个字母"K"直译为 K 线，由此发展而来。在 18 世纪的日本，当时 K 线不是用于股票交易，而是用于大米的现货和期货交易，用来记录和计算每天米价的涨跌。因其记录价格信息具有直观、好记的优势，后来人们把它用到了股票市场的技术分析之中。经过近 300 年的发展，如今在交易图表中蜡烛图已经随处可见，被广泛地应用于股票、期货、外汇等证券市场。所有的交易软件上都能使用 K 线图进行技术分析。

我们已经对 K 线图表作过简要的介绍，K 线图具有其他很多种图表所不具有的优势。它不仅能指示一段时期内的收盘价，还包括开盘价、最低价、最高价等，而且很直观地能把一组 K 线进行比较，可以通过 K 线实体和上下影线长度的比较，以及它们之间的相对位置来分析市场强弱。这样说来，不同的单根 K 线在不同的位置，或不同的 K 线组合在不同的位置，都会有特殊的意义，它们能反映出在相似市场环境中人们的市场情绪，在经济循环中，这些 K 线形态也在不断地循环，只要是人参与的市场，人性不变，市场的图形特征就不会改变，这些图表的价值也就在于此。历史不会简单地复制，但是会重演。

生活在 260 年前的本间宗久，当然也注意到了市场的这一特点。本间宗久（Munehisa Homma）生于 1924 年，他最早总结出了使用 K 线做交易的方法，并被人们称为"酒田战法"流传于世。本间宗久并非姓"酒田"，而是因为酒田是大米的集散地，本间宗久就是从酒田出道的，所以人们就把他所总结的交易法则称为"酒田战法"。

酒田战法

16世纪到17世纪期间的日本处在战乱之中,在这一百年的时间里,日本由60个军阀割据的小诸侯国相互吞并,战争不断,最终在17世纪初才统一成为一个国家,商业活动也兴旺发达起来。在统一的过程中有三位赫赫有名的将军为日本的统一做出了贡献,他们是织田信长、丰臣秀吉和德川家康。在中国,他们的名字也并不陌生,尤其是德川家康,德川家康在1603年在江户(今东京)建立德川幕府,直至1867年,德川家康家族一直统治着日本。

在德川家康宣布家天下之后,统一的政权使日本进入相对稳定的时代,当时的封建制度下,农业生产日益发展起来,各种商业活动在宽松的环境中百废俱兴,日本开始逐渐形成了一个全国性的市场体系,取代了过去那些相互隔绝的地方小市场。统一、集中的大量交易使交易商和投机商大量出现。

到17世纪下半叶,大米交易市场终于发展成大阪的一个正式机构,即堂岛大米会所(大米交易所)。在这间交易所里,商人们制定了大米的等级标准,通过讨价还价来确定大米的价格。到1710年之前,这间交易所所进行的一直是大米的实物交易。1710年之后,这间大米交易所开始收授大米的仓库收据。

就是在这样的背景下,握有"神之一技"的本间宗久出场了。本间宗久在1724年(另有一说是1717年)出生于一个富裕的家族。当时人们认为本间家族富裕到了无法想象的地步,于是传开了这么一句谚语:"这辈子一定能挣上领主的宝座,却休想像本间宗久家一样有钱"。1750年,本间宗久接手掌管他们家族的生意,在故乡的港口城市酒田的大米交易市场开始了他的大米交易生涯,酒田是大米的集散地。

本间宗久的父亲过世后,他开始经营他们家所有的财产,尽管他只是家里最年轻的儿子。这可能是因为本间宗久具有过人的市场见识。本间宗久携带着这股雄厚的资本,跨进了日本最大的大米交易市场——大阪堂岛大米会所的大门,投身于大米期货交易。

本间家族拥有面积庞大的稻米种植庄园。由于他们家在大米现货上拥有雄厚实力,大米市场的有关信息通常也就逃不过他的耳目。不过,本间宗久并不以此为满足，他还逐年地记录了天气情况的资料。

本间宗久就这样主宰了大阪的市场。之后，他转向江户（今东京）的地方交易所进行新的征服。他凭借自己对大米市场深刻的研究，积聚了巨大的财富。传说，他曾经有连续100笔盈利交易的惊人记录。

他的声望如此显赫，以至于江户街头曾经传唱着这样一首民谣"酒田晴，堂岛阴，江户藏前雨飘零"，酒田是宗久的家乡，堂岛指大阪的堂岛大米交易所，江户指当地的藏前交易所。这首歌谣的意思是说，当酒田的稻米赶上好年成的时候，堂岛大米交易所的价格就下跌，而江户的大米价格将暴跌。这首民谣表明，本间宗久在日本大米市场上有呼风唤雨的能耐。

本间宗久晚年曾担任幕府当局的财务资政，并且被授予武士头衔作为荣誉封号。享有一生荣华富贵的本间宗久，最后遁入佛门，逝世于1803年。

本间宗久一生致力于米市行情的研究，于1755年完成著作《三猿金泉录》，这是关于市场心理的第一本著作，他在书中写道：在市场中的心理状态，是交易者成功的秘诀，交易者们的情绪对米价波动有重大的影响。他还注意到了一种市场中的反身理论，当所有人都看空时，正是价格上涨的原因（反之亦然）。他还描述了阴阳循环（牛熊循环），在阴中有阳，在阳中有阴，每种市场都包括次一级别的另一种循环。他在当时的交易中似乎就已经考虑了价格之外的诸如气候因素、成交量等因素进行持仓调整。他被认为是史上最成功的交易者之一，以当今的价钱估计，他当时获取的利润高达上亿美元，在有些年份里能赚到上百万美元的利润。相传他还著有《本间宗久翁密录》和《本间宗久相场三昧传》，他被认为是蜡烛图之父，人称"相场之神"（相场指交易场）、"出羽之天狗"。

"酒田战法"的原版书《本间宗久翁密录》，其中并无任何图形，仅是一百多条有关交易的条文式记载，经过两百年来人们的再三研究之后，才发展成为如今带有图解的"酒田战法"。可以说现在的"酒田战法"绝大多数是后人推演出来的。当代关于日本蜡烛图讲解较为深入的当属史蒂夫·尼森（Steve Nison）所著的《日本蜡烛图技术》（*Japanse Candlestick Charting Techniques*）一书，他也被西方誉为"K线分析之父"。

本间宗久语录

以下是相传本间宗久的一些只言片语，虽然年代久远，却历久弥新，很多见解与当代的投资大师所见略同。

（1）勿以悲喜之心做投机。

本间宗久是最早研究交易心理对投资影响的大师，有投资市场的地方，就会有人性的大爆发。从有商品交易的那一天起，交易心理就开始作用于价格，此事自古有之。

我国北宋文学家范仲淹有句名言"不以物喜，不以己悲"，这是传统道家思想，讲究无为心态。即无论外界或自我有何种喜悲起伏，都要保持一种豁达淡然的心态。本间宗久所指的也是这样一种投资心态。把投资当事业一样做，正确地对待它，按投资规律做交易。

（2）切莫执着于盈亏。

这是指很多投资者过于看重一时的盈亏，也就是"数钱"心态，过于关注结果，而忽略了过程。投资者一定要记住，在最后离开市场之前，谁也不能说是最后的赢家或输家。暂时的盈亏只是投资生涯中的一笔操作，专业的投资者是做自己的资金曲线，资金一定会有波动，不可能一直向上，永不回撤。投资做的是长久买卖，如果只忙着计算账户资金，赚钱时就容易得意忘形，大意失荆州，而亏钱时又容易心存侥幸，或怨天尤人。这种做法是短视的行为，一个成熟的投资者应该具备良好的对待盈亏的心态，多关注做正确的操作，而不是一时的盈亏。

（3）投机场明日犹在，不宜争一日之短长。

这句话的意思是说，市场不会关门，不应当沉迷于交易，更不应当过度交易。中国有句老话是说财不入急门。很多新手就是在掌握市场规律之前被市场洗劫一空，而失去了翻本的机会。

华尔街大作手利弗莫尔说过"投机像山岳一样古老"，市场的大门永远为有准备的人敞开着。过度交易是亏损的主要原因之一，市场里从来不缺少机会，倒是交易者更缺少等待机会的耐心。

（4）切勿贪恋建仓单。

有些人对于做过的股票有特殊的感情，总是不想卖掉，或是卖掉之后还总是想再买回来，好像在和股票"谈恋爱"一样。市场很大，没有必要只关注一两只股票，当然也可以一直关注熟悉的品种，但大可不必抱住不放。在市场中，有2000多只股票，它们是投资者进行投资活动的工具而已。尤其是对于技术分析者来说，他们的区别只是股票代码的不同，哪只股票涨的好就做哪只，没有好机会不强做，这是理智投资者的表现。

（5）失小就大，早止亏损，迟收利得。

这是很经典的一句话，不只是本间宗久这样认为，几乎所有成功的投资大师或普通投资者都会认同这个观点。华尔街有句大意几乎一模一样的名言"截断亏损，让利润奔跑"。本间宗久这句话所传达的也是同样的观点，这也是最难做到的一点。

亏损时要及早止损，把亏损限制在可承受的范围之内，保留更多出手的机会，去以小博大。当做对趋势有盈利的时候，要坐等利润增长，而不是见利就跑。在实际操作中，这是最难的，也是长期稳定盈利的关键。

（6）众人买时需卖出，众人卖时需买入。

这又是一句经典，很多人都知道股神巴菲特的那句名言"在别人贪婪时恐惧，在别人恐惧时贪婪"，市场总是和大多数人作对的，而且市场不可能让大多数人都赚钱，所以这是大师们都认同的真理。

（7）忌一时功亏一篑，应持之以恒。

这是提醒投资者不要下重仓赌博式交易，一定要留有余地，没有人能肯定下次操作100%做对，即使是巴菲特也说过，他从来没见过任何人能一直准确地预测市场。

投资者做交易时，经常会出现赌博心态，或自毁心理，一旦做错就会把短线做成中线，再亏损就把中线做成了长线，最后被深度套牢。最后的结果是，不得不失去更多，痛心地割肉出局。成熟的投资者会理性地面对市场，客观地对待每次波段操作，用反复的正确操作，去弥补少数的亏损，长此以往，积小胜为大胜。

第二节 顶部反转K线形态

K线形态方面的讨论有很多，尤其是在20世纪90年代，A股成立的头几年里，K线的各种组合被冠以花样繁多的名称，投资者如果有机会看到那时的资料，可能会发现很多重复命名的同一K线形态，光是这些名称就足以让投资者摸不着头脑了。随着股民投资经验的积累和投资水平的提高，如大浪淘沙一般，很多不实用的方法已经被淘汰了。

事实上，上百种的形态都是由简单的几种主要形态演绎出来的，市场是变化多样的，可以演绎出太多的组合，我们要讲的技术、技巧是要总结其中有规律的部分，而不是把每种形态都起上一个有中国特色的名称。我们要做的是正本清源，找到最根本的、最实用的、最有代表性的K线顶底信号。

我们主要的投资理念是做黑马股的主升浪，最关心的是波段顶部和底部的标志，那些中继形态可以做了解，但不是做黑马波段最关心的，因为只要股票在涨，不管是什么形态都是好的形态，我们不只有K线这一种方法，书中的四大方法可以配合使用，一条黑马线就可以帮助我们省去很多识别K线的力气。我们建议投资者用系统的方法进行操作，K线有一定的预示作用，把它作为众多参考依据之一。

以下介绍的K线顶底信号，是波段操作的趋势反转标志，在K线图中经常可以见到，具有较高的判断成功率。

我们要讲到的顶部反转形态包括射击之星、上吊线、黄昏之星、长腿车夫、墓碑线、乌云盖顶、吞没形态和三只乌鸦。

我们先对一些术语做个简要介绍，开盘价指当天的第一笔成交价格；收盘价指当天的最后一笔成交价格；K线实体，指开盘价与收盘价之间的部分，可以是绿色的，表示收阴线（收盘价小于开盘价），也可以是红色的，表示收阳线（收盘价大于开盘价）；上影线指K线实体上沿到最高价的部分；下影线指实体下沿到最低价的部分；K线头部指实体顶部，光头线当然指没有上影线的K线；K线脚部指实体底部，光脚线指没有下影的K线。

射击之星（Shooting Star）——顶部反转形态之一

"射击之星"形态如同箭在弦上，随时准备向下发射，长上影就像是那根长箭一样。如图3-1所示。

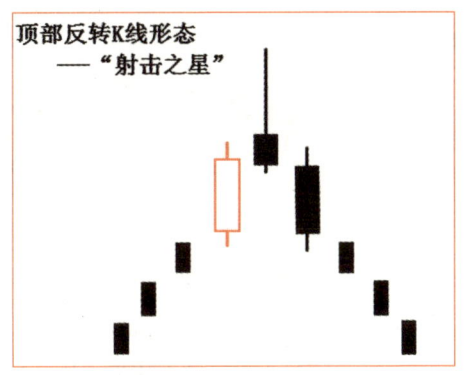

图3-1 射击之星

射击之星形态特征：

（1）位于上升波段顶部，开盘价在前一根K线的最高价附近；

（2）上影线长度是实体的2倍以上；

（3）没有下影线或只有很短的下影线。

射击之星又叫倒锤头线、流星线，像一个锤头向下，锤把向上的锤子，像是要把股价打下去一样，也像带着长尾巴的流星一样，向下滑落。名字只是表象，投资者要关注的是这种形态的特征。

在射击之星中，如果上影线越长，下影线越短，实体的长度越短，那么向下的可能性就越大，可能的下跌空间也越大；如果向上跳空越大，短线向下的可能性越大；通常伴随放出巨量，成交量越大完成冲顶的可能性越大。

射击之星的颜色不是很重要，可以是绿色的阴线也可以是红色的阳线，但绿色的射击之星更有效。绿色的实体表明，当天价格收在最低价附近，长上影上的筹码已经形成短期的压力，下跌的动能在增强。

射击之星的确认信号：

（1）下根K线的开盘价在射击之星实体的下方，两者之间的缺口越大，射击之星的威力可能就越大。

（2）下一根阴线的收盘价在射击之星收盘价的下方。

射击之星的应用实例：

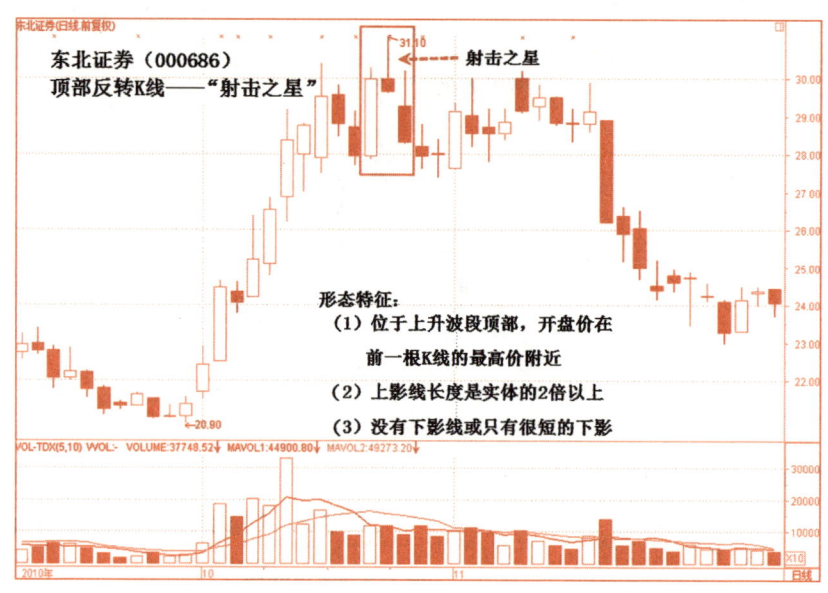

图 3-2 东北证券（000686）的射击之星形态

图 3-2 显示的是东北证券（000686）在 2010 年 10 月 26 日发生的一个绿色的射击之星，完全符合其三个形态特征。该股之前一直保持着良好的上升势头，在射击之星发生的前一个交易日是一个长实体的大阳线，说明买盘力量还是不弱的，直到发生射击之星的当日，以前日收盘价开盘，然后开始一波迅速的拉升，如图 3-3 所示的分时走势图，看上去买盘仍然很给力，而且盘中一度突破创出新高。可是收盘价却不只低于开盘价收阴线，而且几乎收在了当天的最低位，仅有一个很短的下影线。从当日的分时走势图可以看到射击之星的形成过程。

收阴线的射击之星加大了短线向下的可能性。从图3-2中可以看到，果然第二天又是一个跳空低开，又收出了一个长上影的光脚阴线，这是对射击之星见顶标志的确认。到此可以说，短线已经很难再次向上突破射击之星的收盘价一线。从图中可以看出，之后该股在这一线的压力之下震荡了一段时间，随后向下有较大的跌幅。

图3-3 东北证券（000686）射击之星分时走势图

再来看另一个射击之星的例子，如图3-4所示。

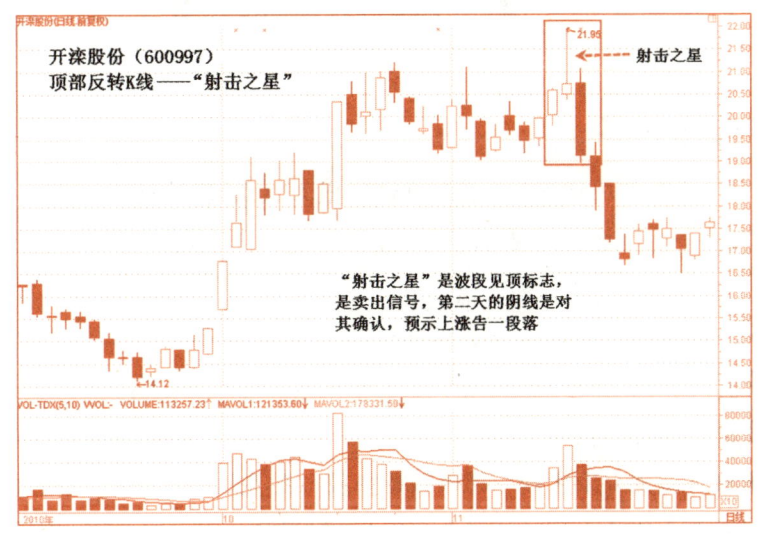

图3-4 开滦股份（600997）的射击之星形态

图3-4显示的是开滦股份（600997）于2010年11月11日发生的一个射击之星，可以看到，这是一个红色的射击之星，当日收阳线，也完全符合那三个形态特征。不管是哪种颜色的K线，这种形态都是一个短线见顶的标志，波段操作者可据此判断短线转势。从经验来看，高开（以高于前一日收盘价开盘）、光脚阴线（没有下影线，收于最低价）的射击之星，其判断转势的成功率最大。

上吊线（Bearish Hanging Man）——顶部反转形态之二

"上吊线"又被称为吊颈线，是在上升趋势顶部预示反转的单根K线形态，以小实体，短上影，长下影作为识别标志，形似一个头部吊起的人，也有发生上吊线的股票气术已尽的意味。如图3-5所示。

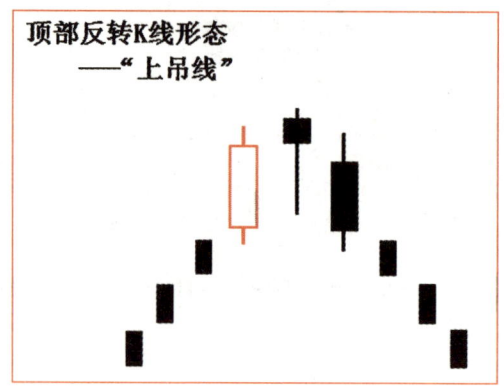

图3-5 上吊线

上吊线的形态特征：

（1）位于上升波段顶部，开盘价在前一根K线最高价附近；

（2）没有上影线或只有很短的上影线；

（3）下影线长度是实体的2倍以上；

（4）小的实体，实体颜色不很重要。

上吊线收阴线的绿色实体表明，收盘价不能反弹至开盘价水平，这时可以判定卖方的潜在动能正在聚集。

上吊线的确认信号：

（1）下个K线的开盘价在上吊线实体的下方，两者之间的缺口越大，上吊线的下跌动能就越大；

（2）下一根阴线的收盘价在上吊线收盘价的下方。

上吊线的应用实例：

图3-6显示的是个股宏润建设（002062）在上升波段顶部产生的上吊线。发生的时间为2010年11月9日，我们看图中方框标出的三根K线位置，第一根还是上升趋势中的长实体阳线，上升势头没有改变，第二根K线高开收长下影的阴线，并且是小实体，很短的上影线，这是一个标准的上吊线，预示着价格有很大可能要发生转向。当天已经开始短线的下跌，但临近收盘前主力资金为了争取出货时间，又把价格勉强拉回到了前一日的收盘价。方框内的第三根K线继续以光头阴线报收，进一步加大了转势的可能。

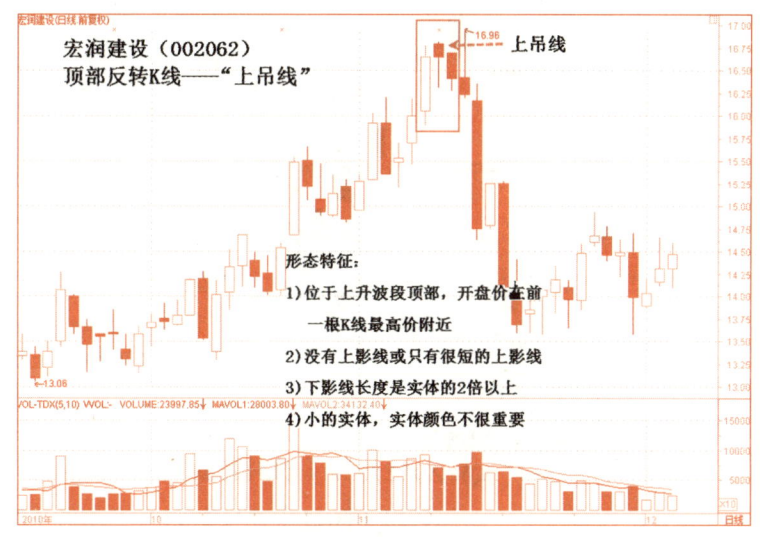

图3-6 宏润建设（002062）的上吊线形态

我们看在方框之后的K线发生了摧枯拉朽一般的下跌，"上吊线"准确地预测了顶部反转趋势。

在图3-7中显示的是个股冀中能源（000937）在2010年10月26日发生的上吊线，这是一种常见的顶部形态特征，通常是高开低走，主力在最后临近收盘前，把股价拉回，做一个收盘价，使当天的K线图不至于太难看。这样做的目的是为以后的出货再争取些时间；还有就是避免使人认为技术图形被破坏而造成获利盘蜂拥出逃的局面。

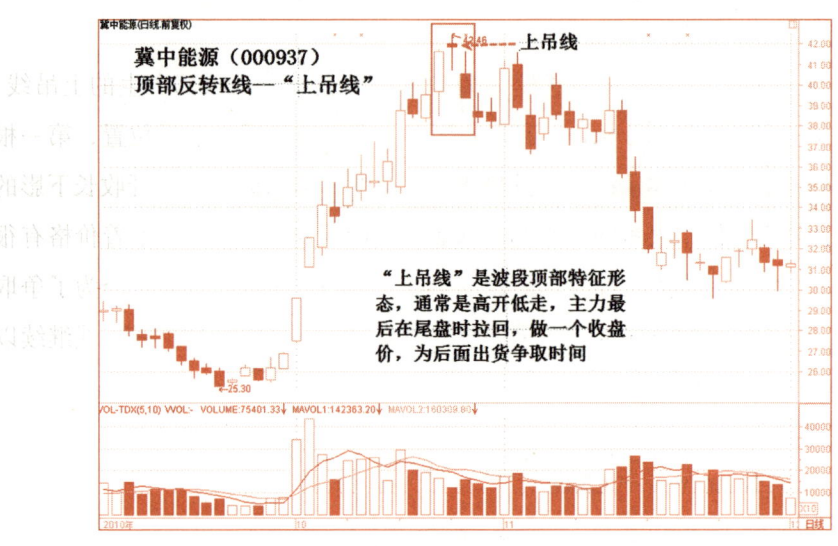

图3-7 冀中能源（000937）的上吊线形态

黄昏之星（Evening Star）——顶部反转形态之三

"黄昏之星"是指发生在上升波段顶部，具有小实体和基本等长的小影线的单根K线反转形态，其形状像被抛在高空的星星一样，黄昏之星预示股价具有很大的下落可能性。如图3-8所示。

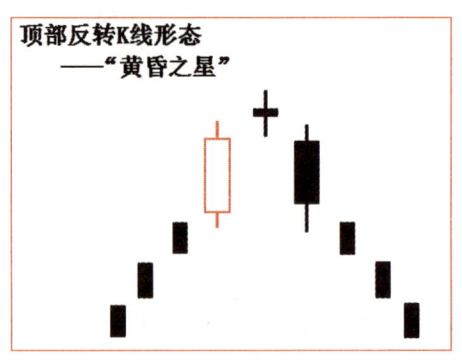

图3-8 黄昏之星

黄昏之星的形态特征：

（1）位于上升波段顶部，开盘价通常在前日收盘价之上；

（2）上影线与下影线较短，且长度相差不大；

（3）实体很小或开盘价等于收盘价；

（4）实体颜色不重要。

黄昏之星的形成说明市场趋于平衡，相似长度的影线表示市场的多空力量不相上下，这种暂时的相对平衡不会维持多久就会被打破，市场将不再继续原来的升势，短线下跌的可能性很大。"黄昏之星"的颜色不重要，这是一种高位短暂平衡的状态，但绿色的星线下跌的可能性会稍大于红色的星线，这更多的是心理上的影响，实际上对于实体很小的星线没有多大差别。

黄昏之星的应用实例：

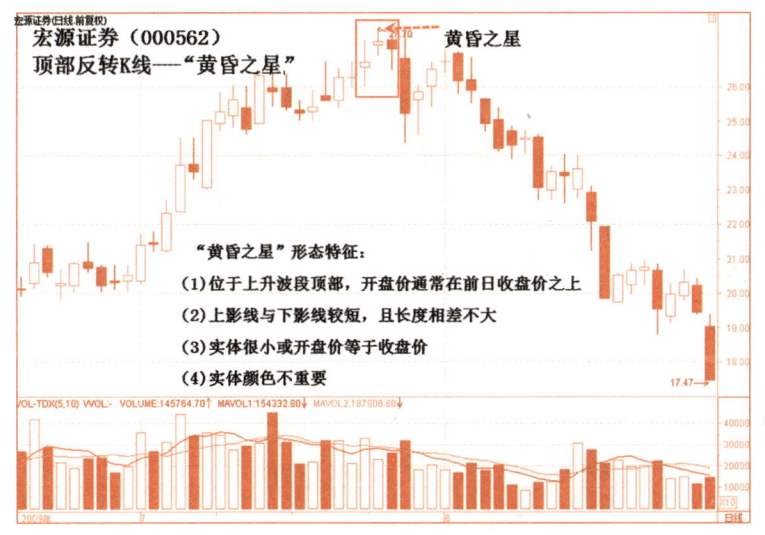

图 3-9　宏源证券（000562）的黄昏之星形态

图 3-9 中所示的是个股宏源证券（000562）发生的一次黄昏之星，发生的时间是 2009 年 7 月 27 日，如图方框中所示。在现在的市场中，黄昏之星不如其他几种顶部反转形态更常见了，如今的主力资金做股的手法更凶悍，已经很少再有这种在最高顶部出现的小星线形态。这也很好理解，因为在只能做多的 A 股市场中，在顶部需要快速的杀跌才能不至于让多数人抽身。另一方面，顶部的多空

分歧也是最大的,波动幅度也会加大,这也不容易形成小星线。不过,星线作为经典的一种形态还是应加以记忆,见不到则已,见到了就应该做到一次准确的判断。

长腿车夫(Rickshaw Man)——顶部反转形态之四

"长腿车夫"是指发生在上升波段顶部,具有小实体并且上下影都很长的单根K线反转形态,上下两条长影线就像是黄包车夫的两条长腿,提醒人们见到这样的K线要跑路,这种形态又被称为"黄包车夫"、"长腿十字线"。长腿车夫预示股价具有很大的下落可能性。如图3-10所示。

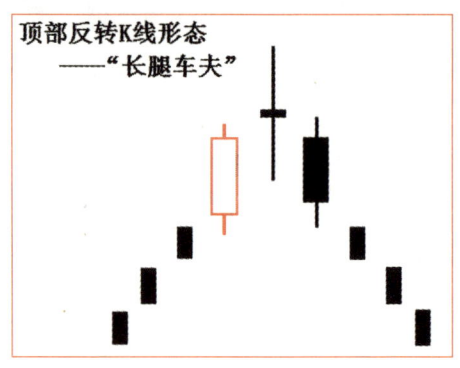

图3-10 长腿车夫

长腿车夫的形态特征:

(1)位于上升波段顶部;

(2)上影线与下影线较长,均长于实体的2倍;

(3)实体较小,实体颜色不重要。

长腿车夫的形成说明市场的分歧非常之大,市场情绪也波动得相当剧烈,当日震荡幅度相当大,但最后收盘在开盘价附近,这种走势通常是先高开,不久就快速下跌,震荡出一部分筹码,然后快速拉升,在创出新高之后,再慢慢出货,到尾盘基本跌去当日大部分涨幅,这一天一般都会放出巨量,表示主力资金经过充分地换手,已经完成出货或出掉了大部分筹码。

长腿车夫的应用实例:

图3-11是个日照港(600017)发生在2010年10月18日的一次长腿车夫

形态。从图中可以看到，在方框中标出的位置，第一根K线是正常上涨的长实体阳线，第二根K线发生了长腿车夫形态，注意看下面的成交量指标，前一天的阳线放出历史巨量之后，又走了一个阴线的放量，这里已经明确表明市场分歧很大，主力资金已经在大量出货，想要再突破这个区域要经过很长时间的调整，因为这里必定也会有很多人被套牢。因此，投资者在见到长腿车夫形态并伴随着巨量出现时，要多加警惕，跑路为上。

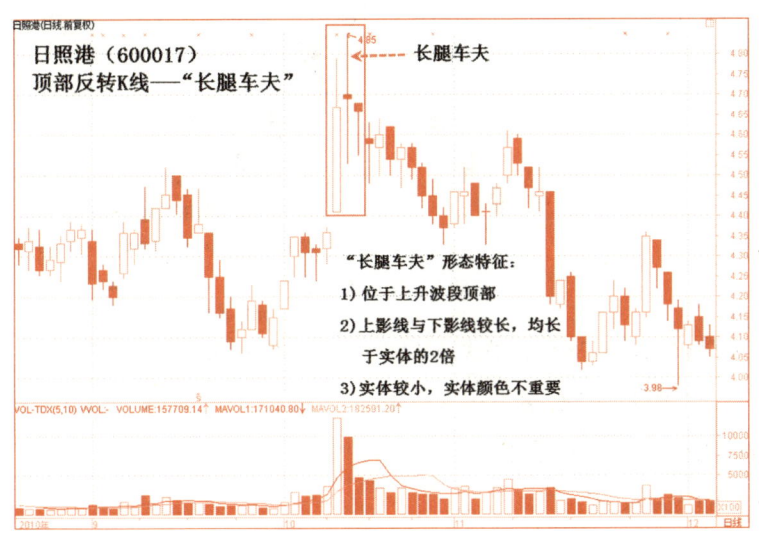

图3-11　日照港（600017）的长腿车夫形态

墓碑线（Gravestone）——顶部反转形态之五

"墓碑线"是指发生在上升波段顶部，具有很长实体的单根K线反转形态，是一种杀伤力非常巨大的顶部K线形态。如图3-12所示。

墓碑线的形态特征：

（1）位于上升波段顶部；

（2）以接近涨停的价格大幅高开；

（3）没有上下影线或只有很短的下影线；

（4）很长的绿色实体，振幅通常在7%以上。

墓碑线通常是由于非常大的利好消息刺激高开，在开盘的前几分钟内甚至都很难抢到买入机会。但在一波很短的快速而强烈的拉升之后，股票又以同样的速度急转直下，之后便是在当天的下降通道之中，一波一波慢慢下跌，直到收盘时，收到接近当天最低价的位置，形成墓碑线。

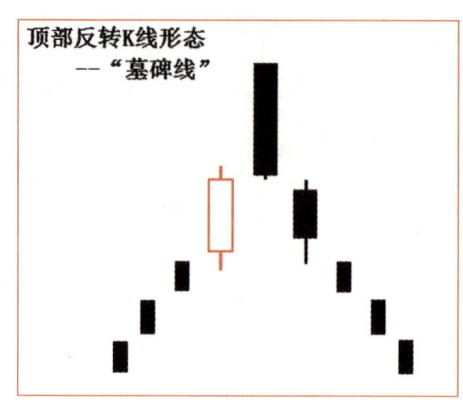

图 3-12　墓碑线

这种走势说明，这完全是受到利好的短暂刺激造成的，市场中常说"利好出尽是利空"，这种利好往往是市场预期很久，没有持续性，突然公布的利好消息。它的作用只能在开盘后很短的一段时间内持续，利好便兑现结束。

墓碑线的应用实例：

图 3-13 是个股中信证券（600030）发生在 2010 年 1 月 11 日的一个墓碑线。当天是周一，周末刚刚公布了融资融券与股指期货获批的消息，受到这一重大利好消息的影响，该股以 8.77% 的幅度高开，在开盘高位稍作震荡便反身向下逐波下跌。当天的振幅达 7.37%，最终在当天的最低位附近收盘，虽然仍然是收在前一日的收盘价之上，但在开盘的高位放出了巨量，产生了非常高的换手率，这些都表明已经对再次上涨形成了压力。墓碑线发生的这一天已经在"套"人了，巨量的换手筹码如果没有后来人去"解放"都将成为短线的压力。

从图中也可以看到，当天的成交量是平均日成交量的两倍还要多。这是标准的有预期的利好消息"见光死"的走势。投资者在遇到这种谁都知道的利好消息，并且股票大幅高开的时候要谨慎追高，最好是分批操作，看清形势再动手。

另一个经典的发生墓碑线的股票是中国联通，当时受到电信业重组的巨大利好消

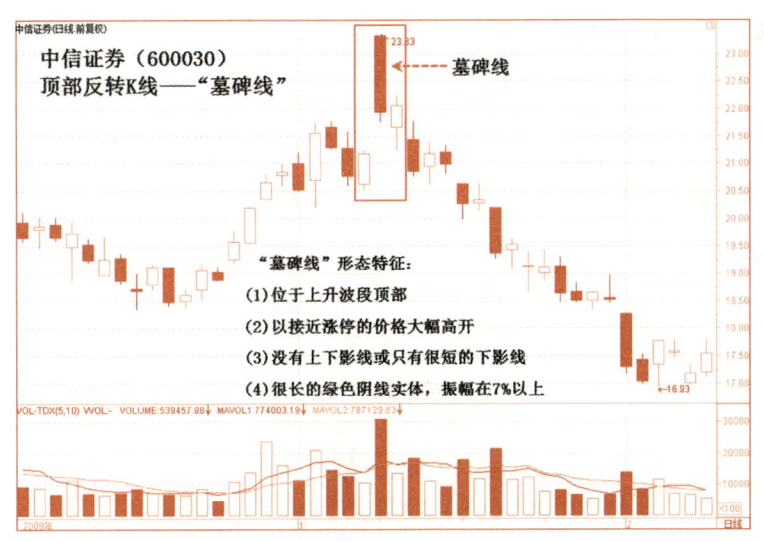

图 3-13 中信证券（600030）的墓碑线形态

息刺激，也出现了类似中信证券的走势，我们看图 3-14。

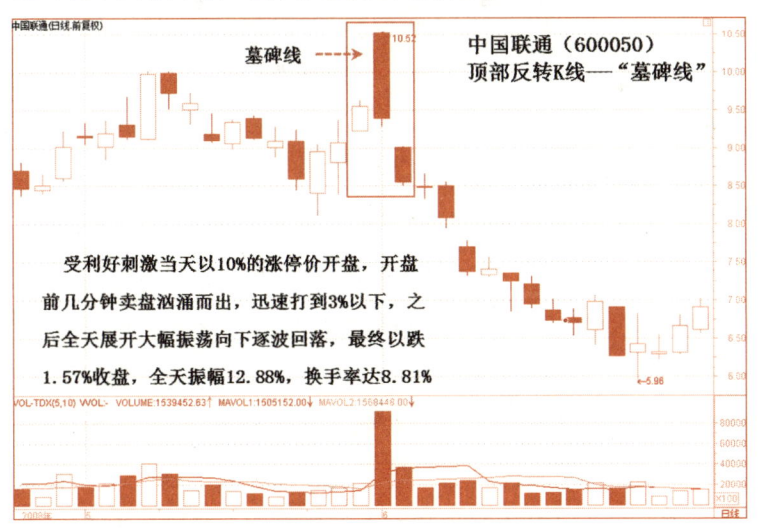

图 3-14 中国联通（600050）的墓碑线形态

这又是一个利好出尽的经典案例，图 3-14 显示的是 2008 年 6 月 3 日，中国联通（600050）受电信业重组利好消息刺激，以 10% 的涨停价开盘，刚开盘前几分，卖盘汹涌而出，迅速打开涨停，股价被打到了 3% 以下，之后全天展开大幅震荡，向下逐波回落，最终以跌 1.57% 收盘，振幅高达 12.88%，换手率达 8.81%。在次日又以一个很大的跳空低开，这时已经把利好消息完全消化干净了，此后该股一路下跌。

乌云盖顶（Dark Cloud Cover）——顶部反转形态之六

"乌云盖顶"是发生在上升波段顶部，由两根连续 K 线组成的一种反转形态，第二根 K 线像乌云一样盖住前一根 K 线，如图 3-15 所示。

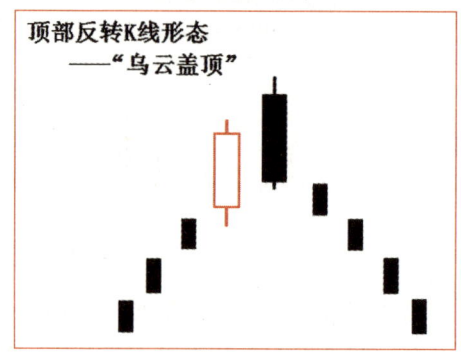

图 3-15 "乌云盖顶"

乌云盖顶的形态特征：

（1）位于上升波段顶部；

（2）第一根 K 线为一根中阳或长阳线；

（3）第二根 K 线为高开，并在最低价附近的中阴或长阴线收盘；

（4）第二根 K 线的收盘价在第一根 K 线实体的半分位以下。

乌云盖顶是一种由两根 K 线组合的上升波段反转形态，第一根 K 线延续上升趋势，第二根 K 线收盘到前一根 K 线的实体内部超过半分位的位置，说明已经吃掉前一日实际涨幅的 50% 以上，是对上升趋势的压制。第二根 K 线吃掉第一根 K 线的实体越多，向下转向的可能性就越大。一旦第二根 K 线完全吃掉前一根 K 线，即收在前一根阳线的开盘价之下，就形成了下一个将要讲到的吞没形态，转势的可能性更大。

乌云盖顶的应用实例：

图 3-16 是个股首钢股份（000959）在 2010 年 8 月期间的一段走势，从图

中可以看到，从 8 月 20 日开始出现了三个连续的涨停，在第三个涨停之后，出现了一个长阴线，这一天是 8 月 25 日，当天以高出前日的收盘价很多开盘，在开盘之后不久，该股就迅速下跌，全天大部分的时间都在前日收盘价之下不断震荡下挫，最终以下跌 4.14% 收盘，吃掉了前一日上涨阳线实体的大半，这样就形成了一个由连续两根 K 线组成的乌云盖顶反转形态。从图中可以看到，之后该股短期内再也没有收到乌云盖顶阴线的收盘价之上。

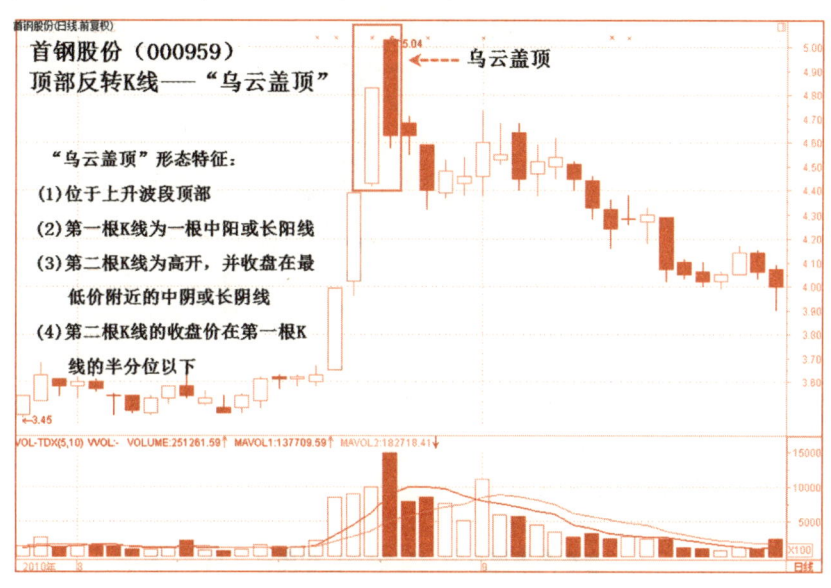

图 3-16　首钢股份（000959）的乌云盖顶形态

乌云盖顶的一个重要反转信号是放出巨量，这表明有相当多的人已经由短线的多头转为空头，买入力量不足以支撑卖出的压力，因此才会吃掉前一根 K 线的大半实体。相对前一 K 线的实体回撤的越深，反转的可能性越大。乌云盖顶是几个反转 K 线形态中反转可能性较大的一种形态，当见到此种形态时，宜考虑卖出。

吞没形态（Bearish Engulfing Pattern）——顶部反转形态之七

"吞没形态"是发生在上升波段顶部，由两根连续 K 线组成的一种反转形态，是第二根 K 线完全跌去前一根 K 线的涨幅的形态，如图 3-17 所示。

吞没形态的形态特征：

(1) 位于上升波段顶部；

(2) 第一根 K 线为一根中阳或长阳线；

(3) 第二根 K 线为高开，并在最低价附近收盘的长阴线；

(4) 第二根 K 线的收盘价在第一根 K 线的开盘价之下。

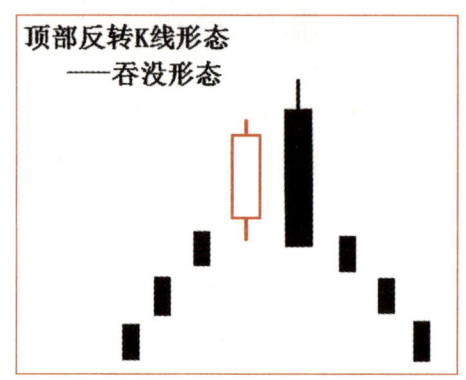

图 3-17 吞没形态

吞没形态是比乌云盖顶具有更大上涨压力的形态，其转势的可能性也更大，成功率几乎达到了见吞没必反转的程度。因此，在实际运用中需要格外注意，当这种形态发生时，要果断地卖出。

在当前的股市之中，这种形态不仅好识别，也非常常见。在上升波段高位时，主力资金经常用这种凶悍的手法来做顶，快速地收网。如果是在高位同时有相比平均水平大得多的成交量，更可以看作是对吞没形态顶部反转的确认。

吞没形态的应用实例：

图 3-18 是个股中色股份（000758）在 2010 年 10 月到 11 月期间的走势，在前期可以看出该股处于明显的升势之中。直到在创出最新高 43.85 元的 11 月 3 日，当天高开的阳线在收盘时完全吃掉了前一天的中阳线，收在了前一天最低价之下，这是一个强烈的反转信号。这便是吞没形态，这天不仅是相对于前一天"穿头破脚"的阴线，而且当天是跌停报收，这样凌厉的短线下跌，预示着短线上涨趋势极有可能结束。

从该股的走势图中可以看到，吞没形态之后，该股再也没有能量来突破吞没形态中的"穿头破脚"阴线,保持了一路的跌势。可见,当发生吞没形态时,投资者至少应该卖出一些手中的股票,这样能在最高位保护相当大的一部分利润。吞没形态是一种强烈的反转信号,在其发生之后,短期内很难再创出新高。

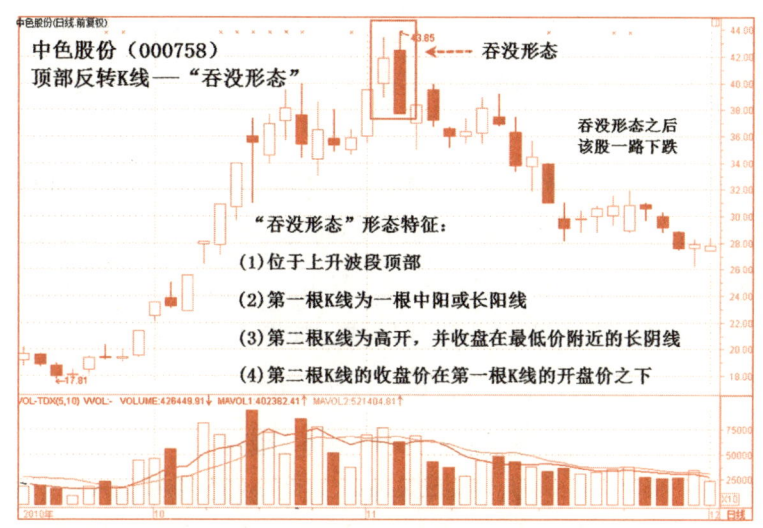

图3-18 中色股份(000758)的吞没形态

三只乌鸦(Three Black Crows)——顶部反转形态之八

"三只乌鸦"是发生在上升波段顶部,由三根连续K线组成的一种反转形态,形态形似三只飞起来的乌鸦一般,预示行情不妙,如图3-19所示。

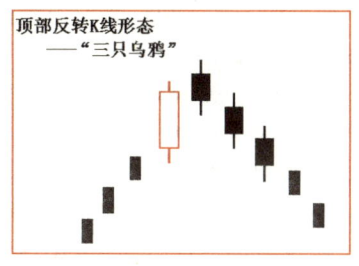

图3-19 三只乌鸦

三只乌鸦的形态特征:

(1)位于上升波段顶部;

(2)第一根K线为高开的中小阴线;

(3) 三根K线分别为收盘价依次降低的中小阴线。

三只乌鸦不经常走出常规形态，往往前两根阴线之后，第三根就会出现大阴线，因为如果在上升波段的高位，短期内连续出现第三根阴线时，会出现连续杀跌的连锁反应，不断把价格打到更低价位，这样在第三天很可能出在一个大阴线，当投资者判断出第三天收阳线希望很小的时候，便可以考虑提前卖出。

三只乌鸦的应用实例：

图3-20是个股辽宁成大（600739）在2010年10月到11月间的一段走势图，从图中可以看到，该股前期有一波不小的上升幅度，到10月底的时候，该股的上涨势头趋缓，在11月5日的时候，收出了一根高开的小实体阴线，之后的两天也是收出了连续下降的小实体阴线，如图中方框标出的形态，这就是"飞"起来的"三只乌鸦"构成的阶段顶部反转形态。

三只乌鸦像是挡住了该股上涨的气势，把上涨的气给截断了一般。在这个位置可以考虑卖出操作，连续的三根阴线预示上涨能动的衰竭。从图中可以看出，在此之后，该股迅速下跌，连续的几根大阴线跌去了前期的大部分涨幅。

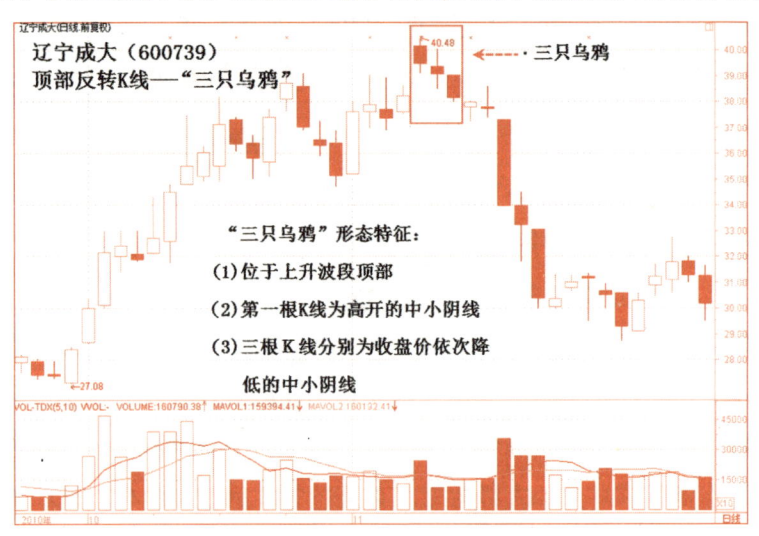

图3-20　辽宁成大（600739）的三只乌鸦形态

图3-21显示的是盘江股份（600395）在2010年10月到11月的一段走势，该股前期同样有一波段连续的上涨，甚至都很少有实体的阴线，说明上涨一气呵

成，涨势良好。但在 10 月 26 日这天，该股创出新高并收了一个小实体阴线，后面的两天也是收出了不断下跌的阴线，连三阴的形态符合三只乌鸦的反转形态特征，这时应考虑出场。从图中可以看到，方框标出的反转形态之后，该股开始进入下跌趋势。

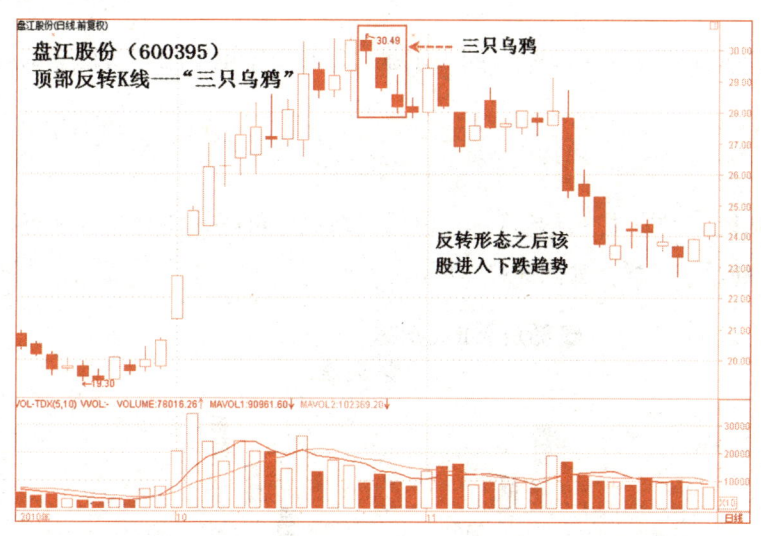

图 3-21　盘江股份（600395）的三只乌鸦形态

到此为止，我们完成了对八大顶部反转形态的讲解，顶部形态在投资中比底部形态还要重要，人们常说，"会买的是徒弟，会卖的才是师傅"。这几种形态相比较，其中的吞没形态、墓碑线、长腿车夫、三只乌鸦是较强烈的反转信号；乌云盖顶、射击之星是较为多见的反转信号；黄昏之星、上吊线是较温和的反转信号。投资者多在实际操作中体会这些形态的特征，就能体会到 K 线的本质含义，领悟到判断市场强弱的关键法门。

第三节 底部反转K线形态

底部反转形态包括锤头线、早晨之星、反转十字星、曙光初现、刺透形态和红三兵。

锤头线（Hammer）——底部反转形态之一

"锤头线"是发生在波段底部，单根K线显示可能反转的K线形态，其形如锤头朝上的锤子一样。如图3-22所示。

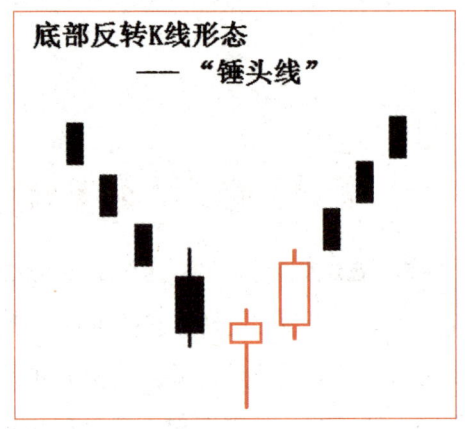

图3-22 锤头线

锤头线的形态特征：

（1）位于下降波段底部，开盘价在前一根K线的最低价附近；

（2）下影线长度是实体的2倍以上；

（3）没有上影线或只有很短的上影线；

（4）实体颜色不重要。

锤头线发生在一波长期下降趋势的底部，像是要夯实波段的底部一样。如果下影线越长，上影线越短，实体的长度越短，那么向上的可能性就越大，可能的上涨空间也越大。可以这样理解，长下影是市场分歧的表现，而收盘价远远地脱离下影线部分，说明上涨动能在聚集，影线越长，动能越大。

锤头线可以是绿色的阴线也可以是红色的阳线，但红色的锤头更有效。

红色的实体表明，尽管开盘价格是下降的，但是在这根K线结束时，买方却能够将收盘价推高到开盘价之上，这时我们才能判定买方开始占据上风。当天价格收在最高价附近，长下影部分的筹码已经成为短期的支撑，这就是锤头构筑的短期底部。

锤头线的确认信号：

（1）下根K线的开盘价在锤头实体的上方，两者之间的缺口越大，锤头的筑底越有效；

（2）下一根阳线的收盘价在锤头线收盘价的上方。

锤头线的应用实例：

在图3-23中我们看到，该股前期经过了一段持续的长期下跌。在创出新低的过程中，是连续的阴线，但从阴线实体长度上可以看出一个特点，在创出新低前的连续三根阴线实体是逐渐增大的，说明看空该股的人情绪越来越强烈。在创新低的当天是一个巨阴线，这种突破位置可能是多种周期操作者共同看空的位置，形成了共振，因此形成很大的实体阴线。在此之后是实体不断减小的阴线，这表明空头的能力已经得到释放。直到2010年7月2日这天，收出了一个长下影的小实体阴线，我们对照锤头线的形态特征发现完全符合，如图中用方框标出的位于中间那根创出新低价的K线。

发生锤头线说明市场在这里转势的可能性很大，如果是稳健的投资者可以不急于在当天买进，可以等第二天的确认信号。从图中可以看到，第二天收的是一个突破锤头线收盘价和开盘价的阳线，这说明短线的下降趋势已经得到扭转，在这里可以开始入场。

从后面的走势也可以看到，之后该股展开了一波上升行情，挑战前期下跌的高位。在实际操作中，投资者需要注意，锤头线发生在长期下降趋势的末端，但并不是一定就能反转成功，为了防止"骗线"应设置好止损价位，一旦做错也需要止损。止损位可以选择放在锤头线的最低价附近，以小的亏损去博大波段盈利，这是波段操作的要领。

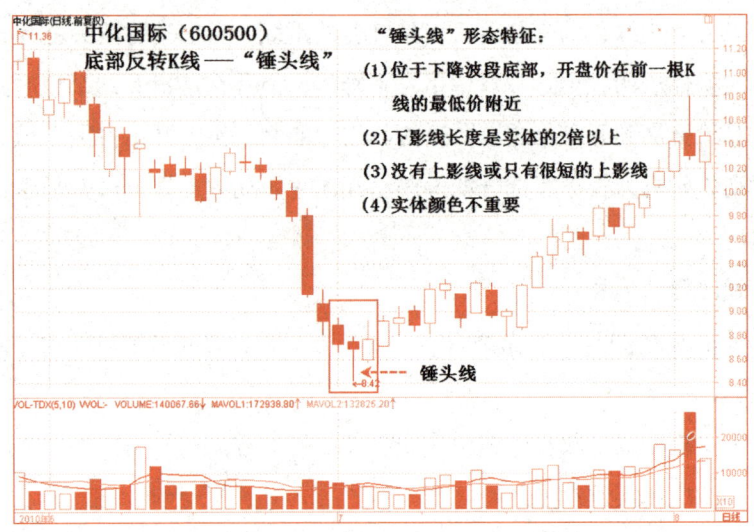

图3-23 中化国际（600500）的锤头线形态

早晨之星（Morning Star）——底部反转形态之二

"早晨之星"是发生在波段底部，由单根K线显示可能反转的K线形态，其形如一颗即将升起的启明星，故又被称为"启明星"，预示下降趋势即将过去，上升趋势即将到来。如图3-24所示。

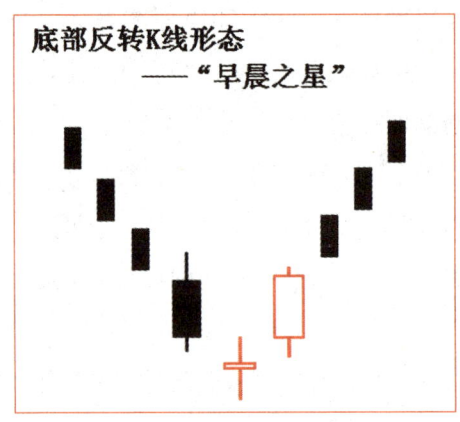

图3-24 早晨之星

早晨之星的形态特征：

（1）位于下降波段底部，开盘价在前日收盘价之下；

（2）上影线与下影线较短，且长度相差不大；

（3）实体很小或开盘价等于收盘价；

（4）实体颜色不重要。

早晨之星发生在一波长期下降趋势的底部，是与顶部反转形态中的黄昏形态相对应的底部形态。它的小实体和短影线都说明下跌动能趋于完结，买方在积蓄力量，市场跌不下去也没开始启动上涨，处于短暂的平衡状态。一旦多方重新占多数，就会发动反击。

早晨之星可以是绿色的阴线也可以是红色的阳线，红色的实体表明，尽管开盘价是下跌的，但到收盘时，多方已经稍占优势，红色的收盘价也容易聚集人气。其另一个特点是，大幅跳空的早晨之星很可能是发生在衰竭缺口处，最后形成弃婴形态或岛形反转形态，即在早晨之星的一根K线之后或几根K之后再形成一个向上的跳空缺口，使价格迅速脱离下降通道底部，这时基本形成长期下降趋势的底部区域。

早晨之星的确认信号：

（1）下根K线的开盘价在早晨之星实体的上方，两者之间的缺口越大，早晨之星的筑底越有效；

（2）下一根阳线的收盘价在早晨之星收盘价的上方。

早晨之星的应用实例：

图3-25显示的是深发展A（000001）在2010年9月到10月间的一段走势，在整个9月都处于下跌之中。直到图中方框标出的9月29日，在前一交易日收了一个"光头光脚"的阴线，好像新的跌势又要开始，但当天该股收出了一个低开的小星线，前一天看似的来势汹汹并没有继续，市场好像孕育着新的希望。这个小星线就是早晨之星也叫启明星，它是经过连续长期下跌之后，波段见底的信号。稳健的投资者可以不在当天买进，等第二个交易日确认短线好转之后再买进。

该股发生早晨之星之后正好赶上十一长假，在10月8日重新开市之后，该股以一个大幅高开的长阳线收盘，一举收复了前7个交易的跌幅，这表明短线的多头已经开始反攻，这里是较为安全的买点。此后该股展开了十月份的一波拉升行情。从图中可以看到早晨之星 K 线的两边分别各有一个跳空开盘的缺口,右边的上涨缺口是强支撑,通常都不会再跌破这个缺口,可在缺口处设置止损位,以防发生小概率的失误。

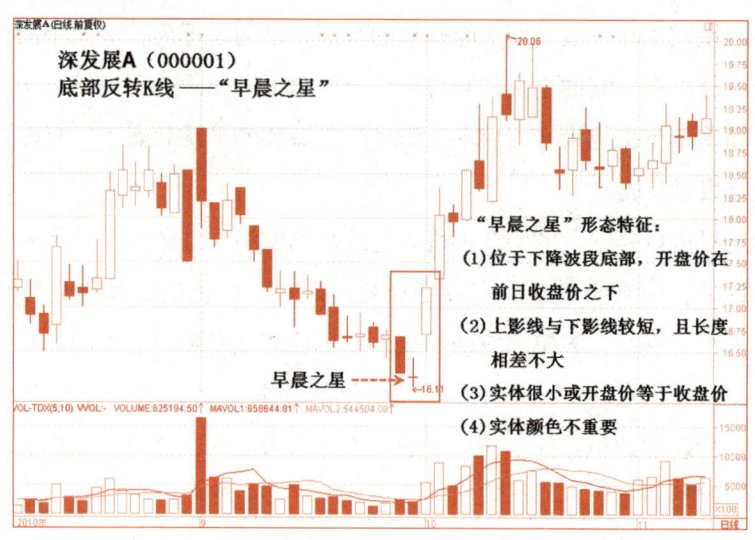

图 3-25　深发展 A (000001) 的早晨之星形态

长腿十字线（Bullish Long Legged Doji）——底部反转形态之三

"长腿十字线"是发生在波段底部,由单根 K 线显示可能反转的 K 线形态,它很长的上影线和下影线像两只长腿一样,如图 3-26 所示。

长腿十字线的形态特征:

（1）位于下降波段底部,开盘价在前日收盘价之下;

（2）上影线与下影线较长,且长度相差不大;

（3）实体非常小或开盘价等于收盘价。

发生在长期下降趋势底部的长腿十字线是与上升趋势顶部反转形态长腿车夫相对应的形态。相对来说在波段顶部的长影线较多,因为顶部区域比底部区域的换手率更高,价格区间也更大。在下跌趋势的长腿十字线不常见,但成功率比较高。长下影线表示市场中的买盘开始复苏,由于还处于下降通道之中,主力资金往往会通过试盘来拉升价格看市场卖压的大小,当在收盘时价格再回到开盘价附近便形成了长腿十字线。

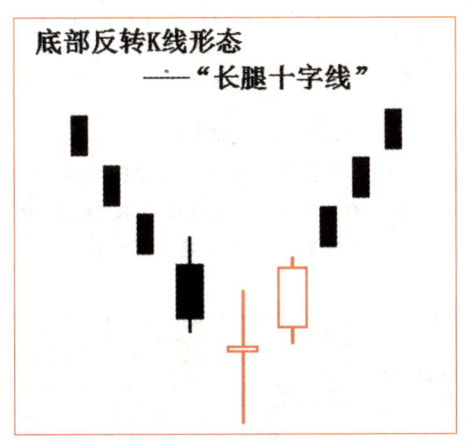

图 3-26 长腿十字线

长腿十字线是在底部大波动的表现，市场有开始活跃的迹象，下影的长度越长，上涨的可能性越大，跳空向下形成长上影并收平盘表明市场拒绝继续下跌。当已经经过长时间下跌之后，市场中多数人看跌正是价格上涨的原因，K 线之神本间宗久也提到过这一点。多数人绝望之时，又收长下影，是市场上涨力量暗流涌动的表现。

长腿十字线的应用实例：

图 3-27 显示的是南洋股份（002212）在 2008 年 10 月到 11 月间的一段走势，2008 年是历史大顶之后的大熊市，该股在前期和大盘一样跌幅巨大。10 月 16 日形成了一根符合我们讲到的长腿十字线特征的底部反转 K 线形态。当天是低开创出了新低 4.37 元，下午发动了一波拉长，尾盘又回落到收盘价，收了一个十字线。我们看图中以通过长腿十字线的两条"腿"即长影线的高低点绘制的两条水平直线，在此之后很长的一段时间内，价格都在这个影线的区间里筑底调整。稳健的投资者可以在形成长腿十字线之后的阳线买入部分该股，之后等股价有效突破图中的影线区域再买入。同时不要忘记设好止损位，可以设在下影线的最低价附近，一旦发生小概率的向下突破，要果断出场，继续等待机会。

曙光初现（Dawnlight）——底部反转形态之四

"曙光初现"是发生在波段底部，由两根 K 线组成的预示可能反转的 K 线形态，它表示漫长的下跌终于见到转机的曙光，如图 3-28 所示。

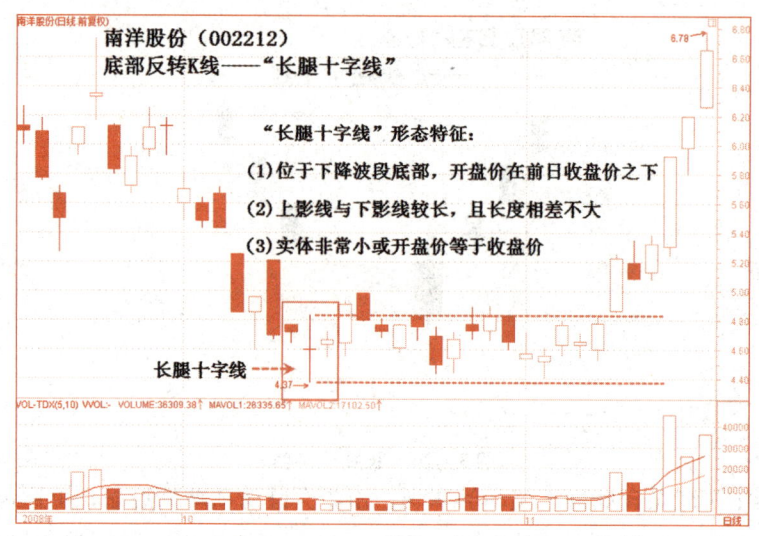

图 3-27　南洋股份（002212）的长腿十字线形态

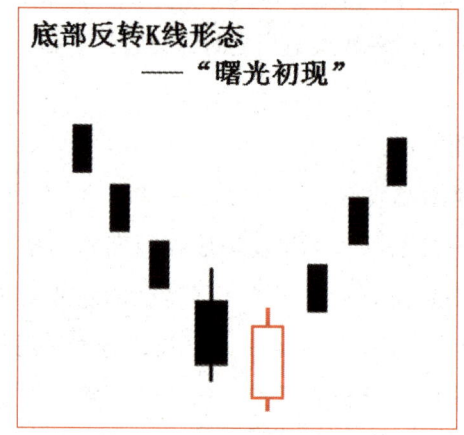

图 3-28　曙光初现

曙光初现的形态特征：

（1）位于下降波段底部；

（2）第一根 K 线为一根中阴或长阴线；

（3）第二根 K 线为低开，并在最高价附近的中阳或长阳线收盘；

（4）第二根 K 线的收盘价在第一根 K 线实体的半分位之上。

曙光初现是一种由两根 K 线组合的下降波段反转形态，与上升趋势中的乌云盖顶形态相对。它发生在长期下降趋势中，第一根阴线延续着下跌趋势，第二根K线收盘到前一根K线的实体内部超过半分位的位置，说明已经收复前一日实际跌幅的50%以上，是对短线空头的严厉打击。第二根K线吃掉第一根K线的实体越多，向上反向的可能性就越大。一旦第二根K线完全吃掉前一根K线，即收在前一根阴线的开盘价之上，是接下来要讲到的刺透形态，对空头的反击力度更大，转势的可能也更大。

曙光初现的应用实例：

图3-29显示的是人福医药（600079）在2010年6月到8月的一段走势图。我们看到，该股在6月份保持下降趋势，直到图中方框标出的位置为止，图中的第一根K线是7月2日，是一根长阴线，盘中一度跌停创造了下降波段的最低价14.35元。紧接着第一个交易日，便出现了一根低开但收盘时收复7月2日跌幅的一半以上的长阳线，说明短线的多头开始对空头进行反击，市场信心有所好转。两根K线组成了曙光初现底部反转形态，如果是当时被套的投资者看到这种形态，心中的希望一定会油然而生，但能坚持到这时候的人也不会太多。7月2日那天的跌停会让很多亏损持仓的人到达绝望的边缘，也正是由于这种市场多数人一致看空的情绪，想卖的都卖了，市场中再没有卖盘，所以反倒涨了起来。

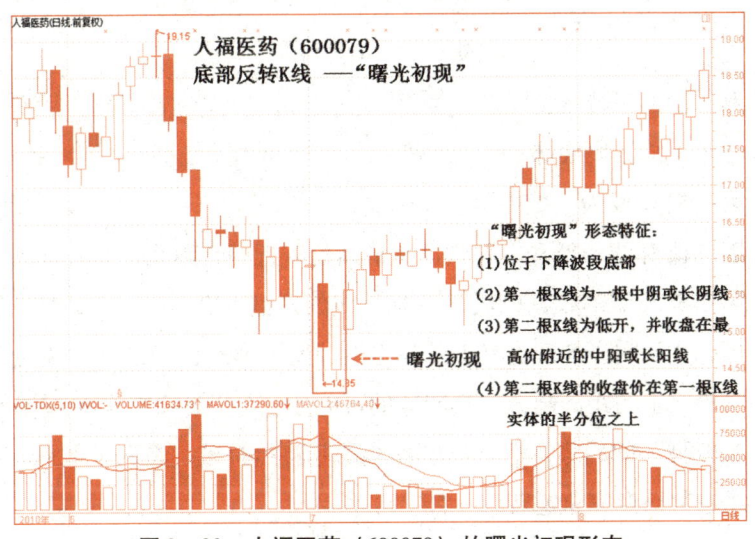

图3-29　人福医药（600079）的曙光初现形态

在交易中，我们建议投资者依据客观的波段进行操作，而不能抱住亏损的持仓不放，侥幸心理只会让亏损越来越大，要想获得主动，就必须按波段操作，以小的止损来换取大的波段。如果万一有投资者不慎持有亏损股票，正好遇到曙光初现形态时，就不必再割肉出局了，应该像进行另一轮新的操作一样，设好止损位，并等待拉升。

刺透形态（Engulfing Pattern）——底部反转形态之五

"刺透形态"是发生在下降波段底部，由两根K线组成的预示可能反转的K线形态，它是短线多头对空头强烈的反击形态，如图3-30所示。

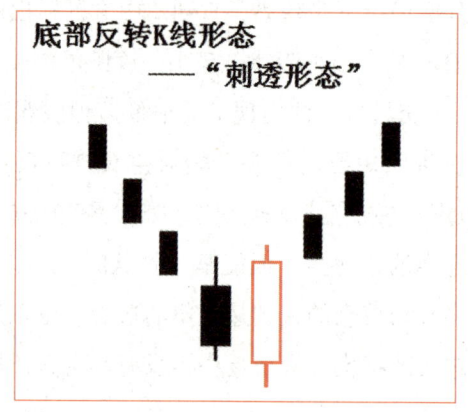

图3-30 刺透形态

刺透形态的形态特征：

（1）位于下降波段底部；

（2）第一根K线为一根中阴或长阴线；

（3）第二根K线为低开，并收盘在最高价附近的长阳线；

（4）第二根K线的收盘价在第一根K线的开盘价之上。

刺透形态是比曙光初现更具上涨攻击性的反转形态，第二根K线突破到第一根阴线收盘价之上的距离越大，其转势的可能性也越大。第二根K线是对第一根K线"穿头破脚"的趋势，把第一根K线的趋势给打破，在两根K线走完之后，市场的短线趋势已经完全逆转。

刺透形态的应用实例：

图3-31显示的是西山煤电（000983）在2010年6月到7月的一段走势图。该股前期有连续阴线的下跌走势出现，说明空方力量完全占优，多空无任何抵抗能力。直到7月6日这天，见图中方框中的阳线，在这一天以低于前日收盘价开盘，之后该股开始发力上攻，收盘在全天的最高价，收了一个光头的长阳线，不仅一举突破了前一天阴线的开盘价而且突破了最高价，由此可见，短线多头开始占优势。这一点从成交量上也可以反映出来，这一天的成交量高于前面所有阴线的单日成交量，说明短线底部很可能已经到来。

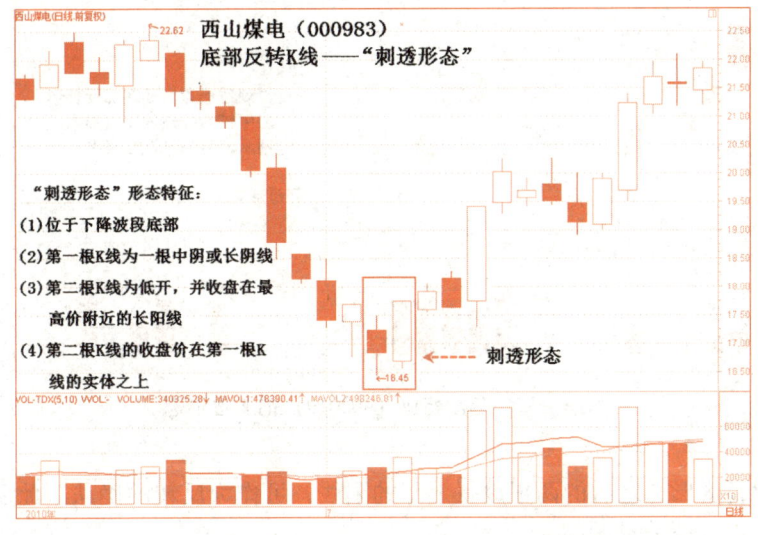

图3-31 西山煤电（000983）的刺透形态

验证刺透形态反转成功的方法是看它之后的阳线收盘，如果收盘价继续收在刺透形态的阳线收盘价之上，可以说，短线的多头已经战胜了空头，这时是做多的好时机。我们做波段操作的基础理念就是顺势操作，不做死多头也不做死空头，始终站在市场强势的一方，做一个"滑头"。市场有它自身的规律，单个投资者的想法不足以对抗整个市场趋势，只有沿着趋势方向操作才是最可靠的，这会让投资者始终在对他有利的大概率的一边。

图3-32是鑫富药业在2010年7月的一段走势，在7月19日发生了强烈的刺透形态，该股前期从4月份就开始下跌，一直跌到了图中显示的7月中旬，从

波浪形态上来看已经走出了 5—3—5 形态的三浪大跌浪，在这个位置是 C-5 浪的末端区域，极有可能见底。图中的连续跳空阴线是衰竭缺口，也表明下跌的绝望走势。图中方框中的第一根阴线是锤头线，是前面讲过的一个底部反转信号，与第二根 K 线组合成了刺透形态，更加大了底部反转的可能性，第二根长阳线补上了前面的跳空缺口，是多头反扑的表现。

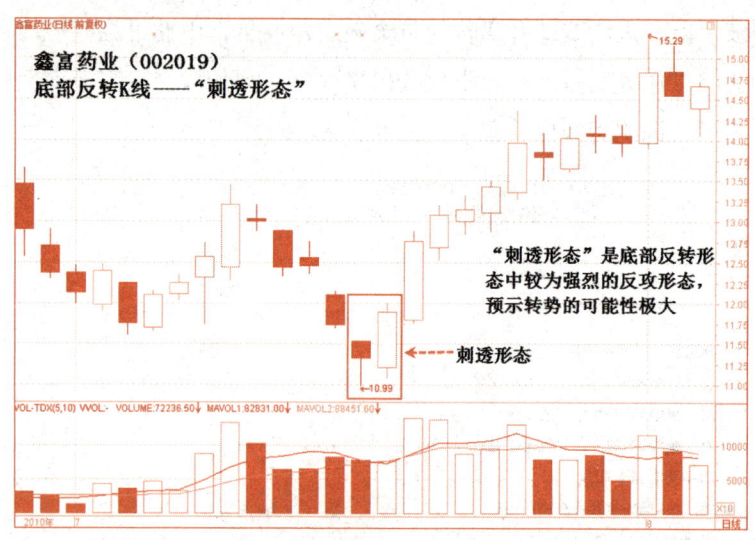

图 3-32　鑫富药业（002019）的刺透形态

图中刺透形态之后的两根放量上涨的阳线，可作为反转的确认。此后该股连续上涨，走出了下降通道。

红三兵（Three Red Soldiers）——底部反转形态之六

"红三兵"是发生在下降波段底部，由三根 K 线组合成的预示可能反转的 K 线形态，它像是三个在底部顺次排列准备反攻的尖兵一样，如图 3-33 所示。

红三兵的形态特征：

（1）位于下降波段底部；

（2）第一根 K 线为低开的中小阳线；

（3）三根 K 线分别为收盘价依次降低的中小阳线。

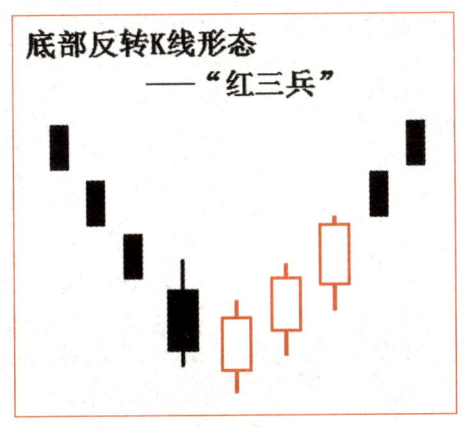

图 3-33 红三兵

下降趋势中的红三兵与上升趋势中的三只乌鸦是相对的形态。红三兵中的三个阳线收盘价一个比一个高，实体长度也通常一个比一个大，说明市场中不断有人加入多方的阵营，此涨彼消，那么空方的力量开始减弱，市场进一步上涨的可能性在加大。通常前两根 K 线止住跌势，第三根 K 线开始向上突破压力区，会伴随成交量的明显放大。

图 3-34 中是西单商场在 2008 年 10 月到 11 月的走势，该股前期处于长期的下跌趋势之中，从图中可以看到，方框标出的位置前出现了一根锤头线，初步显示转势的可能。在方框中的 11 月 5、6、7 日三天后面连续走出收盘价连续提高的阳线，符合我们讲到的红三兵形态。而且，从量能上来看，红三兵的第三根 K 线开始放量向上突破，也验证了形态的确立。

连续提高的三根阳线，其本身就代表了短线的好转，通常在下跌趋势中，很难出现连续三根阳线。若市场还在弱势之中，一旦稍有反弹就会被卖盘压下去，市场的平均成本会一直处在当前价格之上，套牢盘都在等着反弹出逃。当市场经过长期的向下震荡释放空头能量之后，消化了卖盘的压力，等到市场平均成本与当前价格趋于一致时，就会迎来上涨的契机。

红三兵形态就是在市场平均成本由"压"着价格转向"托"着价格的时候才会产生的。在下降趋势中买入时，可以采用分批买入策略，毕竟是刚刚开始显示反转的特征，通常都会有一次回调，可以把止损设在红三兵第一根 K 线的开盘价附近。等待价格经过回踩之后再次突破时可再加大仓位买入。

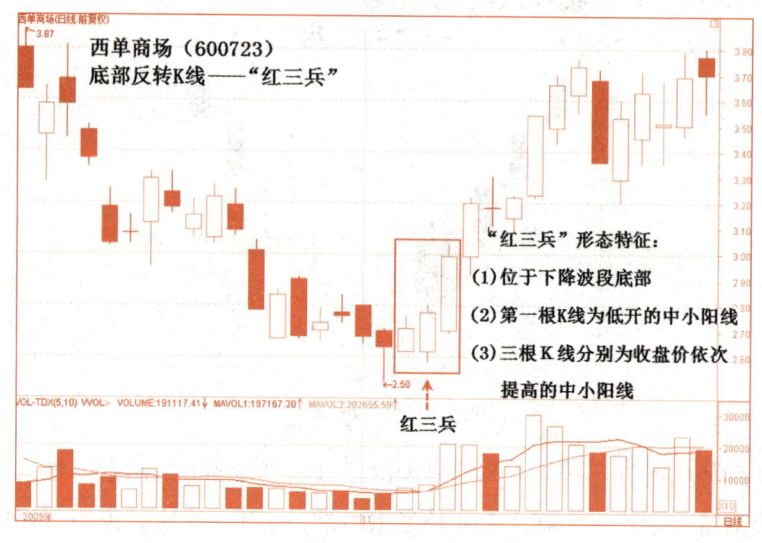

图3-34　西单商场（600723）的红三兵形态

图3-35中显示的是华北制药（600812）在2010年7月到8月间的行情。图中两个方框标出的是两组红三兵形态。投资者可以自己来分析一下该股的趋势，体会红三兵的作用。

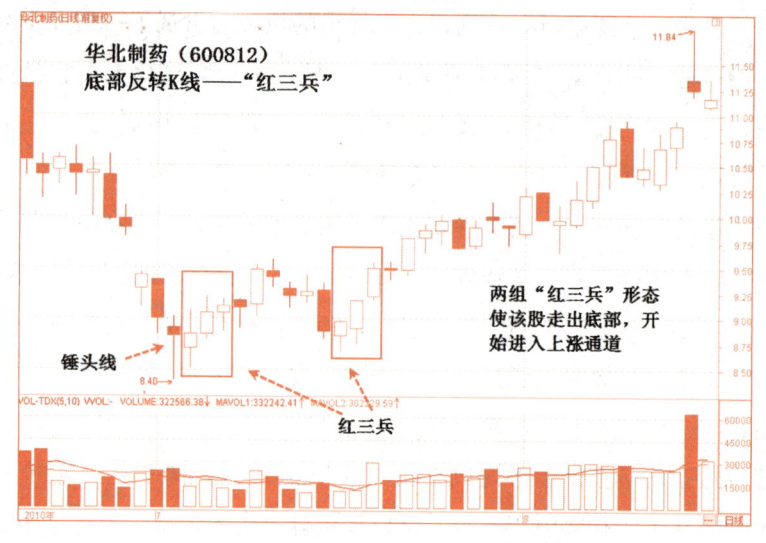

图3-35　华北制药（600812）的红三兵形态

至此我们已经讨论了八个顶部反转K线形态和6个底部反转K线形态，我们介绍的这些顶部和底部反转K线形态，都是如今在A股市场经常出现的，具有很大参考价值的形态。通过这些形态的分析，投资者应该能感觉到K线是股价本身的反映，是价格最真实的一面。K线作为技术分析基础，就像学英语的26个字母一样，不同的字母能组成具有不同含义的单词，同样的道理，不同的K线也能组合成具有不同意义的形态。因此说，K线形态就是市场的语言。

也正是因为K线是技术分析的底层语言，它的变化也最多，其看上去简单，但想应用好还要靠平时多加积累。比如说，看跌的吞没形态比乌云盖顶更可靠，墓碑线比射击之星更可靠，刺透形态比曙光初现更可靠等等。真正熟练运用K线形态的人，不会仅拘泥于概念上的形态特征，概念上的形态特征是市场趋势变化的表相，特征是把表相用文字描述出来，而形态的内在本质才是关键。以吞没形态为例，它的形态特征描述是：当天的K阴线吃掉的前一天阳线实体，这是由两根K线组成的顶部反转形态，但如果是由两根阴线同时吃掉了前面的一个阳线实体呢？这虽然不是概念上说的吞没形态，但这三根K线也符合了吞没形态的内在意义，都是一个短线反转的标志，只不过用两天阴线吃掉前一天的阳线实体，不如用一天阴线吃掉前一天的阳线实体来得剧烈。

变盘一般出现在长影线出现的时候，不管是长上影线还是长下影线或同时出现。这是因为，长影线是由于市场分歧加大造成的，市场保持原有趋势的力量在减弱，而反向趋势的力量开始增加。K线价格是投资者情绪的集中表现，这便是K线的意义所在。

第四节　趋势线的正确画法

趋势线是在K线图中经常用到的画线分析方法。如果在K线图中不加任何指标的话，我们就称之为"裸K线"。在裸K线图中操作，需要投资者具有一定的经验才行，没有指标的辅助，直接用眼睛去看价格K线走势，用这种方法看盘的不是新手就是高手。新手不知道如何借助其它指标看盘，而高手无须借助其他指标看盘。

在裸K线图中，可以借助的最简单的分析方法就是画趋势线和阻力支撑线。

趋势线是指连接连续两个或两个以上K线波谷（波峰）的直线，趋势线可以简单地表明市场的趋势方向。

连接连续两个或两个以上K线波谷的直线是上升趋势线，如图3-36所示，波谷中最低位的K线是创出一波下跌最低收盘价的K线。上升趋势线穿越相邻的两个波谷中的最低K线实体下沿，其在两个低点间不会穿过任何K线实体。

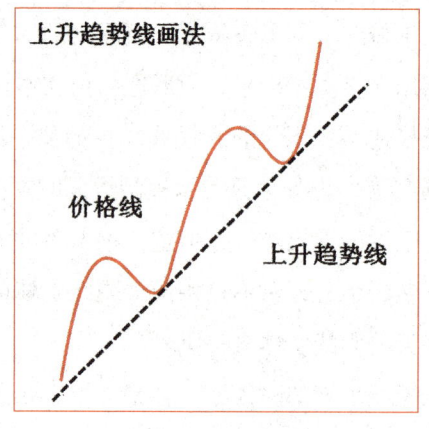

图3-36　上升趋势线

上升趋势线对股价具有支撑作用，下面看其在个股民生银行（600016）中的应用。

图3-37中是个股民生银行（600016）在2009年4月到9月期间的走势图，从图中可以看到连接在低位的两个波谷A点与B点形成一条向上的趋势线。趋势线穿过两个波谷最低K线的实体下沿，其在A点与B点之间不会穿过任何K线实体。上升趋势线对股价具有支撑作用，从图中可以看到股价在B点之后继续上涨，当回落到C点之后，股价获得支撑再次向上拉升。之后的D点也是同样的情况，D点处的K线是一个长实体并且有长上下影线的K线，虽然收盘价没有跌破上升趋势线，但这种形态是与长腿车夫相类似的反转形态，它的阴线实体

比长腿车夫更大，而且放出了成交量，说明下跌的能量更大，向下的可能性更大。

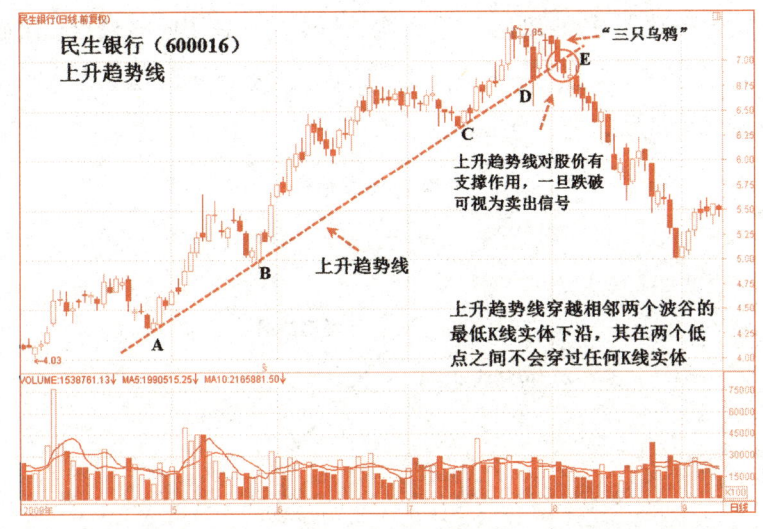

图 3-37　民生银行（600016）的上升趋势线

在 D 点之后没能向上突破前期高点，形成了三只乌鸦的顶部反转形态，三只乌鸦中的第三根阴线收在了上升趋势线之下，正式向下突破上升趋势线，这个位置可以作为卖点，如图中 E 处圈出的位置。在向下跌破上升趋势线之后，该股的上升趋势被反转，从此开始下跌。

下降趋势线与上升趋势线是相对的，连接连续两个或两个以上 K 线波峰的直线是下降趋势线，如图 3-38 所示，波峰中处于最高位的 K 线是创出一波上涨最高收盘价的 K 线。下降趋势线穿越相邻的两个波峰中的最高 K 线实体上沿，其在两个高点间不会穿过任何 K 线实体。

下降趋势线在个股中的应用，如图 3-39 所示。

图 3-39 显示的是个股特变电工（600089）在 2010 年 4 月到 8 月期间的走势图。从图中可以看到，连接两个波峰高点 K 线上沿 A 点与 B 点形成了一条下降趋势线，在 A、B 两点之间没有穿过任何 K 线实体。趋势线对价格具有压力作用，在 B 点之后，该股一直沿着趋势线并在其之下向下移动，在跌破前期低点时开始放量下跌。在下跌中 K 线实体逐渐减小，量能逐渐萎缩，说明空头力量得到

释放。最后，在下跌浪末端形成了锤头线和早晨之星两个底部反转K线形态，预示着短线见底的可能性极大。在此之后，果然展开反弹，第一次回到下降趋势线附近时没能突破其阻力，回调了一次再次放量上攻，在图中的C点位突破了下降趋势线，这里是一个买点。突破下降趋势线也就突破了下降通道，表示短线的多头力量开始成为市场的主导力量。

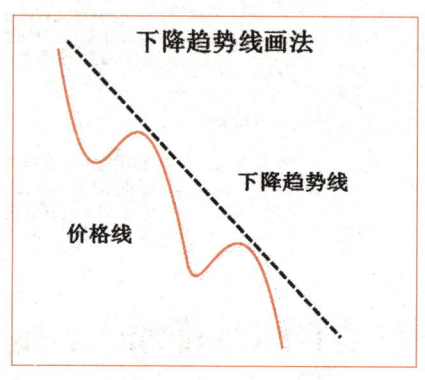

图3-38　下降趋势线

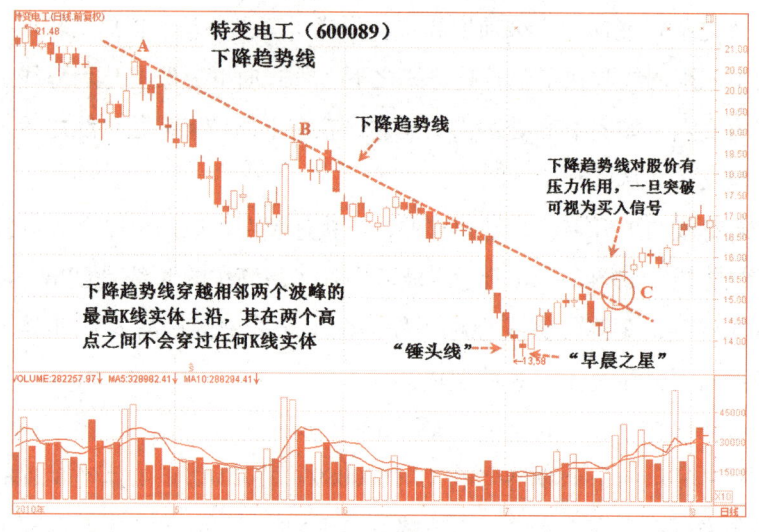

图3-39　特变电工（600089）的下降趋势线

趋势线不只可以用在K线图上，也可以用在指标图上。也有人以K线的最低（高）价的边线作为价格的趋势线，我们认为，趋势线应该是以最有意义的数值或价格作为基点，而收盘价更能反映市场真实情况，所以还是以收盘价为基点做出的趋势线更有意义。

当趋势线连接的波谷低点或波峰高点不在同一直线上时，以穿越最近发生的两个波谷低点或波峰高点的趋势线为准，如图3-40所示。

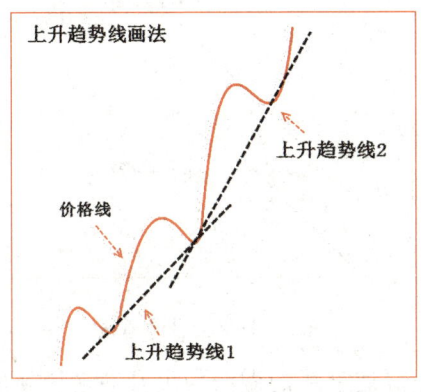

图3-40　上升趋势线

上升趋势线随着市场行情的发展，它的角度也会发生变化。在股价上涨时，由于每一波上涨的力量、速度不一样，因此上涨的角度也不一样，这样就可能形成，连接后期相邻波谷的上升趋势线与连接前期相邻波谷的上升趋势线的角度不完全一样。图3-40中就是这种情况，上升趋势线1较平缓些，而上升趋势线2较陡峭些。道氏理论和波浪理论都提到过，第二阶段和第三阶段的牛市是较为炽热的，第二阶段的牛市对应的是波浪理论的第3浪，第3浪通常是上升幅度最大、拉升速度也较快的，这时画出的上升趋势线角度难免会变陡一些。这种角度变化，在下跌趋势线中也同样适用。

在作出趋势线的基础上，画出一条平行线，平行线穿过最近的一个波峰高点，就形成一个上升通道，上升通道线可以用来测量上涨目标位，画法如图3-41所示。

图3-41中显示的是在上升趋势线基础上画出的上升通道线，在实际运用中，股票软件上有现成的通道线画图工具，可以将两条通道线一起画出来。在讲解中，还是遵循通道线画线的步骤，先按前面讲过的方法连接两个波谷低点A、

B 画出上升通道线，然后再以最近的一个波峰高点 C 出发，画出上升趋势线的平行线，两条直线就组成了上升通道。在 B 点之后继续上涨的目标位就是，价格线与通道线上轨的延长线交点 D 处。这是用 A、B、C 求 D 测距的方法。

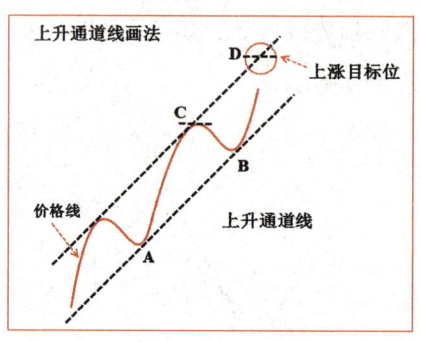

图 3-41　上升通道线

用下降趋势线画下降通道线的做法与上升通道线类似，投资者应该可以画出来，如图 3-42 所示。同样，可以用 A、B、C 测量下跌的目标位 D。

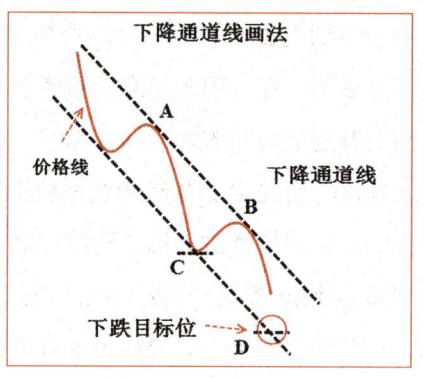

图 3-42　下降通道线

上升趋势线与下降趋势是判断裸 K 线图趋势性的好方法，在此基础上再加一条平行线，则可以形成上升通道与下降通道，在通道中，通道线的上轨对股价具有压力作用，通道的下轨对股价具有支撑作用。当股价处于上升通道之中时，是做多的好机会，应以持股为主；当股价处于下降通道之中时，做多机会很少，出手成功率降低，应轻仓操作或以空仓休息为主。

除明显的上升趋势与下降趋势之外，股价有时会在一个区间横盘震荡，这时，趋势线同样有效，只是趋势线角度变平，形成了水平线。分别连接横盘震荡区间的波峰和波谷形成震荡箱体，箱体上沿是连接波峰的直线，对股价具有压力作用；箱体下沿是连接波谷的直线，对股价具有支撑作用。形成箱体震荡的股票，不是波段操作者着重关注的，震荡与趋势是两种操作手法。以顺势为理念的波段操作者应在股价处于震荡市时，轻仓参与或不参与，直到股票突破箱体上沿压力时，再入场也不晚。牢记"轻仓、顺势、止损、持长、扩利"这十字波段操作金言，并严格执行。

▶▶ 三分钟学会一招必杀技之三　神奇数字与黄金比率

　　神奇数字指费波纳奇数列中的数字，而费波纳奇数列指的是这样一个数列：1、2、3、5、8、13、21、34、55、89、144、…，这个数列从第三项开始，每一项都等于前两项之和；任何一个数与后一个数的比率接近0.618，而且越往后，其比率越接近0.618；任何一个数与前一个数的比率接近1.618。有趣的是，1.618的倒数是0.618。

　　神奇数学可以作为均线等指标的周期参数选择，比如用5日均线（MA5）、13日均线（MA13）组成一个均线交叉系统。

　　神奇数字和黄金比率是波浪理论的基础，波浪理论被称为是自然法则，神奇数字和黄金比率在自然界中普遍存在，比如其可以在植物的叶、枝、茎等排列中发现，人的身体结构也符合黄金比例，比如以肚脐为界，上下身的比例应为5∶8，符合黄金比例。

　　由神奇数字还能计算出很多个比值，在投资中需重点牢记的是以下三个黄金比率：0.382、0.5、0.618。0.5是0.382与0.618之间的中间数。换算成百分比就是38.2%、50%、61.8%，这三个比例在测股价涨跌的目标位时会经常用到（见图4-43）。

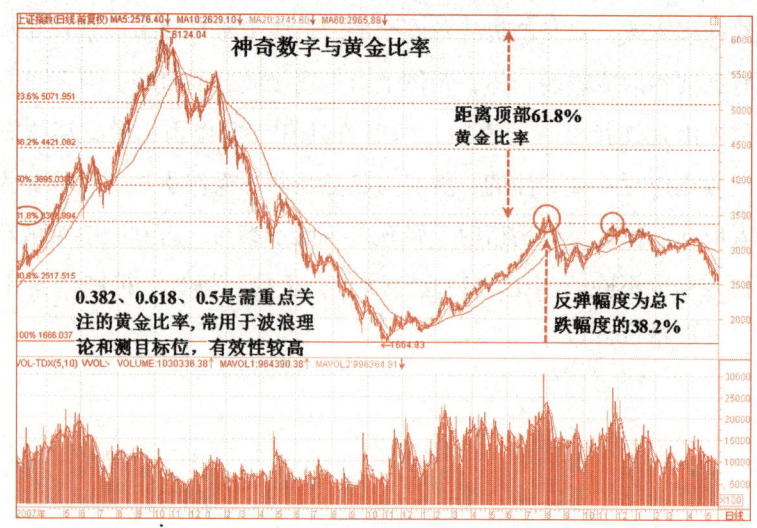

图 3-43　神奇数字与黄金比率

第四章

MACD 指标抓黑马

> 行情总在绝望中诞生,在半信半疑中成长,在憧憬中成熟,在希望中毁灭。
> ——全球投资之父约翰·邓普顿(John Templeton)

本章主要内容

第一节　指标之王——MACD

第二节　MACD指标之父——杰拉德·阿佩尔

第三节　快线多空穿越点

第四节　快线背离做波段

第五节　快慢线交叉买卖点

第六节　柱状线的抽脚与缩头

第七节　市场多空强弱分析

三分钟学会一招必杀技之四　上升通道是送钱行情

第一节 指标之王——MACD

MACD指标是股票行情软件中默认的首选副图指标，如图4-1所示，也是投资者进行指标学习的入门指标，经典指标，被称为"指标之王"，被投资者广泛应用。

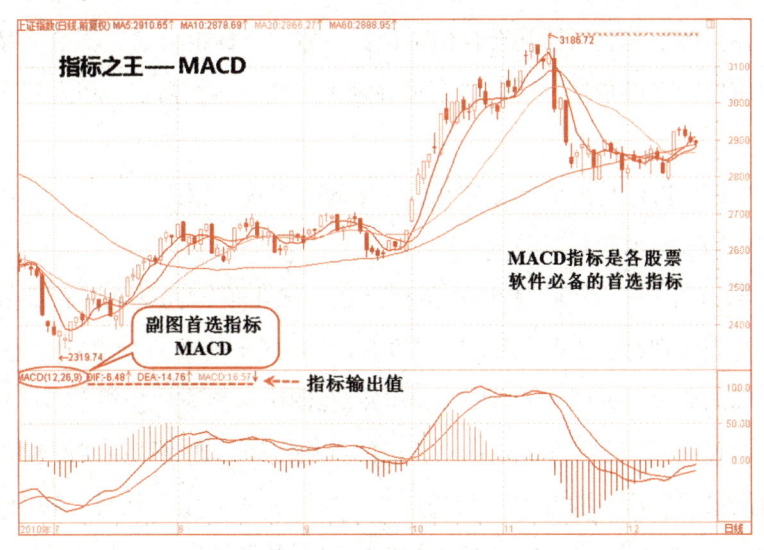

图4-1 指标之王MACD

MACD指标英文全称是Moving Average Convergence Divergence，中文被称为指数平滑异同移动平均线，是由杰拉德·阿佩尔（Gerald Apple）所创造的。

市场具有记忆功能，曾经发生的行情，会以非周期对称的形式再现。指标是历史数据的统计工具，它是经过历史验证过的，对过去有效，对未来也同样有效。指标对某些特定的行情模式有非常准确的预测及研判能力，这是因为，历史会不断重演，同样的市场情绪会导致同样的价格走势，指标就能捕捉到这些特定的模式，对投资者有重大的参考价值。

MACD 指标的重要性表现在：

（1）MACD 指标是各大股票、期货行情软件中默认的首选指标。

（2）MACD 指标当然也是被运用最多的指标，是被历史检验过的最有效和最实用的指标。

（3）MACD 指标是从趋势类均线指标 EMA 计算而来的振荡指标，对趋势和震荡行情都有很好的应用效果。

（4）MACD 指标的背离被认为是最好用的"抄底逃顶"技术分析方法之一。

（5）MACD 指标是首选入门指标，是很多投资者进入指标研究的开始，而且是很多人在接触了其它指标甚至自创了指标或使用指标组合之后，最终又回归本原，仍旧使用的终极指标。所谓"众里寻她千百度，蓦然回首，那人却在灯火阑珊处"。

（6）MACD 指标是系统化交易者最常用的进出场依据之一，被广泛用来判断买卖点和市场多空情况。

从图 4-1 中可以看到，MACD 指标有三个输出值，也就是说它是由三部分组成的，它们分别是：DIF（差离值）、DEA（异同平均数）和 BAR（柱状线），我们把指标图放大，如图 4-2 所示。DIF 线在图中被称为"快线"，DEA 线在图中被称为"慢线"，最早的 MACD 只有这两条快慢线，通过两条线的聚合和分离来判断市场情况。后来随着 MACD 的广泛运用，又引入了柱状线（BAR），俗称"红绿柱"。"红绿柱"表示的是快线与慢线之间的距离，对指标实质没有影响，只是为了更便于观察和使用指标。

MACD 指标是一款中心振荡指标，是由价格演算出来的。中心振荡指标是指标值围绕某个数值为中心上下波动的指标，MACD 指标就是一个以 0 轴为波动中心的振荡指标。0 轴对所有个股和指数都有相同的意义，它是多空的分界线。指标线在 0 轴之上表明市场处于多头市场，在 0 轴之下表明市场处于空头市场。

我们主要利用 MACD 指标短周期的快线与长周期的慢线的位置、交叉、形态、背离等来判断和预测行情。MACD 指标除了具有振荡指标的特性之外，还有趋势指标的内涵，是众多指标中意义最丰富、最实用、适用性最强的指标。具有稳定性、趋势性、振荡性的特点，熟练运用这一个指标就能对趋势和震荡行情都有良好的判断和把握。同样的方法技巧，适用于长中短各个周期，具有广泛的指导意义。所以，MACD指标又被称为"指标之王"。

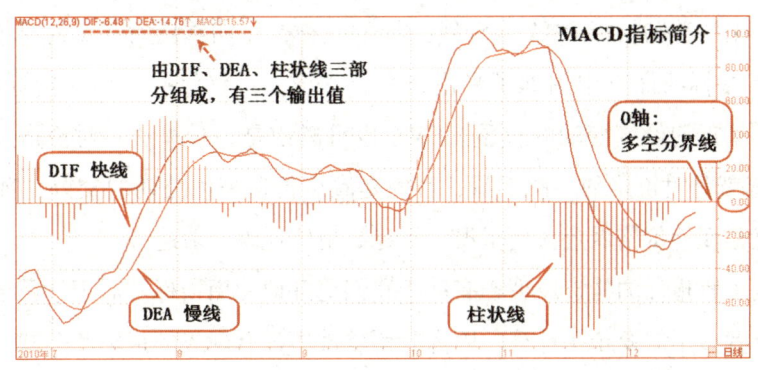

图4-2　MACD指标简介

指数平滑异同移动平均线，用中文读起来有些拗口，很多投资者可能会疑惑，为什么MACD指标用了个冗长且不好记的中文名？这要从指标的来源说起，其实很容易理解。

MACD指标中的"MA"是指Moving Average（移动平均），MACD指标是通过指数平滑移动平均线（EMA）计算得来的，EMA是Exponential（指数平滑），Moving（移动），Average（平均）的缩写，"平滑"是指计算EMA中用到了平滑系数，所以名字中就有了"指数平滑移动平均线"。

MACD指标中的"CD"是指Convergence（收敛）和Divergence（发散），也就是MACD命名中的"异同"两个字了，"异同"是指快线和慢线的异步和同步程度。当两条线靠拢时即是收敛，当两条线分离时即是发散。

因此我们看，"Moving Average Convergence Divergence"直译成"移动平均聚散线"更容易理解和记忆，但我们还是沿用经典的名称"指数平滑异同移动平均线"，为了便于说明，简称为"MACD指标"。

MACD指标由DIF、DEA、BAR三部分指标构成，其计算过程大体如下：

（1）将市场价格计算出短期与长期的两组EMA数值，再计算两组数值之差，得到差离值 DIF。

（2）将上面 DIF 数值再用 EMA 的算法，计算中期内 DIF 的指数平均数，得到异同平均数 DEA。

（3）由前面得出的快线 DIF 与慢线 DEA 计算差值，得到柱状线 BAR。

指数平滑移动指标 EMA 是均线指标的一种，比如常用的 MA 是简单算术平均。EMA 指标的计算中用到了平滑系数，这样，不仅保持了均线指标的特性，而且增加了近期价格变动的权重。EMA 也可以说是一种算法，对价格进行一次 EMA 计算就是对价格的一次平滑，目的是减少价格来回波动的交差"噪音"产生的干扰，而使价格看上去更平滑、平稳、更能反映一般趋势。

深入了解指标的构造原理，有助于我们更好地使用指标。对于涉及的计算过程，投资者并不需要亲手计算，因为股票软件中都有现成的指标和公式。投资者如果想调整参数，直接在软件中变动一两个数字即可，使用起来相当方便。

在股票行情软件副图指标中看到的 MACD（12，26，9），如图 4-3 所示，括号中的数字表示的是计算 MACD 的周期数值。通常是用（12，26，9）作为计算周期，也就是短周期值取 12，长周期值取 26，中周期取 9。周期可以是分钟、日、周、月等，如在日线中，MACD（12，26，9）表示以 12 日、26 日、9 日为周期计算相应指标值的 MACD 指标。软件中的指标公式如图 4-3 所示。

图中的参数为：SHORT（短期）、LONG（长期）、MID（中期）。参数缺省值为 12、26、9，分别对应三个参数的取值。

DIF：EMA（CLOSE，SHORT）-EMA（CLOSE，LONG），表示分为以短周期 12、长周期 26 计算收盘价的指数平滑移动平均，用 EMA12 和 EMA26 表示，那么 EMA12 与 EMA26 的差值等于 DIF。

DEA：EMA（DIF，MID），表示对 DIF 以 9 为周期计算指数平滑移动平均数，得到 DEA。

MACD：(DIF-DEA)×2，COLORSTICK，表示 DIF 与 DEA 的差值的 2 倍为 MACD 柱状线的值，0 轴之上用红柱表示，0 轴之下用绿柱表示，乘以 2 是为了放大倍数，易于观察。

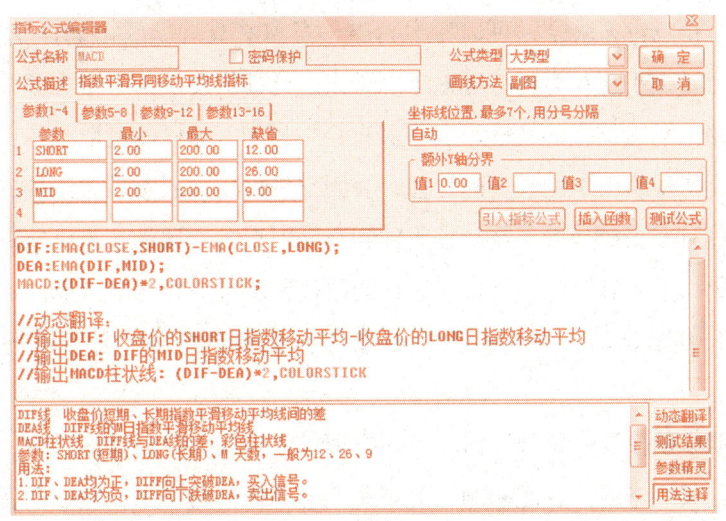

图 4-3 股票行情软件中的 MACD 计算公式

之所以选择 12 和 26 作为短周期和长周期数值，是因为我国股市在早期一周是 6 个交易日，两周是 12 个交易日，一个月平均是 26 个交易日，从而沿袭下来，投资者可改为 10 和 22，但基本差别不大。所以，之后也没引起重视而一直沿用至今。还有常用的一组周期是（5，34，5），5 和 34 都取自"费波纳奇数列"，是"神奇数字"。如果想改变周期，投资者只需在指标公式编辑器里更改三个参数值即可。

DIF 是 MACD 指标构成三要素中最早得出的一条线，也是最有意义的一条指标线。当 DIF 向上穿越 0 轴的时候，表示市场有转好的预期。0 轴是多空分界线，若 DIF 一直游走于 0 轴之上，表示市场多头力量强于空头力量，投资者应做多为主。当 DIF 向下穿越 0 轴，表示多数参与者看淡后市。若 DIF 一直被压制在 0 轴之下，说明市场中的空头力量强于多头力量，投资者应以空仓观望为主。

DEA 是对 DIF 平滑后得出的，DEA 较 DIF 更为平缓，落后于 DIF，所以把 DIF 称为快线，把 DEA 称为慢线。当 DIF 在低档向上突破 DEA 时，是买入信号。当 DIF 在高位向下跌破 DEA 时，是卖出信号。

MACD 柱状线，是由 DIF 与 DEA 的差值得出的，更直观地反映了两条指标线的位置变化，也表达出了市场多空强弱的变化。当 MACD 柱状线由红柱变为绿柱时，表示市场由多转空，可以考虑卖出；当 MACD 柱状线由绿柱变为红柱时，表示多头力量强于空头力量，可以考虑买入。红柱的发散预示市场多头力量在发展，出现超出平均长度的红柱，表明多头势头强劲；绿柱的发散预示市场空头力量在漫延，出现超出平均长度的绿柱，表明空头出现强烈卖压。红柱的收敛预示着多头力量有减弱的趋势，当红柱收敛到 0 轴附近时，预示空头可能取代多头成为主导力量，市场有转势的可能；绿柱的收敛预示空头力量有减弱的趋势，当绿柱收敛到 0 轴附近时，预示多头可能取代空头成为主导力量，市场有转势的可能。

指标能帮助投资者研判行情，提供投资操作依据，提高操作胜率，但指标还只是辅助工具。好的工具能起到锦上添花，事半功倍的作用，但投资者也要重视市场趋势。在本书开头部分我们介绍了两大揭示市场波动性的基础理论，即道氏理论和波浪理论，投资者需要树立市场以趋势波动的观念，把 MACD 指标放在趋势的大势背景下运用。结合趋势线、均线、压力线、支撑线等简单的趋势技术综合运用 MACD 指标，做一位顺势而为的波段操作者。

第二节 MACD 指标之父——杰拉德·阿佩尔

MACD 是准确率极高的趋势判断指标，是在 1979 年由美国人杰拉德·阿佩尔（Gerald Appel）及福雷德·海期尔（Fred Hitschler）所发明，两人曾合著《股市交易系统》(Stock Market Trading Systems)。1986 年美国人 Thomas Aspray 加入柱状线（Histogram），成为现今常用的 MACD 指标。

阿佩尔是 Signalert 公司的创始人。Signalert 是一家投资咨询公司，管理的客户资产超过 3.5 亿美元。作为投资顾问、作家和演说家，他在世界范围内享有很高的声誉。他的文章经常发表在《巴隆》《股票与期货》和《个人理财》等杂志上。他以自己的自律和创新赢得了业界的尊敬和认可。

阿佩尔从19世纪70年代开始从事投资市场研究，他的著作包括十多本与投资相关的书籍，其中的《技术分析：实战工具》被美国股票交易权威传媒 Stock Trader 评为当年最佳图书。

阿佩尔是位高度自律的投资家，也是位组织性很强的演说家。由于他使用的投资体系十分明确，并伴有相应的风险管理措施，他的交易方法极富吸引力。另外，阿佩尔对自己的事业很有热情，他执着于完善自己的交易方法。

阿佩尔认为成功的交易者应该具备以下四个要素：

（1）自律观念，要始终遵守自己的交易系统。
（2）限制损失，以事先计划限制亏损。
（3）交易体系，计划你的交易，交易你的计划。
（4）控制情绪，任何时候都要事先计划以避免错误。

自律是成功的必要品质

自律几乎是所有投资大师都强调过的，是成功投资者的必备素质。对于自律的交易者来说，建立一个有计划的、有组织的交易系统（system）很重要，它有助于培养良好的交易习惯。他擅长分析数字和统计数据，并对自己所有交易系统中的交易时机选择做了大量研究。我们常说"细节决定一切"，阿佩尔的成功就来自于对细节的把握，经过大量研究把细节组织起来，固定下来，建立起一个交易系统。有了交易系统，投资者也更易于执行自己的交易策略。

人们是在过程中学到的大多数经验教训，这些经验教训也是需要付出代价才能学到的。你蒙受一些亏损，它就教会你一些东西。但最重要的是要一直向前走，要分析。如果情况开始变糟，就要先检讨自己，看看自己的做法是否不妥。这跟市场的交易毫无关系，关键是你的感受怎样。但是，即使不考虑这些，若想做好交易，也必须先进行研究，接着做一段时间的模拟交易，然后再加以运用。要定期地做一下评析以检查自己是否运作良好，但所有这一切都必须遵循你的计划。

限制亏损

阿佩尔认为把亏损控制在低水平非常重要，他反对冒大的风险。他认为每一笔交易都要有固定的止损点。止损点也是构成他所运用的技术分析系统的一部分。所有模式都会采用跟踪止损的方法来保护利润。

作为有多年经验的投资家，他认为，不要轻易地去蒙受一些小的亏损很重要。在运用自己打算使用的工具或系统之前，对其做一番研究，一旦研究工作就绪，就应遵循自己发展起来的工具或系统去做。

"绝不让盈利的交易变成亏损的交易"，"永不摊平亏损"，"永远使用止损单"这是很多投资大师给我们的忠告。

交易系统

当一个人提及某交易系统时，很可能指的是一种以直觉来诠释的系统，或者是一种要严格遵照执行的系统。考虑到人性的弱点，在两种情况下，任何投资者在运作该系统时，都必须尽可能地避免感情用事，要限制亏损，让利润增长。定期地评价一下自己的操作也非常重要。所以交易中人的因素与交易系统同等重要。

有些人正在积极使用MACD并且效果良好，不使用MACD的投资者们的一个大问题是，他们不采用任何这方面的工具。这其中或许有许多原因，任何系统都会有暂时运行不理想的时期，投资者在一笔交易不成功时就决定要放弃某一系统，是为时过早了。他们经常对股票市场抱有自己的希望和愿望，也会因此来改变原有的交易系统。这样，当系统显示可以买进时，投资者却因为其他理由而断定市场不会有变化，于是最终依据自己的决定而不是交易系统行动。你知道，一些投资者就是不遵循系统行事。最大的问题是，投资者尝试运用某一系统，但有时却不严格执行。交易系统的目的就在于把情绪排除在外。投资者应多在盘后做研究，而避免在盘中的情绪化交易。

控制情绪

在谈到交易情绪时，阿佩尔认为总体来讲，情绪是无益的。在交易时最大的情绪问题或许是忧虑。投资者如果太惧怕亏损或有某种类似的忧虑，就会跳出来不再进入交易或处于一种类似的状态。情绪的第二个问题是总要觉着自己是赢家。这种需要经常使投资者过早地放弃了自己的最好交易，而在最差的交易中停留过久。投资者总是想兑现盈利时的利润,而害怕遭受亏损或拒绝承认错误。

于是他们会保留手中表现不佳的股票,卖出表现良好的股票,这样做的后果是他们手中的股票将逐渐丧失价值。在盘中,投资者难免会受市场情绪的影响而做出冲动性的交易。因此,阿佩尔主张建立一个交易系统。

综上所述,是阿佩尔对成功交易的四点建议,他的交易系统和自律为他带来了成功,在许多方面他都称得上是典范,所有的投资者都应该深入地研究他的看法和观点。

第三节 快线多空穿越点

快线 DIF 概述

在 MACD 指标图中,白色的线是 DIF 线(Difference 的缩写),表示差离值,即 12 日 EMA 数值减去 26 日 EMA 数值。DIF 被称为快线,是因为它比黄线 DEA 反应较快。DEA 是 DIF 的 9 日 EMA,也就是说,DEA 是对 DIF 的平滑,因此 DEA 要落后于 DIF。

DIF 波段操作要点:

(1)DIF 在 0 轴之上,表示市场处于多头市场(牛市),DIF 在 0 轴上并向上移动是多头的上涨行情,此时应以持股为主。

(2)DIF 在 0 轴之下,表示市场处于空头市场(熊市),DIF 在 0 轴上并向下移动是空头的下跌行情,此时应以空仓为主。

(3)DIF 在 0 轴之上,但向下移动,需要谨慎持股或适当降低仓位,防止随时进入空头而失去利润,这时最好结合波浪理论和成交量来综合判断,在放量上涨中的第三浪和第五浪可以坚定持股,当量能萎缩,DIF 与价格出现背离时应果断离场。

(4) DIF 在 0 轴之下,但向上移动,可以轻仓进行试探性介入,以便在 DIF 向上突破 0 轴,进入多方后处于有利地位,但要设置好止损,因为在 0 轴之下还是很危险的。

多空分界线

多空分界线是振荡指标应用之中需要重点介绍的一项,它是波段操作的重要依据之一。在中心振荡指标中,当指标值进入 0 轴之上,被认为是进入多方主导的市场,是上涨行情的开始,向上穿越 0 轴是买入信号。当指标值进入 0 轴之下,被认为是进入空方主导的市场,是下跌行情的开始,向下穿越 0 轴是卖出信号。

多空分界线,虽然简单,却有十分重要的实战意义。很多投资者忽略了这一重要的判断市场状况的简便方法。在主要的多头市场,投资者可以大胆操作,以持股为主,做足上涨行情;在主要的空头市场,投资者应该谨慎操作,以空仓观望或轻仓试探为主,避免下降趋势,不和趋势作对。

在实际运用中,经验丰富的投资者会看大势做股,顺大势逆小势。比如在主要的多头市场中,振荡指标会游走于 0 轴之上。在强势的升势中,当指标接近多空分界线,往往是介入良机,而不是退出时机。因为,我们已经通过道氏理论和波浪理论知道了,一波主要的上涨行情是会有次级折返,即调整浪,这些是回调的介入机会。

同理,在主要的空头市场中,振荡指标会游走于 0 轴之下。在强烈的跌势中,当指标接近多空分界线,往往是出场良机,而不是介入时机。因为,一波主要的下跌行情中的次级折返,即调整浪,是下跌中的反弹卖出机会。

快线 DIF "多空穿越" 买点

当快线 DIF 经过长期在 0 轴之下震荡调整之后,当 DIF 向上突破 0 轴时为 "穿越买点",是市场由空转多的首个买点,如图 4-4 所示。

投资者在股票软件中看到的 MACD 指标是由快线 DIF、慢线 DEA 和柱状线三部分显示的,我们在讲解过程中为了看得更清楚,会只显示当前主要讲解的指标线,在最后综合部分的实例中会还原指标全貌来讲解。

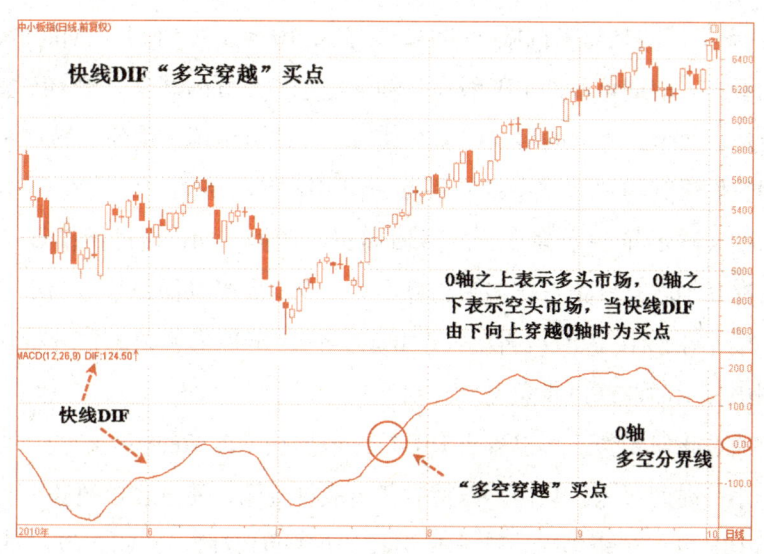

图4-4 快线DIF"多空穿越"买点

在实战操作中运用DIF买点时需注意，越是在行情的底部经过充分调整，即前期DIF在0轴之下震荡的时候越长，DIF的突破越有效，图4-5是个股徐工机械（000425）中出现的快线DIF"多空穿越"买点。

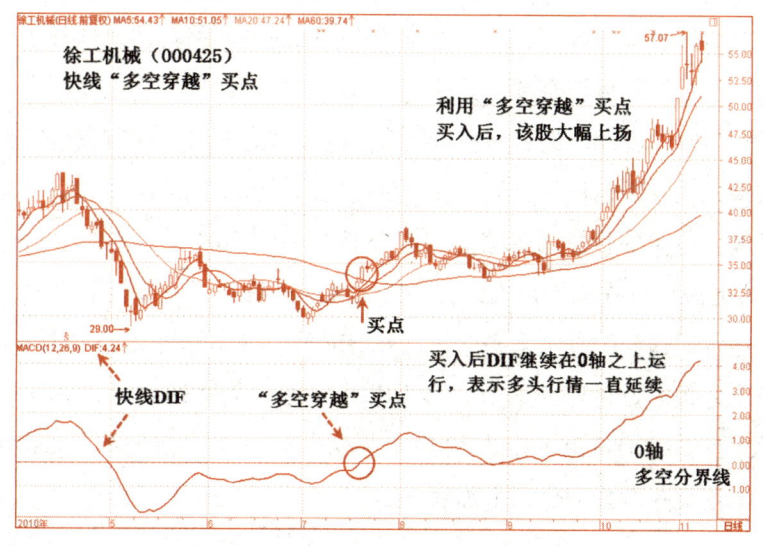

图4-5 徐工机械（000425）快线"多空穿越"买点

图 4-5 显示的是徐工机械（000425）在 2010 年 5 月到 11 月期间的走势图，从中可以看出，前期该股的 DIF 线在 0 轴下经过了充分的调整。当 DIF 突破 0 轴时，K 线是以两个长阳线的形式向上突破的，在这里出现了由空头转多头的买入机会，即我们讲到的"多空穿越"买点。在 DIF 突破 0 轴之后，该股继续上攻，突破了前期下跌的第一个高点，之后回调稍作调整，DIF 线也回落到了 0 轴附近。只要在 0 轴之上，都看作多头趋势没有改变，应当以操作信号为准。经过在 0 轴之上的回调之后，DIF 线再次向上拉起，该股出现了大幅的拉升行情，一举突破了图中显示的前期最高点位。

我们通过该股走势，可以看出 DIF 很好地反映了市场的多空情况，当市场进入多头时第一时间买入，只需一路持有任由股价上涨，便可轻松地获得利润。

利用 DIF 进行波段操作，适合做中长线的较大波段，MACD 指标是根据 26 日、12 日、9 日的价格计算出来的，所以不适合做几天内的较短线的操作。MACD 对价格具有平滑的作用，能很好地反映一般的趋势。对于判断中长线的趋势具有很好的应用效果。

在实际应用中，可以用配套的方法来综合应用，比例趋势线、压力支撑线、均线等等，通过简单的画线，来过滤掉一些区间内的震荡行情，这种小的震荡拉不起涨幅，不是波段操作要重点关注的区域。只要把握住一次主要的大波段，就可以超过很多次的区间内的震荡差价能拿到的利润。而且，在震荡区间内，很容易出现失误，风险回报比相当低，并不是高明的操作手法。

对于偏爱短线的投资者来说，只要坚持当快线 DIF 在多方时多操作，而当 DIF 在空方时减少操作或不操作，就会极大地提高操作成功率。甚至有些有经验的投资者经常用这样的方法来操作，只要 DIF 线在多方时都可以"扛一扛"，有些亏损也不太担心，从经验来看，当 DIF 在多方时能涨回去的概率还是相当大的。但是一旦 DIF 确认进入空方就要适当地减仓，在空方的操作都是以减仓为主，一定要避免在亏损的仓位上加仓。

快线 DIF "多空穿越" 卖点

DIF 经过长期在 0 轴上方震荡调整后，当 DIF 向下突破 0 轴时是卖出机会，如图 4-6 所示。

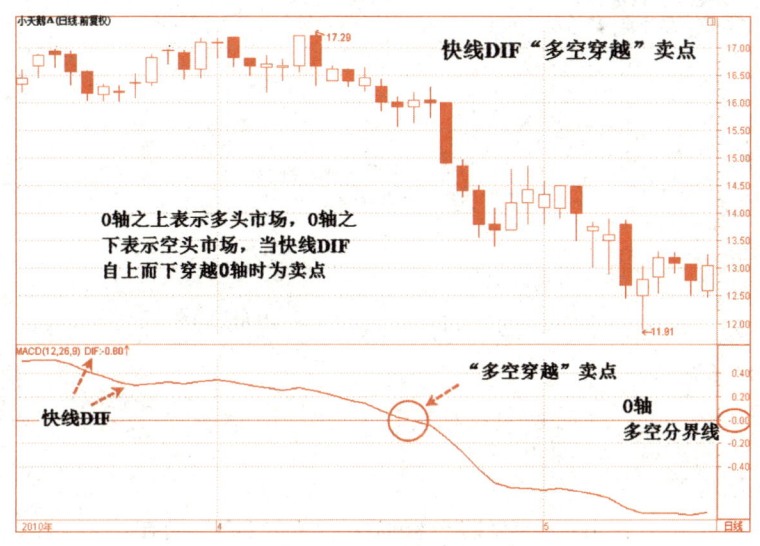

图 4-6 "多空穿越"卖点

在实战操作中，DIF 卖点与波浪理论结合运用会效果更好，DIF 在高位向下运行的时候往往是第五浪结束，下跌 A 浪开始的时候。

图 4-7 是浦发银行（600000）用 DIF "多空穿越"判断的卖点，可以看出 DIF 在 0 轴上时是多头上涨行情，投资者不需要频繁操作或盯盘，只需要看好 DIF 的运行势头，简单明了。当 DIF 经过一波拉升，由上而下靠近 0 轴时，要谨慎持股，因为这时容易形成顶部。一些经验丰富的投资者会结合一些短线的技术来率先判断拐点，先在高位出掉部分筹码，比如我们前面讲到日本蜡烛图技术和"黑马线"技术等。但大部分的筹码还是要等 DIF 跌破 0 轴，确认转势时再抛出，虽然这样会损失一些利润，但长期来看效果更好。因为有时在较强的涨势中，0 轴会有支撑作用，为防止错过上涨行情，应一切以看到的信号为准。

运用 DIF 判断卖点，能很好地把握上涨波段的大部分行情。在买入股票后，能安心持股；而在卖出股票后，能耐心等待下次机会的出现，这样极大地减少了不必要的失误。

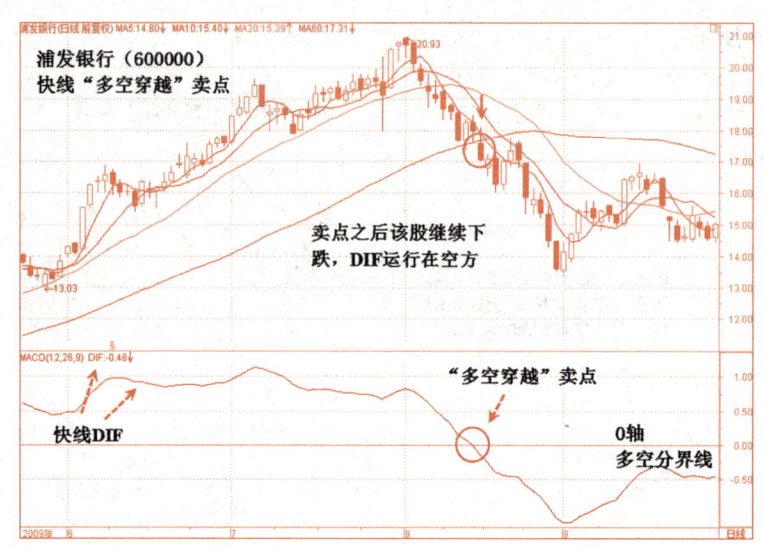

图4-7 浦发银行（600000）"多空穿越"卖点

图4-8是浦发银行（600000）2009年1月到8月期间的走势图，是与卖点相对应的，用DIF"多空穿越"判断的买点。投资者可以与前面的图4-4结合来看，该股按DIF向上突破0轴时买入，买入点位在7.5元。之后，该股保持了涨势，投资者只需要在DIF靠近0轴时多关注股票走势，否则的话，说明股票一直处于多头上涨行情中，不必担心两三天的短期回调。俗话讲"放长线，钓大鱼"，在股市中也是同样的道理，但一定要看到他在上涨，注意亏损的时候一定不能放任损失进一步扩大，应该做到"截断亏损，放大利润"。

该股在多方运行中，有两次靠近0轴，但并没向下突破0轴，而是又恢复了之前的涨势，这便是股价的趋势性，一旦形成涨势就不会轻易结束。但行情总会有结束的时候，从图中我们可以看到，图中用圆圈标注的卖点处，是DIF向下突破了0轴的"多空穿越"卖点，卖出价位在17.07元。在这次用快线DIF"多空穿越"波段操作中获得了高达127.33%的利润。

在用"多空穿越"判断买卖点时，在DIF线长期运行在0轴下方第一次向上突破0轴时，往往会有一次回调，投资者在实际操作中要注意仓位的控制，不能在第一次发生"多空穿越"买点就下重仓去赌一定反转，而是要采用分批逐步加仓的策略。在首次突破0轴，并且回踩不破前低而又再次突破0轴时，是第二个"多空穿越"买点，这个买点相比第一个的成功率更高。

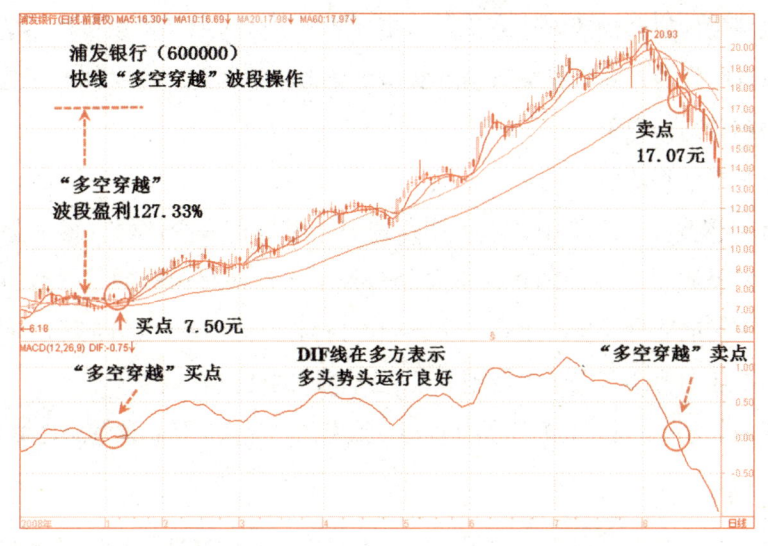

图4-8 浦发银行（600000）"多空穿越"波段操作

当DIF线长期运行在0轴上方，第一次向下跌破0轴时，也往往会有一次反弹，这波反弹很可能是逃命浪。只要是从长期运行的高位向下大幅度的下跌形成的突破，再创新高的可能性很小。当DIF线再次跌破0轴时，基本宣告中长线的上涨行情已经结束。在一波段大的趋势之后，行情会进入震荡阶段，这个时候要适当调小操作周期，而当DIF进入空方时，要少操作或不操作。

第四节　快线背离做波段

指标的背离

指标的背离是指指标的运行方向与价格的方向相反，即指标与价格发生了背离。指标的背离分为"底背离"和"顶背离"两种情况。

背离发生在振荡指标的超买或超卖区，对应价格的顶部和底部区域。振荡指标能较灵敏地反映市场多头和空头力量的强弱变换，当价格经过一波强势的运行之后，振荡指标值会快速到达高位，即超买或超卖区，如果市场价格不能以更强劲的势头继续发展，那么指标值会反映出市场力量的减弱，这时便产生指标值与市场价格相背离的现象。

价格和指标都以波浪的形式运行，在上升中，每个波峰（谷）都较前一个波峰（谷）提高；在下降中，每个波峰（谷）都较前一个波峰（谷）降低。连接最近的两个波峰（谷）的直线就是趋势线。当价格与指标的趋势线方向一致时，表示市场的能量与价格运行正常；当价格与指标的趋势线方向不一致时，便是用图形描述的背离，表示市场朝先前方向发展的能量有所减弱。

背离常作为可靠的"反转"操作信号，底背离是买入信号，顶背离是卖出信号。

底背离

底背离发生在指标值空方的超卖区，当股价继续创新低而指标值不再创新低时，即产生低背离。如图4-9所示。

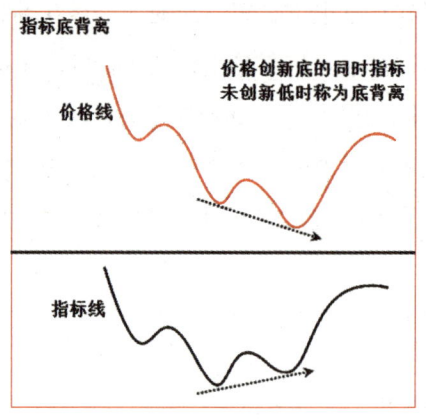

图4-9 指标的底背离

底背离表示空头力量的减弱，市场有发生底部反转的可能。

顶背离

顶背离发生在指标值多方的超买区，当股价继续创新高而指标值不再创新高时，即产生顶背离。如图4-10所示。

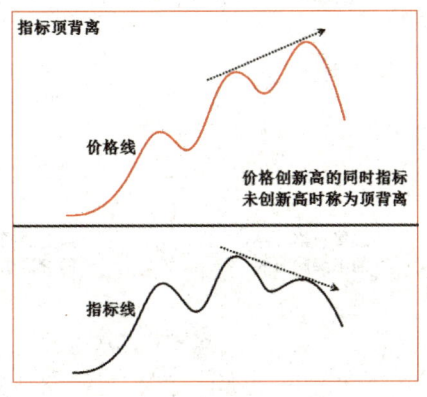

图4-10 指标的顶背离

顶背离表示多头力量的减弱，市场有发生顶部反转的可能。

在实际运用中，长周期的顶（底）背离比短周期的顶（底）背离更可靠，比如周线顶（底）背离的可靠性要高于日线的顶（底）背离。

底背离又被称为多头背离，是多头力量积聚的过程，可能已经完成筑底过程，多头随时会发起上涨攻势。底背离是底部反转信号。不过，在实战运用中，背离最好得到其他技术的相互验证，比如在发生背离时，价格或指数同时突破趋势线或10日移动平均线。

快线DIF底背离波段买点

快线DIF底背离波段买点指价格创新低而指标线未同时创新低而形成的波段买点，如图4-11所示。

从图4-11中我们看到，在下跌趋势中，价格不断创新低，DIF起初也跟随价格同步向下运行，DIF像"影子"一样紧盯价格。指标在0轴之下不断创新低，当进入低档区时，DIF指标对下跌力量的减弱开始变得敏感起来。当价格经过一次反弹后再创新低时，指标并未同时创下新低，这时就发生了背离现象。这预示着这里极可能是空头最后的疯狂，是最后一跌。在图中用两条直线分别连接价格与指标的两个相邻的波谷，我们看到，很明显地，价格的后一个波谷低于前一个波谷，而指标的后一个波谷高于前一个波谷，两条直线显然不是同向的而是背离的。

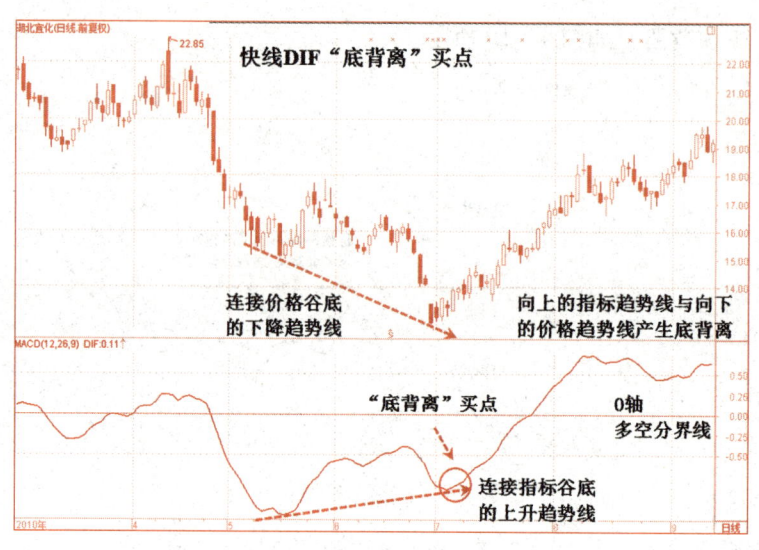

图4-11 DIF底背离波段买点

在找买点时，不能在发生背离之中就开始抄底，而是要等到快线DIF方向由下转向上的拐头时再介入。拐头表示背离已经形成，而在拐头之前表示背离还在进行当中。可通过指标值大于前一日指标值来判断拐头。底背离买点通常发生在下跌浪末的最后一个下跌浪，它表示中短期内有极大的转势可能，是底部反转信号。在操作中，底背离买入后，应该很快会得到趋势线的确认，并伴随着价格放量突破下降趋势线。

底背离波段买点操作应用在个股焦作万方（000612）中，如图4-12所示。

从图4-12可以看出，在下跌趋势中，该股价从高位一路下跌，DIF指标也同步从多方跌破0轴进入空头市场。指标在0轴之下不断创新低，DIF像"影子"一样紧盯价格。当指标进入低档区时，DIF指标对下跌力量的减弱开始变得敏感起来。当价格经过一次反弹后，在2010年7月5日再创新低15.41元，但同时指标并未创下新低，这时发生了底背离。投资者在这时就应该想到，这里是极可能是空头力量最后的释放，卖压力量已经开始减弱，反转的可能性在增大。

从图中也可以看出，价格趋势线与指标趋势线也发生了背离。在7月6日，DIF指标值为-1.06大于前一日的指标值-1.07，表示DIF拐头完成背离，产生底背离买点，这一天也发生了在蜡烛图反转形态中讲到的刺透形态，可作为相互验证买点。

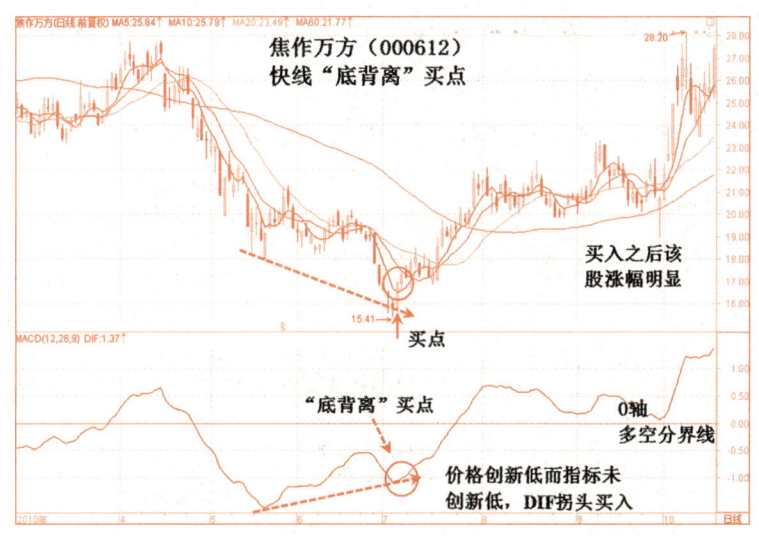

图4-12 焦作万方（000612）快线底背离买点

在买入后的几天内，买点很快得到了确认，即价格放量突破10日均线，连续的两根大阳线突破前波高点宣布空头的结束。事实证明了，背离是最后一跌，买入之后，DIF指标也很快突破了0轴，进入了以多头为主导的市场。此后，DIF一直运行在0轴之上，股价一路上扬。

即使是一个高成功率的买点，也要设止损。背离发生在空方时，会有两种走势，一种是反弹，另一种是转势。对于反弹，力度可大可小，如果遇到小概率的小的反弹发生，这时的止损单就会发挥作用。注意一定要等背离走出来，再进行操作。

在操作中还会遇到"背离之后的背离"的情况，这就是所谓的"底中找底"，这种情况说明市场处于较大周期的下降趋势之中，应配合较大周期的K线图，如周线图进行分析。或者是用均线或下趋势线等配套措施综合判断买点，合理控制仓位，坚持DIF线在空方时用小仓位操作，待大势转好时再加仓。

快线DIF顶背离波段卖点

顶背离是指，价格或指数创新高时而DIF指标却未同时创新高的现象。

顶背离又被称为空头背离，是空头力量聚集的过程，预示着市场可能已经见顶，空头随时会发动下跌攻势。顶背离是顶部反转信号。不过，在实战运用中，顶背离最好能得到其他技术的相互验证，比如在发生背离时，价格或指数同时向下跌破趋势线或10日移动平均线。

DIF指标与价格发生的顶背离买点，如图4-13所示。

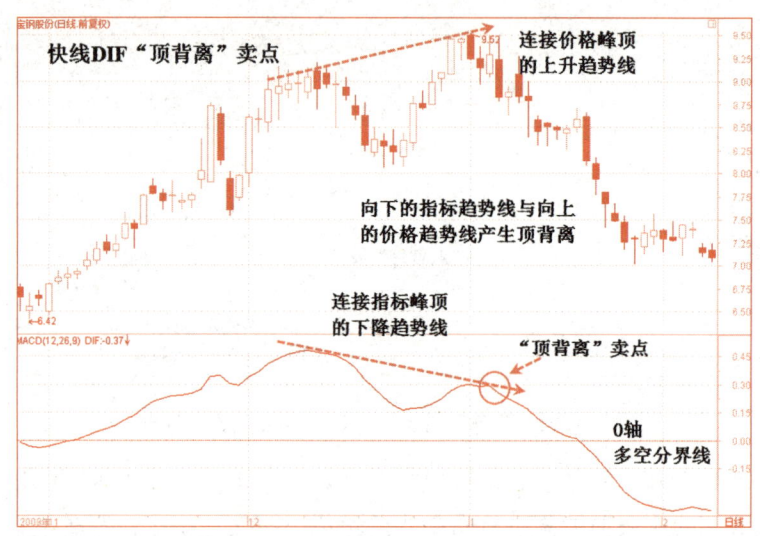

图4-13 快DIF顶背离卖点

从图4-13中我们看到，在上涨趋势中，价格不断创出新高，DIF起初也跟随价格同步向上运行，DIF像"影子"一样紧盯价格。指标在0轴之上不断出创新高，当进入高档区时，DIF指标对上涨力量的减弱开始变得敏感起来。当价格经过一次回调后再创新高时，指标并未同时创下新高，这时就发生了顶背离现象。这预示着这里极可能是多头最后一波拉升。在图中用两条直线分别连接价格与指标的两个相邻的波峰，我们看到，价格的后一个波峰高于前一个波峰，指标的后一个波峰低于前一个波峰，两条直线出现了明显的背离。

在DIF发生顶背离后，当指标值小于前一日指标值时是拐头卖点。顶背离通常发生在上升浪末的第5浪或延长浪，顶背离表示中短期内有极大的转势可能，是顶部反转信号。在操作中，顶背离卖出后，价格应该会很快跌破下降趋势线，确认顶背离的形成。

顶背离波段操作应用在个股苏宁电器（002024）中，如图4-14所示。

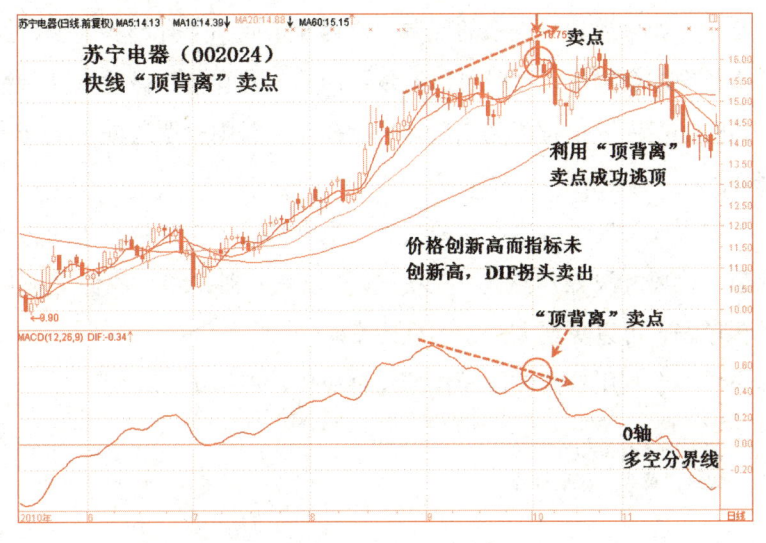

图4-14　苏宁电器（002024）快线顶背离卖点

从图4-14可以看出，在上涨趋势中，该股价从低位一路上行，DIF指标也同步从空方跌破0轴进入多头市场。指标在0轴之上不断创出新高，DIF像"影子"一样紧盯价格。当指标进入高档区时，DIF指标对上涨力量的衰减开始变得敏感起来。当价格经过一次回调后，在2010年10月8日再次创出新高18.75元，但同时指标并未创出新高，这时发生了顶背离。投资者在这时就应该想到，这里是极可能是多头最后的一次上攻，反转的可能性在增大。

从图中也可以看出，价格趋势线与指标趋势线也发生了背离。在10月11日，DIF指标值为0.51小于前一日的指标值0.53，表明DIF背离后拐头向下，这是指标下跌的开始，此为波段操作第一卖点。而且这一天放出了大阴量，同时走出了一个吞没形态的顶部反转K线形态。

在卖出后的第三天，股价放量跌破10日均线，卖点很快得到了确认。事实证明了，发生顶背离的一波上涨是最后一波拉升，卖出之后，DIF指标也很快跌破了0轴，进入了以空头为主导的市场。此后，DIF一直运行在0轴之下，股价一路震荡向下。

在实战中，要控制好仓位，即使是一个高成功率的卖点，也可能会有失误。

顶背离发生在多方时，会有两种走势，一种是回调，另一种是反转。对于回调，力度可大可小，如果遇到小概率的回调，之后又重回到上升趋势之上，这只有在极强势的市场中才会发生，这时可以适量再回补一些仓位，做足上涨行情。注意发生顶背离时一定要等顶背离完成后再进行操作，否则股票还处于上涨中，没必要放弃涨势。

从例子中可以发现，背离产生的买点与卖点都较多空穿越产生的买点与卖的位置要提前。背离波段操作点是"抄底逃顶"的利器，结合我们之前讲到的K线顶底反转形态，可以更增大判断的准确率。

最后来看一个利用背离波段操作的综合应用，如图4-15所示。

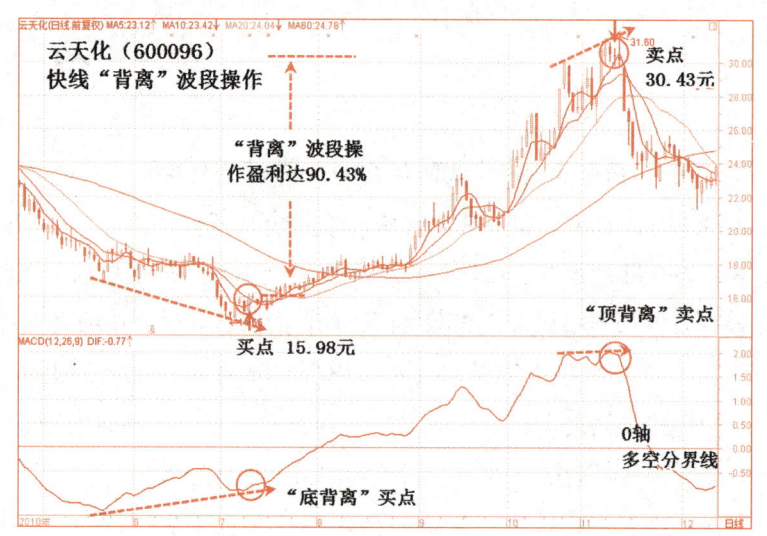

图4-15　云天化（600096）快线背离波段操作

图4-15显示的是云天化（600096）在2010年5月到12月的一段行情图。从图中可以看到，在前期该股的快线DIF一直在0轴之下运行，价格不断创出新低。直到7月9日这天，该股的DIF线形成了底背离买点，买入价格为15.98元，当天也突破了"黑马线"MA10。在买入之后不久，该股的DIF指标线突破0轴，从此进入多方市场，股价大幅攀升。

在11月10日这天，快线DIF指标值是2.01小于前一日的2.02，连接两个价格波峰的直线形成了一条方向向上的趋势线，而连续两个DIF指标线波峰的趋势线走平，价格创出新高，而指标未同时创出新高，产生了顶背离卖点，当日收盘价为30.43元。在卖出后的第二天又收了一个阴线，连同前面的两根阴线组成了三只乌鸦的顶部反转K线形态。而后面紧接着是暴跌的走势，DIF指标线也进一步向下突破0轴，市场彻底由多转空，到此可以确认完成了一波成功的波段操作，盈利幅度高达90.43%。

第五节 快慢线交叉买卖点

在MACD指标图中，黄色的线是DEA（Difference Exponential Average），指异同平均数，是DIF线的9日指数平滑移动平均线。DEA是对DIF的平滑，因此DEA要落后于DIF，又被称为慢线。

我们已经知道，最早的MACD指标只有快线DIF与慢线DEA，其研究的重点就是两条线的聚散交叉，如图4-16所示。

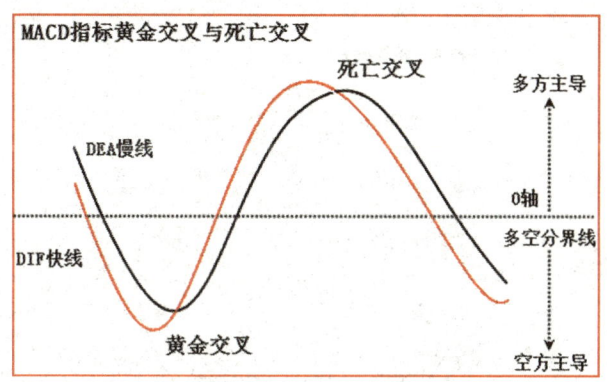

图4-16 MACD指标快慢线的黄金交叉与死亡交叉

DEA同样具有DIF的波动性质，但由于它较DIF反应较慢，因此一般不单独使用DEA，它的重要作用在于和DIF综合运用，更能确认趋势的变化。在DIF与DEA的行进中，可以看作是DIF在带动DEA运行，当DIF由下向上突破DEA时，表明短期内的上涨动能打破了下跌惯性，股价进一步上涨的可能性较大；当

DIF 由上向下突破 DEA 时，表明短期内的下跌动能打破了上涨惯性，股价进一步下跌的可能性较大。

当 DIF 远离 DEA 时，表明 DIF 在拉动 DEA，两者是在不断发散、背离（Divergence），表示向 DIF 方向运动的动能强大；当 DIF 靠近 DEA 时，表明 DIF 的拉动力量在减小，DEA 开始追上 DIF，两者是在不断收敛、聚合（Convergence）。

当 DIF 与 DEA 由发散到收敛，最终会发生交叉（Cross），这个交叉点就是临界点，是短期多空平衡点。当 DIF 由下向上穿越 DEA 时，称为"黄金交叉"，这是短期多头占优势的信号，是买入机会；当 DIF 由上向下穿越 DEA 时，称为"死亡交叉"，这是短期内空头占优势的信号，是卖出机会。

DIF 与 DEA 在多空双方的"发散—收敛—交叉"循环往复，如同大自然的四季一样周而复始。当气温下降到一个临界点后就开始上升；当气温上升到一个临界点后就开始下降，这也是"道法自然"的道理。进一步来说，气温由降到升的临界点就像是"春分"，气温由升到降的临界点就像是"秋分"。在二十四节气中，如图 4-17 所示，春分与秋分合称"二分"，表示昼夜长短相等。"分"即平分的意思。

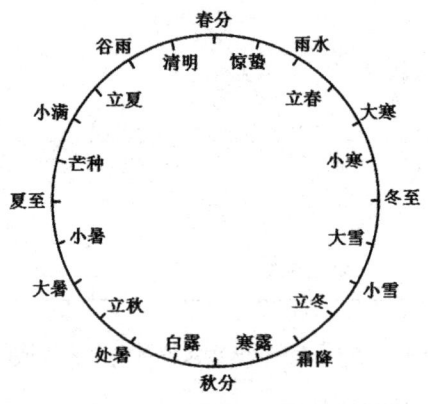

图 4-17　二十四节气在黄道上的位置

在股票操作中，黄金交叉这个由空转多的临界点就如同春分一样，死亡交叉这个由多转空的临界点就如同秋分一样，投资者只需要坚持春播秋收，跟随趋势来做交易，如此简单而重复地操作就能轻松获利，如图4-18所示。

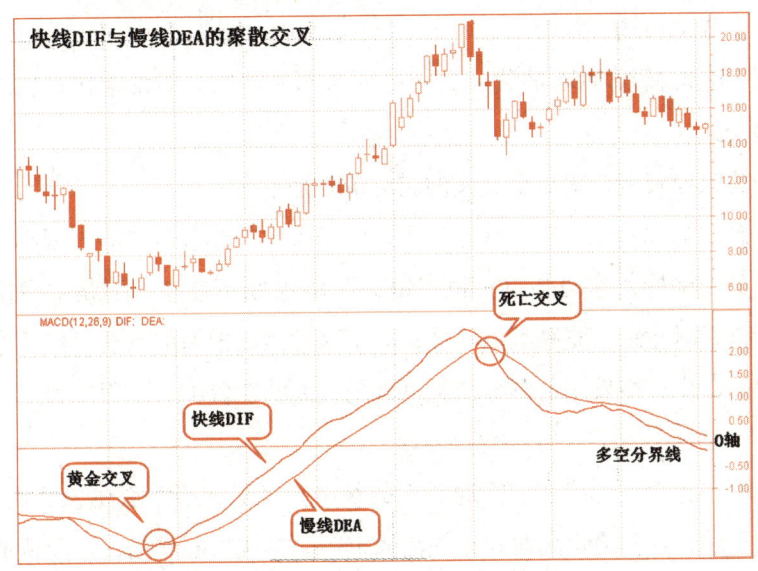

图4-18　快线DIF与慢线DEA的聚散交叉

黄金交叉波段买点

DIF与DEA发生的黄金交叉买点如图4-19所示。

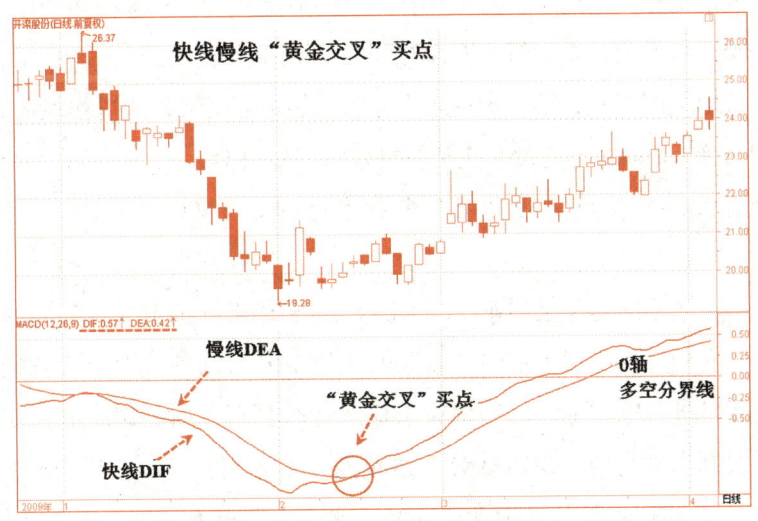

图4-19　快慢线黄金交叉买点

黄金交叉是买入信号，它表示市场中的多头力量战胜了空头力量，市场从此进入多头主导的市场。

快线 DIF 与慢线 DEA 的黄金交叉可分为两种情况，即发生在 0 轴之上或之下的黄金交叉。

我们建议投资者，对黄金交叉的应对策略是：

(1) 合理分配仓位。在下降通道中，即熊市中的黄金交叉应该用小仓位试探性参与，甚至坚持"宁可错过，也不做错"的原则不参与。下跌中发生的黄金交叉可能是暂时止跌，止跌可以不涨，对于这种难以把握的机会可以放过。在上升通道中，即牛市中发生的黄金交叉可以用较大的仓位买入，用主力资金做主要的升浪。

(2) 严格止损。如果在下降通道中的黄金交叉买入后，股价没有明显上涨，或又开始下跌，这时应该用时间止损法或定额止损法果断离场，避免造成更大的亏损，这里再次提醒"永远不要摊平亏损仓位"。在上升通道中的黄金交叉买入后，可以用 0 轴作为中线操作的止损位，只要保持在 0 轴之上就可以持股待涨，一旦向下突破 0 轴，需要做减仓处理。

(3) 分清机会。要明确，发生 0 轴之下的黄金交叉，只有在两个位置有大的机会，一个是快慢线长期运行在 0 轴之下后，在空方发生的最后一个黄金交叉；另一个是长期上涨之后，第一次进入空方的后的黄金交叉，这里往往还有一次较大幅度的反弹。0 轴之上的黄金交叉是更好的交易机会。

黄金交叉波段买点实战应用在个股华星创业（300025）中，如图 4-20 所示。

图 4-20 显示的是华星创业（300025）在 2010 年 1 月到 4 月期间的走势图，从图中可以看到，在前期下跌中，该股的快线 DIF 带动慢线 DEA 跌到了 0 轴以下，市场暂时进入空方主导。当两条指标线运行到低位时，DIF 开始靠近 DEA，这时两条线发生了收敛，说明跌势开始减弱，多方在积蓄力量反攻。直到 2010 年 2 月 12 日，该股在低位发生黄金交叉，这标志着多方打破了多空平衡，由多方占据了短期优势，市场有进一步向上运行的预期。图 4-20 中标注的圆圈位置

是黄金交叉的波段买点。在这之后，DIF 继续带动 DEA 向上运行，并且突破了 0 轴，这时中期的多头优势已经确立，此后该股一路上场突破前期高位。

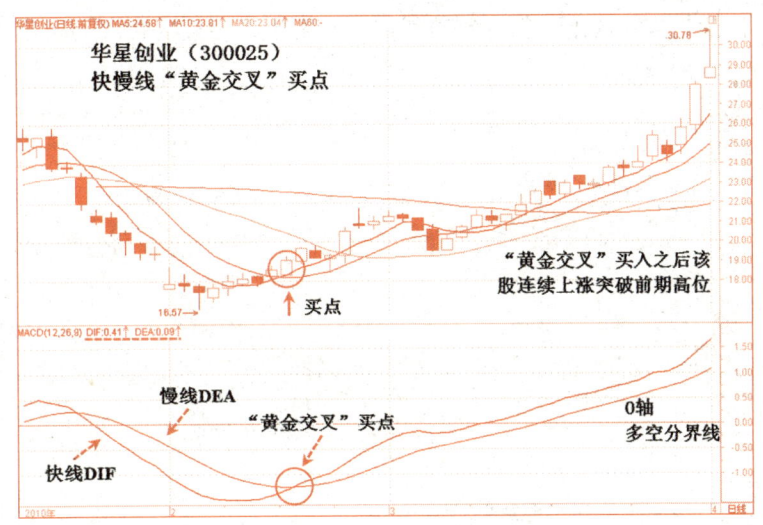

图 4-20　华星创业（300025）黄金交叉买点

上面的例子讲到的是发生在 0 轴之下的黄金交叉，快慢线在 0 轴之下运行的时间越久，发生的黄金交叉的买点越可靠。下面我们将介绍一种效果更好的买点，这种黄金交叉是当快慢线发生底背离时的黄金交叉，我们称为黄金交叉背离买点。交叉加上背离无疑提高了买点的准确性。如下面发生在个股江苏三友（002044）中的例子。

图 4-21 中显示的是江苏三友（002044）在 2010 年 5 月到 9 月间的一段行情，从图中可以看到，该股的快慢线在 0 轴之下发生了两次黄金交叉，在图中分别用字母 A 和 B 表示，黄金交叉 A 发生在 5 月 27 日，这里可以作为一个买点，买入价位是 7.61 元，但买入时需要注意用小仓位。在买入之后，该股并没能够向上突破 0 轴，而是在 0 轴之下发生了死亡交叉。这时，对于稳健的投资者可以使用止损先退出观望，对于中长线的投资者可以把止损设在前低处的收盘价。

在此之后，该股创出新低价 6.78 元，而 DIF 线与 DEA 线同时并未创出最低值，这里指标与价格发生了底背离。我们只需要等再次黄金交叉的时候再进场，直到 7 月 13 日，该股发生了底背离之后的黄金交叉，这就是我们讲过的黄金交叉背离买点，买入价格是 7.50 元。从图中可以看到两个买点对应的价格，买点降低了，但黄金交叉的位置提高了。用两条直线分别连续价格低点和指标低点可以看到，价格趋势线向下，指标趋势线向上，发生了明显的背离。黄金交叉背离买点的可靠性更高。

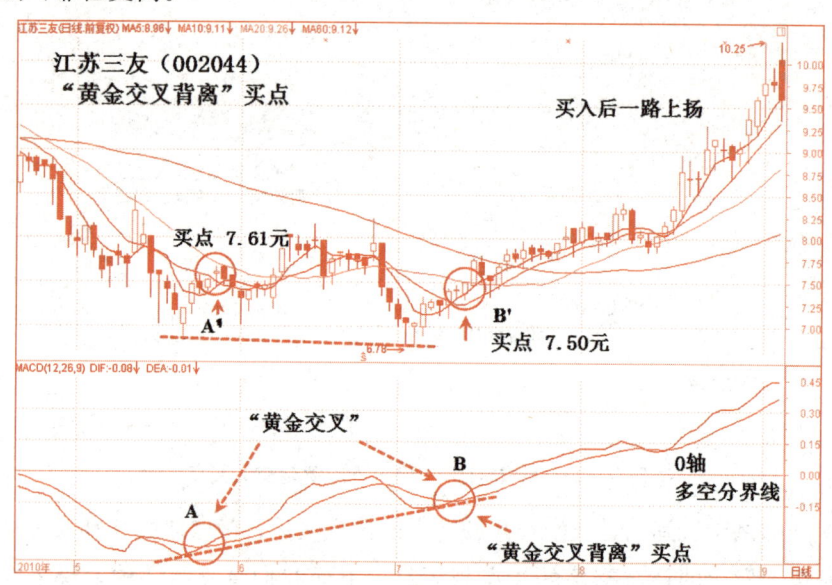

图 4-21　江苏三友（002044）"黄金交叉背离"买点

死亡交叉波段卖点

快线 DIF 与慢线 DEA 在发生的死亡交叉卖点如图 4-22 所示。

从图 4-22 可以看到，快线 DIF 与慢线 DEA 在 0 轴上同向向上运行，直到指标运行到高档区，DIF 从上向下穿越 DEA，发生死亡交叉。在这之后，快线 DIF 开始带动慢线 DEA 向下运行。死亡交叉发生在波段的顶部，是短期的多空平衡点，一旦空头打破多空平衡，意味着在以后的一段时期内空头会占优势，市场有进一步下跌的可能。死亡交叉就像其名字一样，表示一波升势的结束，是通常的卖出信号。

DIF 与 DEA 的死亡交叉可以分为两种情况，即在 0 轴之上发生的死亡交叉和在 0 轴之下发生的死亡交叉。

发生在 0 轴之上的死亡交叉，通常发生在波浪理论的上升趋势中调整浪的初期,是中、短期顶部的标志。需要注意的是,在强劲的升势中,市场在发生死亡交叉后还可能重回升势,其经常发生在第4浪和次级别的调整浪中。总之,0轴之上的死亡交叉,是在多方主导的大趋势下发生的,它说明在大级别的上升趋势中,有发生调整的可能。

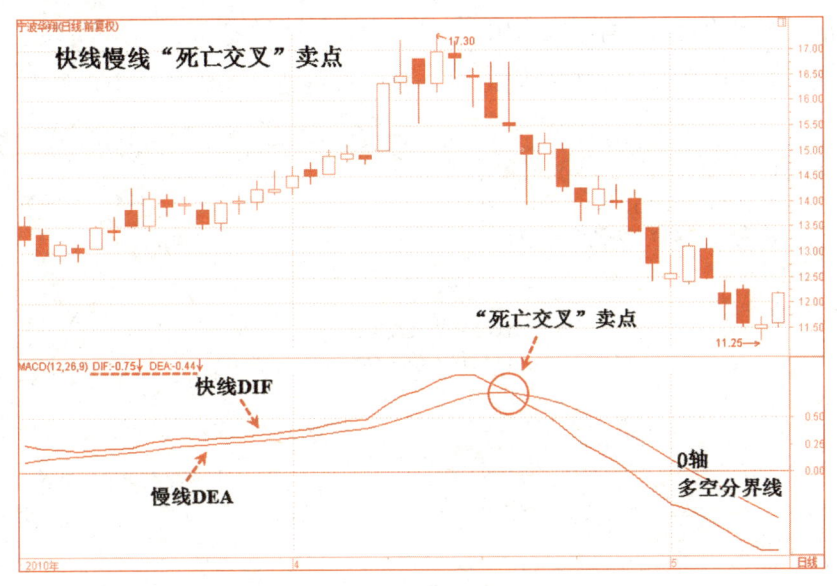

图4-22 死亡交叉卖点

我们建议投资者,对死亡交叉的应对策略是:

(1)分批离场。在上升通道中,即牛市中的死亡交叉应该采用逐步减仓的策略。在强劲的升势中,死亡交叉可能只是暂时的短期调整,稳健的做法是先获利了结一部分仓位,这样既防止失去到手的利润,又避免踏空的可能。其余的持仓可等待更进一步的转势信号发生时再卖出,比如股价跌破上升通道或DIF跌破0轴时清仓。在下降通道时,DIF线多数时间在0轴之下的空方,应减少持仓,减少操作,空仓为上。

(2)及时补仓。如果在死亡交叉卖出部分筹码后,股价没有明显下跌,反而又创出新高,这时应该适当回补之前卖出的部分筹码,继续跟踪上涨趋势。这里需要注意"只在盈利的持仓上补仓",并且追加的仓位要小于持仓,避免在顶部加重仓。

(3) 死亡交叉发生在指标高档区更有效，在适当操作周期中，使用较大周期更有效。

(4) 结合其他技术方法判断顶部，比如趋势线、黑马线、K 线反转形态等等，本书中也介绍了很多找卖点的方法，投资者可以实战中总结适合自己操作风格的最大效用的卖出信号综合运用。

死亡交叉波段卖点，实战应用在个股宜科科技（002036）中，如图 4-23 所示。

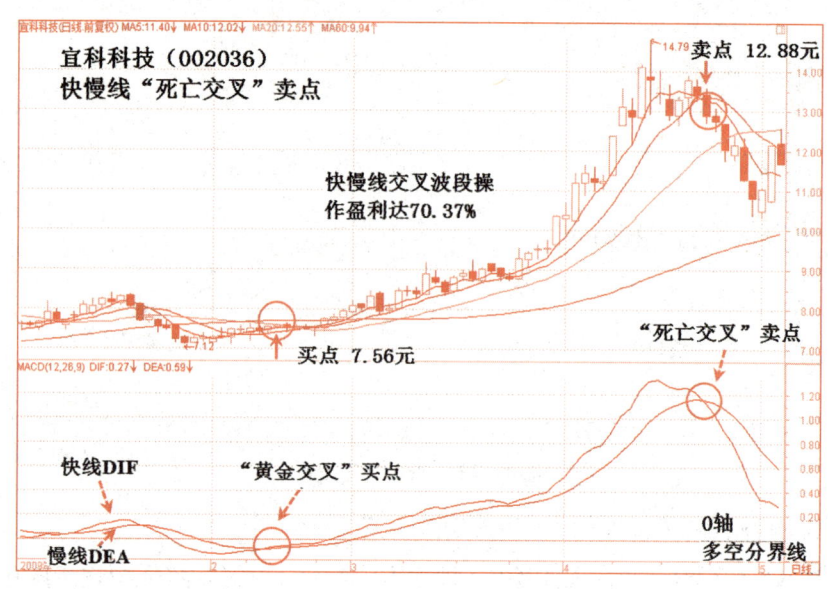

图 4-23　宜科科技（002036）"死亡交叉"卖点

图 4-23 是宜科科技（002036）在 2009 年 1 月到 5 月的一段走势，从图中可以看到，该股前期在 0 轴之下产生了前面了黄金交叉买点，买入价位是 7.56 元。买入之后快线 DIF 带动慢线 DEA 向上快速拉升，股价呈突破态势，迅速上涨。在 4 月 15 日创出新高价 14.79 元，这一天的 K 线形态是前面我们讲到的长腿车夫顶部反转形态，预示着有见顶的可能。在此之后，DIF 开始向 DEA 收敛，终于在 4 月 23 日发生交叉，这标志着空头突破了多空平衡，空头战胜了多头主导市场，短期内的顶部形成，这个死亡交叉是卖出信号，对应的卖出价格在图中用圆圈圈出的位置，卖出价格是 12.88 元。

在卖出之后，DIF 开始带动 DEA 向下运行，是向下发散的过程，预示市场开始了向下的趋势。可见，死亡交叉准确地预见了头部，是较稳定的卖出信号。我们再结合之前讲到的黑马线即 10 日均线，也可以看出，买点发生在刚突破黑马线不久的位置，卖点正好发生在向下跌破黑马线的那根 K 线上，我们用所讲的方法配合判断，会提高出手的成功率。这一个大波段的盈利幅度达 70.37%。

上面的例子讲到的是发生在 0 轴上的死亡交叉，对于 0 轴下的死亡交叉更应该无条件地卖出。在我们讲的操作理念中，正确地执行理念时是不应该在当 DIF 线在 0 轴之下时还持有重仓的。

在市场中，投资者不能和趋势作对，应该做趋势的朋友，下跌是为了上涨，而上涨总会有下跌。投资者只需要顺势而为，对于难以把握的行情，最好的对策就是休息。"在错误的方向上停止就是前进。"

与黄金交叉背离买点相对应的是死亡交叉背离卖点，这同样是一个更可靠的卖点，我们看同样是上面讲黄金交叉背离买点时讲到的个股江苏三友（002044），用死亡交叉背离找卖点。

图 4-24 是江苏三友（002044）在 2010 年 8 月到 12 月的一段走势，从中可以看到，MACD 指标的快线 DIF 和慢线 DEA 在 0 轴之上运行了很长时间，DIF 线的波谷逐波垫高。在图中的 A 点处 9 月 8 日发生了第一次死亡交叉。在这之后，在 B 点处的 11 月 17 日，DIF 与 DEA 第二次发生了死亡交叉，这里也是一个卖点。但是在 C 点处的 11 月 30 日又一次发生死亡交叉。图中 DIF 线一直在多方运行，一共在三个位置发生了死亡交叉，这只有在非常强劲的多头市场中才会发生。

我们把 B、C 处连续的两个价格高点用直线连接起来形成了一条向上的趋势线，把连续的两个指标高点用直线连接起来形成了一条向下的趋势线，这样就可以看出发生在 C 点处的死亡交叉是我们讲的具有高可靠性的死亡交叉背离卖点，卖出价格是 15.37 元。在卖出后，股价出现了连续的下跌，DIF 向下大幅发散远离 DEA 线，这说明这里是一个很可靠的卖点，准确地判断出了头部。

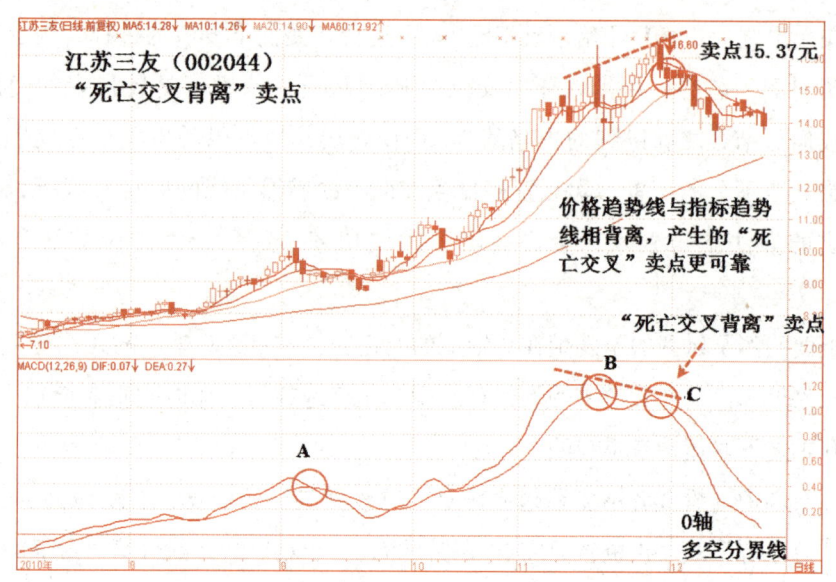

图 4-24 江苏三友（002044）死亡交叉背离卖点

对于图 4-24 中的走势，偏短线的投资者可能会被 A、B 处的前两个死亡交叉卖点洗盘出局，但是中线投资者可以一直等到发生死亡交叉背离卖点或 DIF 线向下穿越 0 轴时再出场。当然这样操作的中线投资者也会失去在波段顶部的一段利润。我们说每种方法都有优势和劣势，没有十全十美的方法。选择了偏短线方法就要承担被洗出局的风险，选择了偏中线方法就要承担较大资金回撤的风险。同样，偏短线方法就有了在顶部能保住更多的利润的优势，偏中线方法就有了防止震荡出局的优势。鱼和熊掌不可兼得，此事古难全！

最后，我们把图 4-23 与图 4-24 组合起来，组成一次完整的波段操作，如图 4-25 所示。

快线 DIF 与慢线 DEA 的应用总结

（1）当 DIF 和 DEA 均大于 0（处于 0 轴之上）并向上移动时，一般表示股市处于多头行情中，宜买入或持股。

（2）当 DIF 和 DEA 均小于 0（处于 0 轴之下）并向下移动时，一般表示股市处于空头行情中，宜卖出股票或观望。

(3) 当 DIF 和 DEA 均大于 0 (处于 0 轴之上) 但都向下移动时, 一般表示股票行情处于退潮阶段, 股票将下跌, 宜卖出股票和观望。

(4) 当 DIF 和 DEA 均小于 0 时 (处于 0 轴之下) 但向上移动时, 一般表示行情即将启动, 股票将上涨, 宜买进股票或持股待涨。

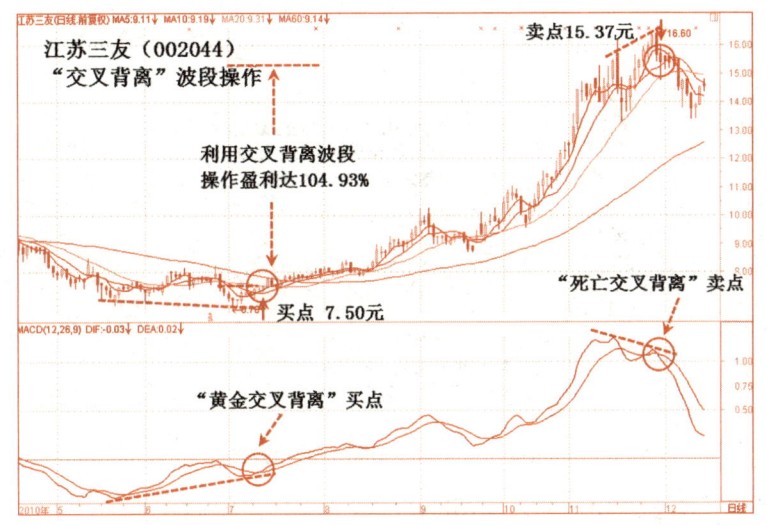

图 4-25　江苏三友 (002044) 交叉背离波段操作

第六节　柱状线的抽脚与缩头

在 MACD 指标图中,彩色的竖线是柱状线,一般用红线表示 0 轴上的部分,用绿线表示 0 轴下的部分,所以又被俗称为"红绿柱",它表示 DIF 与 DEA 之间的差值,在指标图中表示 DIF 线与 DEA 线的距离之间的变化。我们已经知道,最早的 MACD 指标只有这两条快慢线,MACD 柱状线是后来随着计算机的普遍运用而加上去的,目的是为了更直观地表现两条快慢线之间的关系。

MACD 柱状线的表达式是 "MACD: (DIF - DEA) ×2, COLORSTICK", 它表示 DIF 与 DEA 差值的 2 倍输出为彩色的 MACD 柱状线。之所以将差值乘以 2

是为了放大线体长度,便于观察。从图4-26可以看出,有了MACD柱状线,DIF与DEA两条之间的距离变化一目了然。

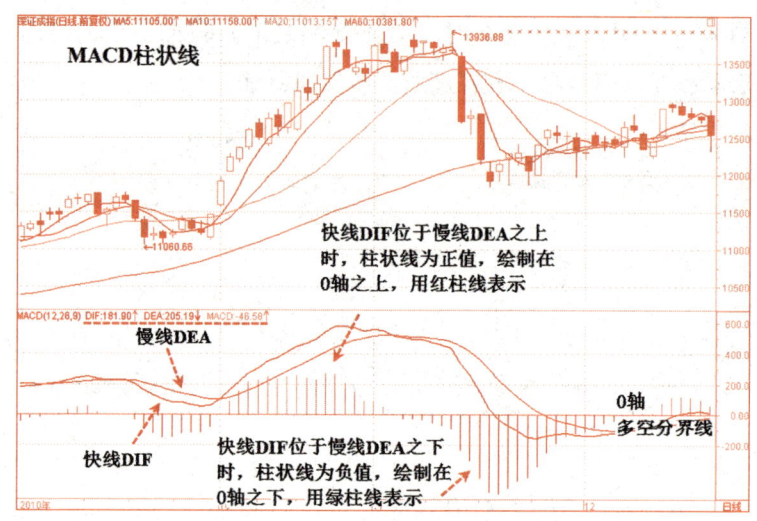

图4-26 MACD柱状线示意图

如果快线位于慢线之上,MACD柱状线为正值,绘制在0轴之上,用红柱线表示。如果快线位于慢线之下,MACD柱状线为负值,绘制在0轴之下,用绿柱线表示。当快线与慢线交叉,MACD柱状线值为零。

DIF与DEA两条线的收敛和发散能通过MACD柱状线更直观地表示出来,很显然,当柱状线连续出现后一根长于前一根的情况时,表示发散;当柱状线连续出现后一根短于前一根的情况时,表示收敛。

当红柱发散时,表示市况处于多头强势中;当绿柱发散时,表示市况处于空头强势中。当红柱收敛时,表示多头势头在减弱;当绿柱收敛时,表示空头势头在减弱。

因此,在A股只能做多盈利的市场中,理论上,做多的买点应在红柱发散时,表示短期内市场开始由空转多;卖点应在绿柱发散时,表示短期内市场开始由多转空。

理论上,一波上涨行情是由绿柱收敛开始,所以最低买点在绿柱收敛时;而一波上涨行情的结束是由红柱收敛开始,所以最高卖点在红柱收敛时。收敛表示了趋势的减弱，是 DIF 线在向 DEA 线靠近。在最长的绿柱之后那个缩短的绿柱买进，在最长的红柱后那个缩短的红柱卖出，是获得最大利润的方法。但这种方法是否万无一失呢，成功率究竟有多大？

这里要明确一个关键的前提条件，经验丰富的投资者会注意到，MACD 红绿柱只描述了 DIF 与 DEA 的差距变化关系，并没有说明 DIF 与 DEA 的多空位置，也就是说 DIF 与 DEA 是在 0 轴之上还是 0 轴之下。前面已经讲过了，安全的买点应在多头市场中，也就是 DIF 处于 0 轴之上之时。而 MACD 柱状体在 0 轴之上并不表示 DIF 也在 0 轴之上，这是很多投资者会忽略的关键问题。

所以要首先明确的前提条件是，DIF 的位置。若 DIF 处于 0 轴之上，那么在最长的绿柱之后那个缩短的绿柱买进，在最长的红柱后那个缩短的红柱卖出，是获得最大利润的方法。若 DIF 处于 0 轴之下，那么在最长的绿柱之后那个缩短的绿柱买进后，很可能没有好的卖点。为什么呢？因为在空头市场中，绿柱缩短只说明跌势减弱或小反弹的开始，往往没有多少获利空间，主要的空头市场并没有结束，会出现跌了又跌的情况。

柱状线的抽脚与缩头

MACD 柱状线的重要作用就是通过研究它的收敛和发散来找出市场变化的转折点，作为波段操作依据。

MACD 柱状线的收敛表示，DIF 在靠近 DEA，DIF 的拉动作用在减弱，市场在原方向的能量在减弱；MACD 柱状线的发散表示，DIF 在远离 DEA，DIF 的拉动作用在增强，市场在原方向的能量在增大。MACD 柱状线的长度表现出了市场力度的大小，当红柱线放大时表示上涨力量在增强，红柱线的长度越长，表示上涨力度越强；当绿柱线放大时表示下跌的力量在增强，绿柱线的长度越长，表示下跌力度越强。

红绿柱的收敛与发散表示市场短期趋势力量的转换，红柱与绿柱之间的转换表示市场短期多空力量的转换。这些转折点通常是短期的买入信号或卖出信号，它们包括四种情况：

（1）绿柱抽脚，绿柱线开始收敛，表示空头变弱，是买点。

(2) 绿柱变红柱，表示由空转多，是买点。

(3) 红柱缩头，红柱线开始收敛，表示多头变弱，是卖点。

(4) 红柱变绿柱，表示由多转空，是卖点。

投资者应着重研究这四种有意义的转折信号。

绿柱抽脚买点

MACD 柱状线在 0 轴之下时用绿色柱线表示，简称为绿柱。在下跌中，柱状线会在 0 轴之下不断向下发散，这是由于快线 DIF 带动慢线 DEA 向下运行，并且 DIF 不断远离 DEA。下跌动能在绿柱最长时达到最大，当在绿柱线达到最长后，出现短于前一天的柱线时，就发生了抽脚，这说明市场的下跌动能开始减弱，短期内有转势的可能，如图 4-27 所示。

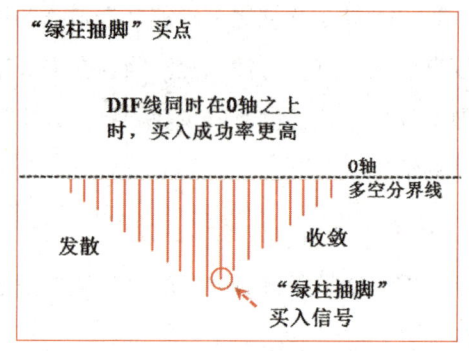

图 4-27 绿柱抽脚买点

从图 4-27 可以看出，MACD 柱状线指标在起始阶段，从 0 轴附近开始不断向下拉长，指标值为负值，每一日的指标值都小于前一日的指标值，这是柱状线发散的过程。直到某一日，指标值开始向上抽短，这个位置是短线向上的开始，抽脚的位置是多头的买入信号。此后，指标值开始大于前一日的指标值，这是柱状线收敛的过程，这是由于 DIF 开始靠近 DEA 造成的。

以抽脚作为波段买点，可以分为两种情况，一种是 MACD 在多头市场的抽脚，一种是 MACD 在空头市场的抽脚。经验丰富的投资者会更注重把握在多头市场发生的抽脚，因为从长期的多次交易经验来看，多头市场的抽脚买入信号的成功率显然更高。

可以这样说，多头市场的抽脚可以看作是上涨的开始；而空头市场的抽脚通常只是止跌，要知道，止跌是可以不涨的，多数情况是在低位震荡后继续下跌。所以说，一定要注意看大势做小势。

绿柱变红柱买点

在大势处于多头市场时，以抽脚为依据买入后，趋势投资者可以继续跟踪趋势，做到"有风驶尽帆"。当柱状线在0轴下，由绿柱不断接近0轴，最终出现红柱时，说明市场开始进入短期的多头。由绿柱收敛转为红柱发散，多头突破了多空分界线，是多头的胜利。这个位置是顺势加仓的好机会，如图4-28所示。出现红柱时应伴随成交量的放大，如果成交量没有明显放大，则可能是反弹的高位，投资者需要注意突破时量的配合。

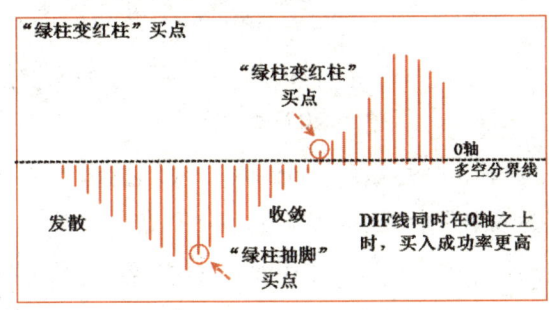

图4-28 绿柱变红柱买点

图中所示的绿柱变红柱买点，是风险小回报高的买入信号，这个信号要比抽脚买点可靠，绿柱抽脚是跌势减弱，而红柱的出现是标志着涨势的开始。

在个股云南铜业（000878）中应用MACD柱状线绿柱抽脚买点和绿柱变红柱买点进行波段操作，如图4-29所示。

从图4-29可以看到，该股的DIF指标在0轴稍下方，表示市场是才由多转空，MACD指标柱状线在0轴之下发散，表明市场上涨趋势减弱，开始进入调整；直到图中用第一个圆圈标注的位置，绿柱状线发生了抽脚，这里是绿柱抽脚买点，这预示着调整很可能结束，马上要重回涨势，投资者在这里应该及时地买进部分仓位；此后，绿柱线向0轴方向收敛，这表示下跌动能进一步在减弱；直到图中所示的第二个圆圈标注的位置，柱状线突破0轴，由绿柱变为红柱，这表明市场中短线的多头战胜了空头，市场中短期都以上涨为主，这是常说的共振点，这是绿柱变红柱买点，这个位置是绝佳的顺势加仓买点；此后红柱线开始发散，表示多头进一步增强优势，该股一路上涨。

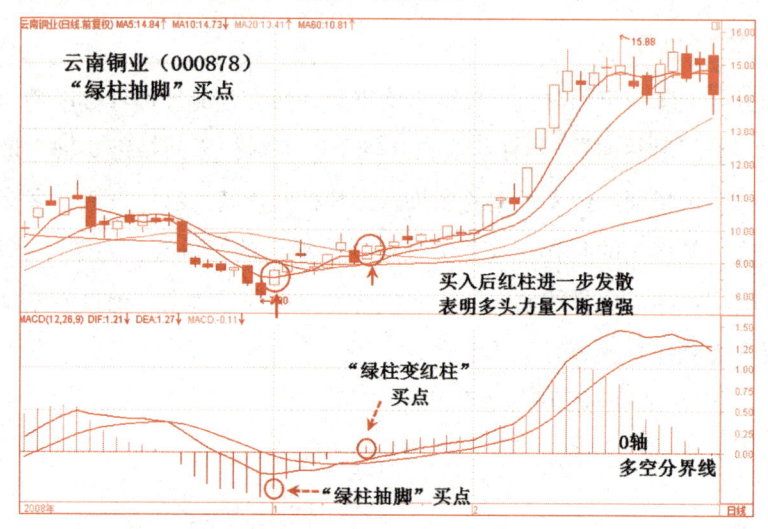

图4-29 云南铜业（000878）"绿柱抽脚买点"

运用柱状线作为依据判断买点时应注意以下几点：

（1）从运用效果上来看，DIF线在0轴上方或0轴附近，成功率较高。

（2）DIF线在0轴下方运用时，需要注意使用止损单。

（3）绿柱变红柱买点比绿柱抽脚买点成功率高且更稳健。

（4）绿柱变红柱买点需要同时伴随成交量明显放大。

红柱线缩头卖点

MACD柱状线在0轴之上时用红色柱线表示，简称为红柱。在上涨中，柱状线会在0轴之上不断向上发散，这是由于快线DIF带动慢线DEA向上运行，并且DIF不断远离DEA。上涨动能在红柱最长时达到最大，以最长柱线为分界点，之前的柱线头是依次伸长的，之后的柱线头依次缩短，这就发生了红柱的缩头，这说明市场的上涨动能开始减弱，短期内有转势的可能，如图4-30所示。

从图4-30可以看出，MACD柱状线指标在起始阶段，从0轴附近开始不断向上伸长，指标值为正值，且不断增大，这是柱状线发散的过程。直到某一日指标值达到最大,之后指标线开始向下缩短,这个位置是短线转势的临界点,红柱线缩头是多头的减仓卖出信号。此后,指标值开始小于前一日的指标值,这是柱状线收敛的过程,这是由于 DIF 开始靠近 DEA 造成的。

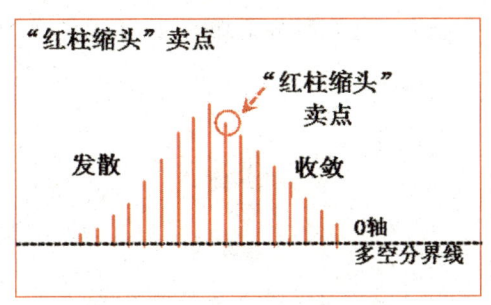

图 4-30 红柱缩头波段卖点

以红柱线缩头作为波段卖点,可以分为两种情况,一种是 MACD 在多头市场的缩头,一种是 MACD 在空头市场的缩头。对于发生在多头市场中的缩头,投资者应依据市场所处的位置做不同的处理,最明显的例子是,如果缩头发生在市场放量上涨的大牛市中,但市场并没有明显的调整迹像时,可以以持有为主,只有同时破位再减仓;如果缩头发生在市场缩量上涨时,即使价格没有明显下跌,稳健的投资者也可以适当做减仓操作,以保住大部分利润。而对于发生在空头市场的缩头,如果投资者持有仓位,应该以无条件减仓操作为好,控制风险是比追求利润更要紧的原则。

可以这样说,多头市场的缩头可以看作是涨势减弱,但不一定会跌;而空头市场的缩头通常是新的一轮下跌的开始。

红柱变绿柱卖点

在量价背离的上涨末期,以缩头为依据减仓卖出后,投资者要注意随后可能出现的红柱变绿柱清仓卖出信号。当柱状线在 0 轴上,由红柱不断接近 0 轴,最终出现绿柱时,说明市场开始进入短期的空头。由红柱收敛转为绿柱发散,空头突破了多空分界线,是空头的胜利。这个位置是无条件清仓离场的信号,如图 4-31 所示。出现绿柱时不一定要伴随成交量的放大,因为下跌并不一定需要成交量,尤其是发生在空头市场的红柱变绿柱,成交量一般没有明显变化。这里要提醒投资者，一般在顶部会有天量见天价的特征，放出历史巨量，可作为红柱缩头和红柱变绿柱卖点的可靠依据。

图中所示的清仓信号要比缩头卖点更可靠，红柱缩头是涨势减弱，而绿柱的出现是标志着跌势的开始，一波强劲的上涨中，可能发生多次红柱缩头卖点，而只发生一次红柱变绿柱卖点。

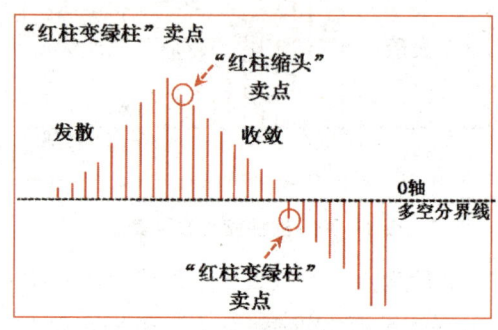

图 4-31　红柱变绿柱波段卖点

在个股浦发银行（600000）中应用 MACD 柱状线红柱缩头卖点和红柱变绿柱卖点进行波段操作，如图 4-32 所示。

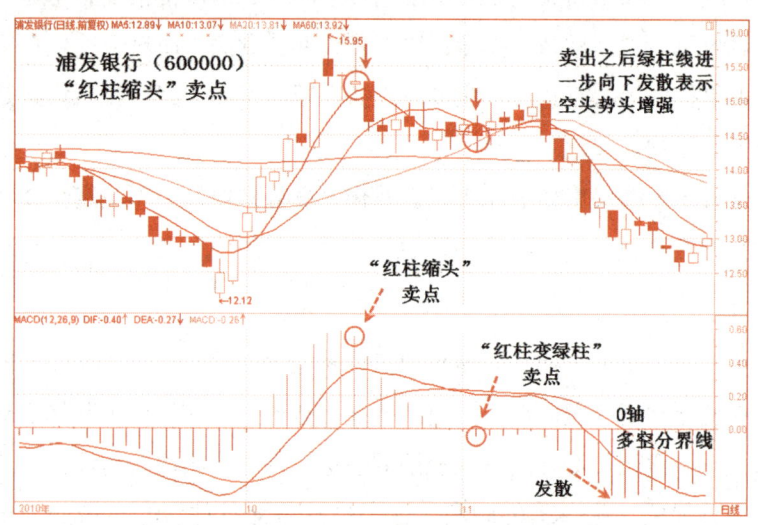

图 4-32　浦发银行（600000）红柱缩头卖点

图 4-32 显示的是浦发银行（600000）在 2010 年 9 月到 11 月的一段走势，从中可以看到，该股的 DIF 指标在 0 轴之上，表示市场是以多头为主。上涨的过程也是红柱线发散的过程，红柱线依次伸长，表示上涨动能不断增强，直到 2010 年 10 月 19 日，该股创出新高价 15.95 元，当天收出一个高开的阴线射击之星，这是我们讲到过的顶部反转形态之一，预示着可能短线见顶。下个交易日，红柱线达到最大值。第三天，到图中用圆圈标出的位置，红柱线发生明显的缩头，这里是红柱缩头卖点，根据经验这里一般是短期顶部，可以先出掉部分筹码保护一部分利润。

在减仓之后，红柱线不断缩短，直到图中第二个圆圈标出的位置，出现了第一个明显的绿柱，柱线体由 0 轴之上转入 0 轴之下，这里是红柱变绿柱卖点，是一个短线投资者可以清仓的卖点。在卖出后，绿柱线进一步发散，这是股票下跌的过程。从图中我们看到，这两个卖点很好地把握了一波行情的顶部卖出机会。

DIF 快线与 MACD 柱状线的应用总结

（1）当 DIF 线和 MACD 柱状线都在 0 轴之上运行时，说明市场是处于多头行情中，股价将继续上涨。当 MACD 指标在 0 轴之上经过短暂的调整后，红柱线再次发散时，中长线投资者可继续持股做多，短线空仓者可开仓买入。

（2）当 DIF 线在 0 轴之上而 MACD 柱状线在 0 轴之下运行时，说明市场处于中长期多头行情中，但中短期进入空头主导的市场，短线回调的可能在加大，短线投资者应离场观望。

（3）当 DIF 线和 MACD 柱状线都在 0 轴之下运行时，说明市场是处于空头行情中，股价将继续下跌，投资者这时应以持币为主，耐心等待空头行情的结束。

（4）当 DIF 线在 0 轴之下而 MACD 柱状线在 0 轴之上运行时，说明市场处于中长期空头行情中，但中短期进入多头主导的市场，短线反弹的可能在加大，短线投资者可轻仓介入。

第七节　市场多空强弱分析

多空转折点

"临界点"是一些投资者经过两三年的投资经历后会开始注意到的问题。我们说，市场的阴与阳、多与空是矛盾的统一体，两种力量此消彼涨，当两种力量达到平衡时就是处于临界状态，这时某一方稍强过另一方就会打破平衡，突破临界状态，这个平衡点就成了多空转折点。

前面提到过周期的概念，时间是连续的，这就构成无数个时间周期，无数个时间周期都有多空之间力量的较量。当多个时间周期同时达到临界点时，那么行情马上会有快速的波动。利弗莫尔说过，"价格总是沿阻力最小的方向移动"，一旦市场突破临界点，平衡被打破，很多投资者在一个短时间内达到短暂的共识，这时的突破是凌厉迅猛的。做对突破，盈利会快速增长，相反，做错突破，也会迅速陷入亏损，所以说，如果能把握好这样的转折点，总能找到"阻力最小的方向"，这就是做到了顺势。

《孙子兵法·势篇》写道，"故善战人之势，如转圆石于千仞之山者，势也"，意思是说，善于指挥军队作战所造成的态势，就如同将圆石从万丈高山滚下来那样，这就是所谓"势"。在投资中，普通投资者不能制造"势"，但能做到读懂"势"，借助"势"。在上涨"势"来的时候，要知道"有风驶尽帆"，做到让利润奔跑；在下跌"势"来的时候，要谨记"覆巢之下，安有完卵"，做到善于认错，耐心等待下次机会的到来。"顺势、扩利、止损"是在投资中胜出的不二法门。

多空转折点，一向是投资者们研究的重要课题，其可分为两类：

(1) 由空转多；

(2) 由多转空。

在 MACD 指标中，0 轴是多空分界点，DIF 线与 MACD 柱状线分别是中长期和中短期的参考指标，通过这三个方面的研究，就可以判断出市场的多空转折点。

由空转多

中长期价格趋势由空转多。

当DIF线在0轴之下，自下而上突破0轴时，即由负值转为正值时，中长期的价格趋势定义为由空转多，如图4-33所示。

图4-33所显示的是1 664点前后的中长期多空转折点。可以看出，当DIF线在0轴之上时，价格总是在中长线上涨或反弹中，当MACD柱线在0轴之下时（图中阴影部分），价格总是在中长线下跌或调整中。因此，中长线依据DIF线操作，能抓住大牛市的主升浪。

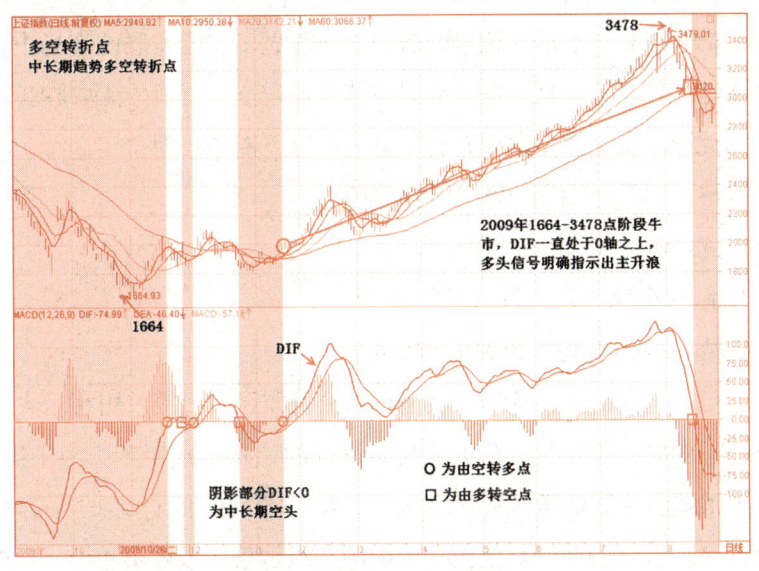

图4-33 中长期趋势多空转折点

中短期价格趋势由空转多。

当MACD柱状线在0轴之下，自下而上突破0轴时，即由负值转为正值，由绿柱线变为红柱线时，中短期的价格趋势定义为由空转多。当MACD柱线在0轴之上（红柱）时，价格总是在短线上涨或反弹中，当MACD柱线在0轴之下（绿柱）时，价格总是在短线下跌或调整中。因此，中短线依据MACD柱状线操作，能极大提高成功率。

由多转空

中长期价格趋势由多转空。

当 DIF 线在 0 轴之上，自上而下突破 0 轴时，即由正值转为负值时，中长期的价格趋势定义为由多转空，如图 4-33 所示。中长线依据 DIF 线操作，能回避大部分的下跌行情。

中短期价格趋势由多转空。

当 MACD 柱状线在 0 轴之上，自上而下突破 0 轴时，即由正值转为负值，由红柱线变为绿柱线时，中短期的价格趋势定义为由多转空。中短线依据 MACD 柱状线操作，能回避短线的调整行情。

由前面的多空转折点的讨论可以看出，在靠做多才能盈利的市场中，投资者应尽可能多地抓住多头行情，同时要尽可能地回避空头行情才能取胜。

我们因此可以依据多空原则把行情划分成以下四种类型：

A 类行情：DIF>0 并且 MACD 柱线>0

B 类行情：DIF>0 但 MACD 柱线<0

C 类行情：DIF<0 并且 MACD 柱线<0

D 类行情：DIF<0 但 MACD 柱线>0

投资者可以思考一下，这四种类型行情的操作风险回报效用相对大小，然后给它们排一下顺序。很显然，A 类行情是最好的，是中长期多头与中短期多头，一般为主升浪或者说波浪理论中的 3 浪；B 类行情是中长期多头中的短线空头，一般为上升浪之后的回调，是波浪理论中的某级别第 2 浪或第 4 浪；C 类行情是最差的，是中长期空头与中短期空头，一般为主跌浪或者说 C 浪中的下跌；D 类行情是中长期空头中的短线多头，一般为下跌浪之后的反弹，是波浪理论中某级别的 b 浪。

因此，从有利于做多操作获利的效用排序上来看，A 类行情应该排在首位，可能轻松盈利；C 类行情应该排在末位，盈利的可能性极小；B 类行情可以持股，但是不盈利；D 类行情可以轻仓操作，盈利也比较困难。对于中长线投资者来说，B 类行情效用大于 D 类行情；对于中短线操作者来说，D 类行情效用大于

B类行情。

对于中长线投资者来说，C、D类的行情都可以放弃，只把握住A、B类的行情就能取得不错的收益。下面我们统计一下，上证指数在2006年1月到2010年7月期间的A、B类行情区间，如图4-34所示，投资者可以通过下面的数据分析，认识到多头操作的重要性和实用性。

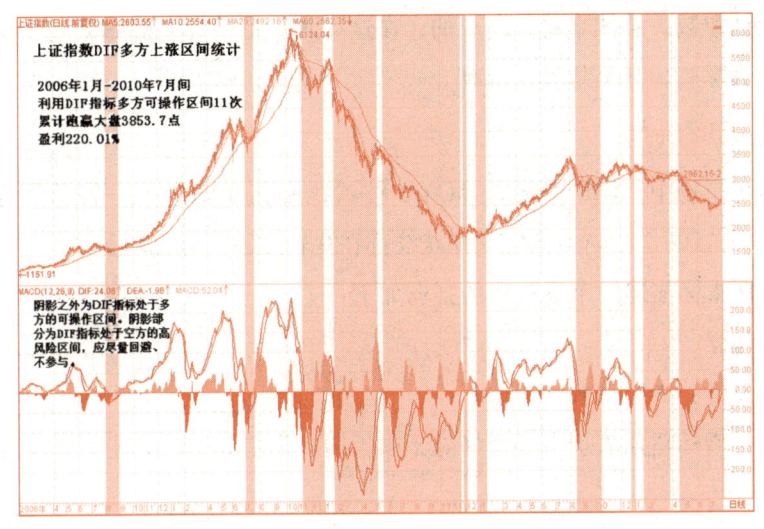

图4-34　上证指数DIF多方上涨区间统计

阴影部分表示DIF指标值小于0，即在0轴之下，市场处于空方。正常显示的部分表示DIF指标值大于0，即在0轴之上，市场处于多方。可以很明显地看出，正常显示的部分是做多的可操作区间（A、B类行情）；而阴影部分是以下跌和调整为主的高风险区间（C、D类行情），投资者应尽量回避这些位置，少参与甚至不参与。我们经常听说的"吃鱼吃鱼身，把头尾刺多的地方留给别人"就是这个道理。

根据数据统计，2006年1月到2010年7月，三年半的期间里，累计跑赢大盘3 853.70点，盈利幅度220.01%。也就是说，按照简单的DIF多空为依据操作，目前的大盘相当于在统计结束日2010年7月23日的2 572点再加上累计的跑赢大盘的点数3 853.70点，即6 425.74点的位置，盈利区间得到大幅提升。

投资做的是风险与回报的概率游戏，在高风险低回报的区间，一定要头脑清醒，比如前面讲到的 D 类行情，是长期空头中的短期空头，这样的行情一定要不参与。对于稳健的投资者来说，DIF 线在 0 轴下的机会都可以放过，虽然错过了一些机会，但从长期来看错过的会比做错的少，不参与是合理的。

这正是波段操作的真谛，避免下跌行情，只做主升行情。如果把图 4-34 中的阴影部分去掉，把其余部分 K 线拼接起来，那么，我们利用 DIF 区分可操作区间后的上证指数，总体来看是向上的，在这样几乎是绝对上涨的区间里操作，成功率会大大提高，甚至想亏钱都难。

市场强弱研判

在多头市场中，DIF、DEA、MACD 柱状线都在 0 轴之上，表示强势；而在空头市场中，DIF、DEA、MACD 柱状线都在 0 轴之下，表示弱势。

MACD 指标描述的市场价格的强弱如下：

指标超强

满足条件：DIF > DEA > 0

释义：指标超强表示市场价格处于中长期多头趋势中，可能形成凌厉的"逼空行情"。

指标强势

满足条件：DIF - DEA > 0（MACD 柱线 > 0）

释义：指标强势表示市场价格处于中短期多头趋势中，价格涨多跌少，通常是反弹行情。

指标弱势

满足条件：DIF - DEA < 0（MACD 柱线 < 0）

释义：指标弱势表示市场价格处于中短期空头趋势中，价格跌多涨少，通常是回调行情。

指标超弱

满足条件：DIF < DEA < 0

释义：指标超势表示市场价格处于中长期空头趋势中，可能形成"杀多行情"。

▶▶ 三分钟学会一招必杀技之四　上升通道是送钱行情

股价的波动具有趋势性，当股价每次波动的波谷都逐步抬高时，连接相邻的两个波谷就形成一条上升趋势线，上升趋势线对股价具有支撑作用，作为上升通道的下轨。用同样的方法，连接相邻的两个波峰形成上升趋势线的上轨。两条直线一般近乎于平行，价格处于通道上轨与下轨之间。

当股价突破上升通道上轨时，说明该股涨势增加，上轨变为支撑；当股价突破上升通道下轨时，说明该股涨势减弱，有继续下跌的危险，下轨变为压力。

波段操作者的主要利润来源于在上升通道中的操作，上升通道本身就是上涨趋势的最好表现。投资者应尽量做到，在上升通道中多持股，而在下降通道中空仓，始终站在上涨概率大的一方操作（见图3-35）。

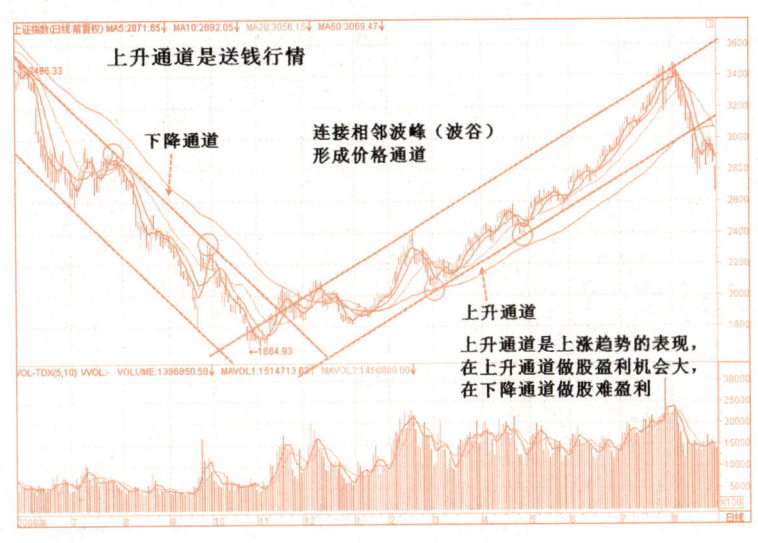

图4-35　上升通道是送钱行情

第五章

量价形态抓黑马

> 价格总是向阻力最小的方向发展。
> ——华尔街传奇大作手杰西·利弗莫尔(Jesse Livermore)

本章主要内容

第一节　量价本质

第二节　成交量的相关指标

第三节　量价形态

第四节　分时窗口中的秘密

三分钟学会一招必杀技之五　量价背离

第一节 量价本质

在股票交易中哪个指标是最重要的？当然是价格，投资者买入或卖出一只股票的时候，最关心的就是这只股票的价格趋势是在上涨还是下跌，这关系到最终是否能够赚钱。我们之前讲过的均线、K 线、MACD 指标都是由价格计算得来的。在技术分析之中，绝大部分的指标和分析方法也是以价格为分析对象的。那么，价格的背后又是什么呢？

记得很多年前，在和一位投资老手聊天时有一句话令人印象特别深刻，他说到"价格是量的堆积"。这句话之所以让人在很多年后还会记得，就是因为它总结出了价格与成交量的本质关系。

量就是指股票的成交量，指在一定时期内的成交数量，可以表示为成交手数，也可以表示为成交额。成交量指标如图 5-1 所示，该指标由成交量的柱状体、5 日移动平均线（MA5 均量线）、10 日移动平均线（MA10 均量线）三部分组成。

成交量和换手率直接体现了一只股票的活跃程度，在正常情况下，上涨的股票都是被很多人关注的股票，成交活跃，成交量大；而下跌的股票都是少人问津，成交惨淡的。

价格上涨的原因是，买盘数量多于卖盘数量，价格被买盘推高。市场中的投资者普遍预期价格还会进一步上涨，已经买入的投资者持股惜售，准备买入的投资者争抢筹码，市场中的股票供不应求，造成价格被买方不断买高的局面。价格下跌的原因是，卖盘的数量多于买盘的数量，价格被卖盘压低。这说明市场中的投资者普遍预期价格还会进一步下跌，持股的投资者竞相卖出手中的股票，观望的投资者又没有买入意愿，市场中的股票供大于求，这就造成价格被卖方不断卖低。因此说成交量是价格上涨的原动力。

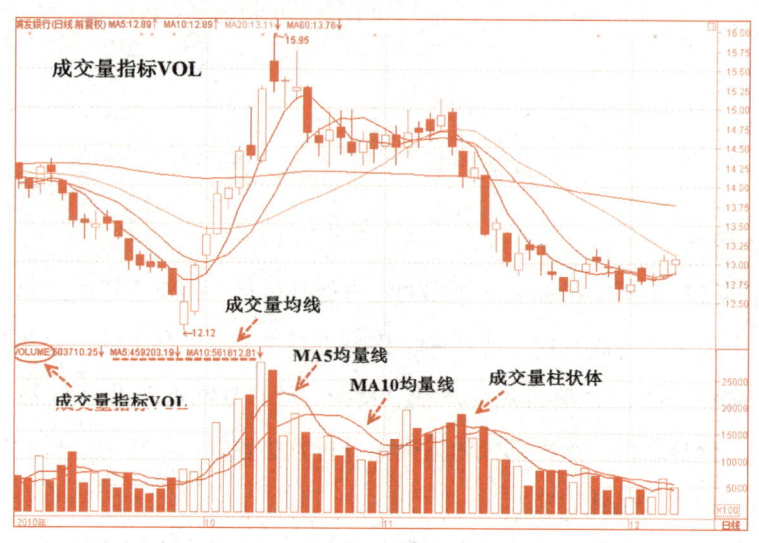

图 5-1　成交量指标 VOL

在股票的盘中交易过程中，有时候会遇到这样一种情况，股价瞬间被几张大单砸下很大的幅度，但马上就被很多张连续的小单给买回来，这就是说明被大单砸下去的低价是被市场不认可的价格，它偏离了市场的普遍预期，市场就像一张无形的手一样，在价格偏离"价值"的时候，会把价格纠正回来。这里的"价值"是指市场的普遍预期。这种情况在上涨时也会发生，尤其是在分时图中的开盘时间附近，还有在拉升波的顶部，都会产生价格快速且大幅度的波动，但当市场进入盘中交易阶段，价格就会因为多数人的交易而变得相对平滑很多。我们把价格瞬间发生的快速冲高和跌落称为价格"毛刺"，如果把这些"毛刺"放大时间比例观察，则会发现其中有很多的价格空档，这些价格空档是没有成交量的，也就是没有"量的堆积"，市场总会回过头来填补这些空档，这就产生了价格的回调。

因此说，没有"量的堆积"的价格是虚价，它不会维持很久，是靠不住的。只有用量把价格踩实而产生的价格才是实在的价格。"毛刺"发生在日线上时就会产生"缺口"和长上影线或下影线，这些位置的价格就不如 K 线的收盘价更真实。所以我们在画趋势线的时候主张用 K 线的实体作为连线的基准点。

与"量的堆积"密切关联的一个因素就是时间，识别真假突破的一个好办法就是看突破维持的时间，假突破是维持不了多久的。很多投资新手都容易受盘中冲高或回落时的剧烈波动所影响，这时就很容易做出错误的判断，因为价格的剧烈波动也反映了市场参与者情绪的剧烈波动。人在头脑发热的时候很难做出理智的决策。很多初学者往往会买在一波上涨的顶部，而卖在一波下跌的底部，市场好像故意与他作对一样，他自己都怀疑主力在监控他的一举一动，一旦他出手，市场就和他反向。犯这种操作失误就是因为追涨杀跌，追在了趋势的末端。而这些趋势末端很多是空涨空跌出来的，其波动特点是，波动速度快，且反向也快。而有经验的投资者，会等价格回调（反弹），或再次确认突破时再买入或卖出，这样做的目的就是给价格波动的时间，让量来填补空档，只做"实价"不做"虚价"。

在股市中流传着这样一句俗语：横有多长，竖有多高，很能说明"价格是量的堆积"的道理。

这句俗语的意思是说从K线图表上来看，股票的横盘震荡时间有多长，未来价格的上涨空间就会有多高。为什么这样说呢？因为横盘的过程就是价格在进行量的堆积的过程。当一只股票在底部完成长时间的调整之后，所谓的"主力"已经吸足筹码，而市场中的筹码会越来越少。很多在前一个循环上涨中被套牢的散户，经过长期震荡多数已经在底部进行了换手。这时市场成本已经趋于一致，都密集在长期横盘的低位，基本没有多少亏损盘。这个"量的堆积"的密集区就是铁底。

这时市场随时会向上突破，一旦向上突破，这些在部底部形成的"量的堆积"就会不断地向上换手转移，一直推高价格，目标位就是底部的横盘长度，因为量在横向上的堆积会随着价格的提高散布在纵向上，直到达到与原来横向长度相当的高度为止，到达目标位附近之后，底部的量已经被转移到了顶部，市场平均成本到达高位，市场转而下跌。

在价格的实际波动中，不会严格地按照这个目标位来上涨，但这句俗语已经很形象地说明了"价格是量的堆积"这样一个道理。

量价关系运用

量价理论最早出现在美国技术分析家葛兰碧（Joseph E. Grumille）所著的《股票市场指标》(*The Stock Market Indicators*)一书中。葛兰碧认为，成交量是股市的元气，成交量的变动直接表现股市交易是否活跃，人气是否旺盛，而且体现了市场运作过程中供给与需求之间的动态情况。成交量的增加或缩减都表现出一定的股价趋势。

葛兰碧认为成交量与股价趋势关系有如下一些规律：

（1）成交量扩大，股票随之上涨，这是市场行情的正常表现。成交量在低价位温和放量，股价逐渐上涨，说明价格上涨得到了成交量放大的支持，后市将继续看好。这种量增价涨的关系，意味着股价将继续上涨。

（2）在一个上涨波段中，成交量扩大，股价也随之上涨，而且突破前一波的高点，创下新高价并继续上涨，但是这一上涨波段的整体成交量水平却低于前一上涨波段的成交量水平。股价创出新高，但成交量却没有创出新高，这表明股价持续上涨没有得到成交量的支持，必定难以持久，因而后市不容乐观。

（3）股价随着成交量的递减而上涨，股票价格上涨，但成交量逐渐萎缩，表明买方力量在逐渐衰竭。成交量是股价上涨的原动力，原动力不足预示股价可能反转或进入盘整。

（4）有时随着缓慢递增的成交量，股价也逐步上涨，股价猛涨，成交量也放出巨量，股价持续拉升，随之而来的是成交量大幅萎缩，接着股价急速滑落，这种现象意味着涨势已到末期，上涨乏力，预示趋势有反转下跌的可能。

（5）股价走势因成交量的放大而上涨，这是正常现象，并没有特别暗示趋势反转的信号，应积极逢低进场。

（6）经过一段时间的长期下跌形成谷底之后，股价反转回升，但成交量并没有放大，然后股价再度回到之前的波谷附近，或高于谷底。当第二个谷底的成交量低于第一个谷底时，是股价见底反转上涨的信号。

（7）股价下跌了一段相当长的时间，出现恐慌性抛售，这时随着日益放大的成交量，股价节节败退，恐慌性抛售后，预期股价将企稳回升。恐慌性卖出所创的低价，不会在短期内跌破，这意味着熊市即将结束。

（8）股价节节败退，向下跌破趋势线或移动平均线，成交量同时放大，这预示大势不妙，应果断清仓出局。

（9）股价连续下跌之后，在低价区出现成交量增加，股价没有进一步下落，价格出现缓慢回升，可在这时适时参与，这预示着新一轮的行情即将展开。

投资者在操作过程中，熟练掌握上述成交量与股价的几种关系能提高操作胜率。

第二节 成交量的相关指标

在股票行情软件中，与成交量相关的主要指标有四个，它们分别是：成交量指标（VOL）、量比、换手率、内盘与外盘等。如图5-1和图5-2所示。

图5-2 成交量相关指标

成交量指标

成交量指标（VOL），是指个股或大盘的成交总手数，在形态上用一根柱状体来表示。左面的坐标值与柱线的横向对应处，就是当日当时的成交总手数。如当天收盘价高于当天均价，成交量柱呈红色；反之，成交量柱呈绿色。绿柱表示的是当天收盘指数是下跌的，红柱则表示当天是上涨的。VOL是成交量类指标中最简单、最常用的指标，它由成交量柱线和两条简单平均线组成。

成交量柱线直观地表示了成交手数的多少，可以直接看出与前几日成交量的差别。指标中的 MA5 与 MA10 是按成交量手数计算得出的平均成交量，与按价格计算出的均线有同样的用法。当短周期的 MA5 向上穿越长周期的 MA10 时，形成量均线的黄金交叉，说明市场处于放量阶段，如果是由阳量柱引起的则上涨的可能性较大；当短周期的 MA5 向下穿越长周期的 MA10 时，形成量均线的死亡交叉，说明市场处于缩量阶段，下跌的可能性较大。

我们常说"量在价先"，成交量往往先于价格形成关键的指标形态，比如有时在价格均线发生黄金交叉之前，成交量均线会提前发生黄金交叉；而在发生死亡交叉时，通常都是量在价先，这是因为最后一浪往往是缩量上涨的，量能先跟不上价格的上涨，由此引发上涨量能不足而价格紧接着下跌。

量比

量比是衡量相对成交量的指标。它是指股市开市后平均每分钟的成交量与过去 5 个交易日平均每分钟成交量之比。其计算公式为：量比 = 现成交量/（过去 5 日平均每分钟成交量 × 当日累计开市时间（分））。

量比这个指标所反映出来的是当前盘口的成交力度与最近 5 天的成交力度的差别，这个差别的值越大表明盘口成交越趋活跃。它是一个比值，由于不同股票的流通股本大小不同，行业属性不同，活跃度也不同，不同股票之间的可比性不大。它仅是反映某只股票当天与前五日相比，每分钟成交的活跃程度。

量比的数值越大，表明该股当日成交的资金越多，市场活跃度越高；反之，量比值越小，说明了资金的成交的越少，市场活跃度越低。当量比大于 1 时，说明当日每分钟的平均成交量大于过去 5 日的平均值，交易比过去 5 日活跃；当量比小于 1 时，说明当日成交量小于过去 5 日的平均水平。

一般来说：

量比为 0.8~1.5 倍，则说明成交量处于正常水平；

量比在 1.5~2.5 倍之间则为温和放量，如果股价也处于温和缓升状态，则升势相对健康，可继续持股，若股价下跌，则可认定跌势难以在短期内结束，从量的方面判断应可考虑止损退出；

量比在2.5~5倍，则为明显放量，若股价相应地突破重要支撑或阻力位置，则突破有效的几率提高，可以相应地进行买入操作；

量比达5~10倍，则为剧烈放量，如果是在个股处于长期低位出现剧烈放量突破，涨势的后续空间巨大，是"钱"途无量的象征。但是，如果在个股已有巨大涨幅的情况下出现如此剧烈的放量，则值得高度警惕。

量比达到10倍以上的股票，一般可以考虑反向操作。在涨势中出现这种情形，说明见顶的可能性很大，即使不是彻底反转，至少涨势会休整相当长一段时间。在股票处于绵绵阴跌的后期，突然出现的巨大量比，说明该股在目前位置彻底释放了下跌动能。

涨停板时量比在1倍以下的股票，上涨空间无可限量，第二天开盘即封涨停的可能性极高。在跌停板的情况下，量比越小则说明杀跌动能未能得到有效释放，后市仍有巨大下跌空间。

换手率

换手率指在一定时间内市场中股票转手买卖的频率，是反映股票流通性强弱的指标之一。

换手率的计算公式为：换手率 = 某一段时期内的成交量/流通总股数 × 100%

通常大盘股的换手率较低，像中国石油、中国银行、中国中铁等，它们的流通股本都在百亿元以上，这种权重股的单日换手率很难高于1%，主要是由于它们股本太大造成的。

一般情况下，大多股票每日换手率在1%~2.5%（不包括上市新股）。大多数股票的换手率基本在3%以下，3%就成为一个分界线。

当换手率在3%~7%之间时，该股进入相对活跃状态。

当换手率在7%~10%之间时，则为强势股的出现，股价处于高度活跃当中。

当换手率达到10%~15%时，该股处于顶部上升浪中，如果是较大股本的股票，比如流通股本在3亿~10亿股的股票，当换手率高于10%时很可能离见顶不远了。

当换手率超过15%换手率时，需要格外地谨慎操作，能达到15%之上的，一般是股本在两三亿股之内的中小盘股，高换手率意味着股票进入了疯狂的冲顶阶段，市场分歧加大，而上涨空间已经有限。当连续出现高换手率之后，出现大实体的阴线时，适当降低持仓或清仓为宜。

对于多数股票来说，当换手率高于10%时，都到了异常活跃的程度。这时可以结合K线顶部反转形态来识别可能反转的标志，比如第三章讲过的吞没形态、长腿车夫、乌云盖顶等都是在高换手率时常见的反转K线形态。

换手率超过20%是很少见的情况，除非是被疯狂炒作的有很大利好的个股。比如2008年的一些奥运概念股，当年上涨时的换手率平均达到20%以上，甚至达到过30%以上。

通常来说，还是选择温和放量的股票比较适合波段操作，换手率在3%~7%之间为宜。对于像券商、科技、有色金属、能源、地产等行业的股票，容易产生黑马股，由于一般股本都较大，可以选择同板块中股本较为适中的优质股票进行操作。

图5-3中是西部矿业（601168）在2010年9月到11月的行情图，从图中可以看到，量金叉与价金叉发生在同一K线上，这里可以作为很好的买入机会。买入之后不久，该股走出了连续阳线的走势，图中标出了连阳中的第一根阳线的换手率为3.33%，该股进入了相对活跃期，此后连续的温和放量，说明上涨趋势相当稳健，直到最后一根阳线达到这一波上涨的最大量，当天的换手率是8.86%，这已经是一个相对高的换手率了，西部矿业的流通股本是23.8亿股，是有色金属板块中流通盘较大的股票，换手率能达到7%以上已经能算是高换手率。在此之后，该股发生了量死叉，股价没有明显下跌，但已经看出量能不足，明显出现了滞涨情况。在最后一次上冲创出最高价23.30元的当天，换手率高达11.29%，收盘的K线形成了一个乌云盖顶的反转形态，当天走出巨量阴线，是明显的见顶标志，对于短线投资者来说，在这一天就可以开始考虑卖出了。果然，之后是连续的阴线，形成了价死叉，最终形成了短期的顶部。

以上这个例子中，从成交量温和放大到缩量上涨，最后到放量下跌，是一个股票量价配合的经典走势。

换手率是比量比更重要的关于成交量的指标，它更能说明股票的活跃程度，当股票连续放量时，量比的参考价值就会降低，而换手率却能一直发挥作用。

在股票分析中，换手率有如下意义：

（1）股票的换手率越高，意味着该股的交投越活跃，人们购买该股的意愿越高，属于热门股；反之，股票的换手率越低，则表明该股交投清淡，少人关注，属于冷门股。

（2）换手率高一般意味着股票流动性好，进出市场比较容易，不会出现想买买不到、想卖卖不出的现象，具有较强的变现能力。然而值得注意的是，换手率较高的股票，往往也是短线资金追逐的对象，投机性较强，股价起伏较大，风险也相对较大。

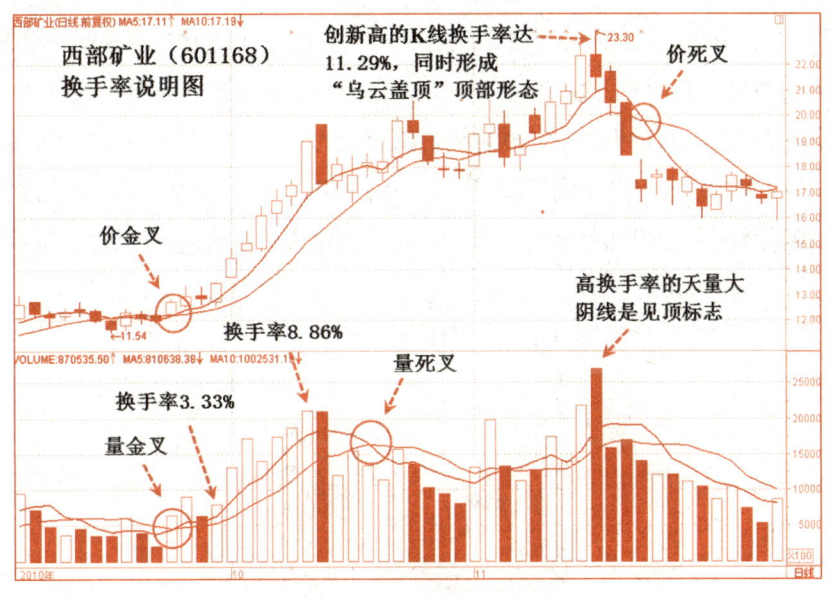

图5-3　西部矿业（601168）换手率说明图

（3）将换手率与价格相配合分析走势，可以提高对未来行情判断的准确率，当某只股票的换手率突然增大，而价格同时上涨时，说明量价配合良好，有大资金买入，短线上涨的可能较大。

（4）在上升波段的高位，股票突然放出历史上的巨量，则说明有资金出逃，这时往往有利好消息的配合,通常会出现反转 K 线形态作为识别顶部的标志。

(5) 新股上市的高换手率并不少见,通常新股在上市首日换手率都在 60% 以上,在前几个交易日的换手率也保持在 20% 以上,但这并不能作为即将上涨的信号。

(6) 经过长期底部震荡之后,温和放量的股票应多加关注,在走出下降通道之后,出现高换手率的股票,说明有主力资金介入,上涨空间较大,而风险相对较低。

内盘与外盘

内盘与外盘是盯盘中常看的一个与成交量相关的指标。

内盘是指在成交量中以主动性叫卖价格成交的数量,所谓主动性叫卖,即在实盘买卖中,卖方主动以低于或等于当前买一的价格挂单卖出股票时成交的数量,显示空方的总体实力。常用绿色的 S 显示,是人们常说的抛盘,如图 5-4 所示。

外盘是指在成交量中以主动性叫买价格成交的数量,所谓主动性叫买,即在实盘买卖中,买方主动以高于或等于当前卖一的价格挂单买入股票时成交的数量,显示多方的总体实力。用红色字母 B 显示,是人们常说的抢盘,如图 5-4 所示。

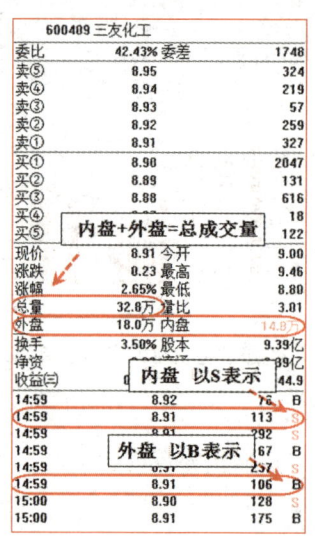

图 5-4　内盘与外盘示例

外盘和内盘相加为成交量。人们常用外盘和内盘来分析买卖力量哪方占优势，来判断买卖双方的力量强弱。正常情况下，在股票下跌时，内盘大于外盘，说明主动卖盘数量多于主动买盘数量；在股票上涨时，外盘大于内盘，说明主动买盘数量多于主动卖盘数量。但有时主力利用对倒盘来迷惑看盘者，这对于波段操作者来说影响不大，如果只根据日线上的收盘价来进行操作的话，可以说几乎没有影响。

外盘与内盘的计算是根据股票软件中每次刷新时最后一刻的报单统计的，比如通常的股票软件是 4~6 秒刷新一次成交，以 6 秒为例，如果某只股票在这 6 秒内的前 5 秒分别以"买一"价格 20.10 元成交 10 手，以"卖一"价格 20.12 元成交 20 手，但当第 6 秒时最后一手是以"卖一"价格 20.12 元成交了 1 手，那么最后显示在软件上的就是在"卖一"价格 20.12 元成交了 31 手，并且全部被计入了外盘。显然这样的统计会有误差，这也是主力在做假盘口时可以利用的一点。我们把这项指标可以作为一个在分时图上操作时的参考之一。

第三节　量价形态

"量价齐涨"是多数投资者都知道的量价配合的经典形态，这也是量价同向运动的常见上涨形态。在实际操作中，成交量与价格不只有同向运动，还会有反向运动。同向运动是常规的形态，反向运动预示着市场即将发生转向。

在股价上涨和下跌中，成交量都会有自己的运行特点，一个完整的上涨和下跌循环，一般会经历以下五个阶段：量增价平—量增价涨—量缩价涨—量增价跌—量缩价跌。

量增价平

量增价平指当个股或大盘的成交量增加时，价格却维持在一个范围内上下波动的量价配合现象。这种现象可能出现在上涨波段中的各个阶段，也可能出现在下跌波段中的各个阶段。值得注意的是，当股票经过较长时间的下跌之后，在低位的一个区间震荡时，如果发生量增价平的现象，则极有可能是有主力资金在低位收集筹码，价格在低位经过充分换手之后，上涨空间十分可观。

量增价涨

量增价涨是指当个股或大盘的成交量增加时，股价也相应地上涨，形成量价齐涨的量价配合现象。这种现象多数发生在上涨初期，也有少数发生在上涨中期。放量上涨表示市场中的投资者普遍看好后市，市场成交开始活跃起来，多头力量不断推高价格。在波段操作中，量增价涨时，股价都会站上黑马线（MA10均线），这是市场转强的信号之一，这时是买入时机。

量缩价涨

量缩价涨是指当个股或大盘的成交量减少时，股价继续上涨的一种量价配合现象。这种现象多数发生在上涨波段的末期，偶尔发生在下跌反弹中。缩量上涨一方面表示在波段高位的换手开始降低，另一方面也说明，在高位入市的资金量已经开始减少，但持股者还没有大举卖出的意愿，后市仍旧被看好。这种情况会一直延续到一些先知先觉的大资金开始在高位大量卖出为止，上涨波段以放量下跌终止。

量增价跌

量增价跌是指当个股或大盘的成交量增加时，股价反而下跌的一种量价配合现象。这种现象多数发生在下跌波段的初期，极少数会出现在上升波段的初期。放量下跌表示市场投资者多数开始看淡后市，在高位大量套现，空头力量不断压低价格。这时往往会形成剧烈的价格波动，主力资金借机在高位通过高换手来出货，这样就会形成顶部反转的K线形态，像我们讲过的如吞没形态、射击之星、乌云盖顶等，这时是卖出机会。

量缩价跌

量缩价跌指当个股或大盘的成交量减小时，股价继续下跌的一种量价配合现象。这种现象多数发生在下跌波段的中期，也会发生在上升波段的回调中。量缩下跌就是常说的阴跌，这在一波大牛市之后会持续很长的时间，在下跌中的抄底资金不断陷入被套的境地，市场成本始终在价格之上，稍有反弹就会有资金给卖压下去。这种阴跌直到市场的空头能量被完全释放为止，这时股票开始震荡筑底，先知先觉的资金会慢慢建仓。在低位市场交投清淡，换手率低，所以筑底会花费很长一段时间，等高位的套牢筹码在低位经过充分的换手之后，市场会进入下一轮的上涨循环。

图5-5显示的是深证成指（399001）在2006年2月到2009年7月的月线图，图中的每一根K线表示一个月的收盘情况。从这幅图中可以看出深证成指的大趋势，观察它的量价形态同样会符合我们讲的量价关系。这对判断大势很有益处。

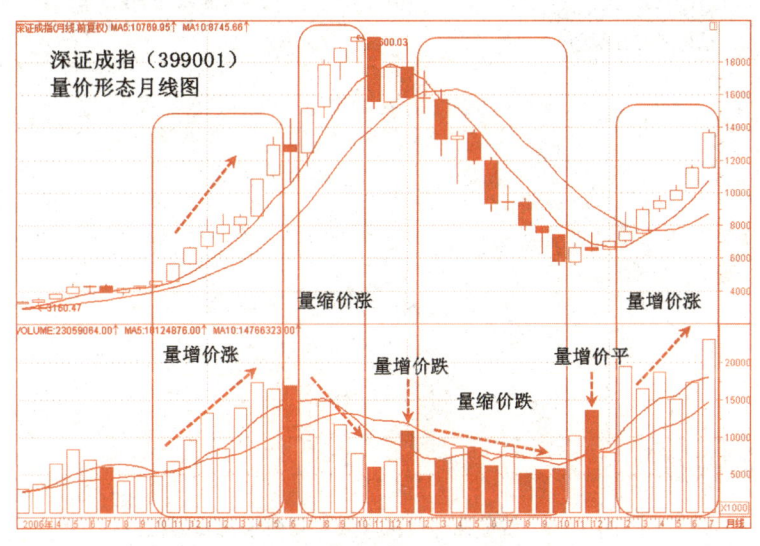

图5-5　深证成指（399001）量价形态月线图

图中的第一个方框中，是量增价涨阶段，在2007年6月收了阴线，之后有四个月处在量缩价涨之中，直到2008年1月出现了量增价跌的一根月K线，这表示长期趋势极有可能发生反转，多数股票开始在顶部大量出货，果然之后从2008年2月开始进入了大熊市，开始了量缩涨跌阶段，这个阶段就是阴跌阶段，成交量减少，指数不断降低。直到2008年12月，出现了量增价平的一根月K线，这里预示着大势很有可能向上反转，有大资金在底部抄底，实际上在当时，国家出台了一系列经济刺激政策,开始执行宽松的货币政策,整个市场就是在那时候见底的。之后指数再次进入量增价涨的循环之中。

图 5-6 显示的是个股皖通高速（600012）在 2010 年 9 月到 11 月期间的量价形态日线图。从图中可以看到,在个股中,经典的量价关系同样适用。在前期出现了一根量增价平的日 K 线,在这个位置成交量开始增加,而价格并没有明显的上涨,而是在底部区间波动,这里是买入机会。从图中也可以看出,在这根放量的 K 线发生时,成交量的 MA5 线与 MA10 线也同时发生黄金交叉,而在 K 线图中,价格的 MA5 与 MA10 线也已经发生了黄金交叉,而且价格也站上了黑马线,三种技术指标相互验证了买点的可靠性。

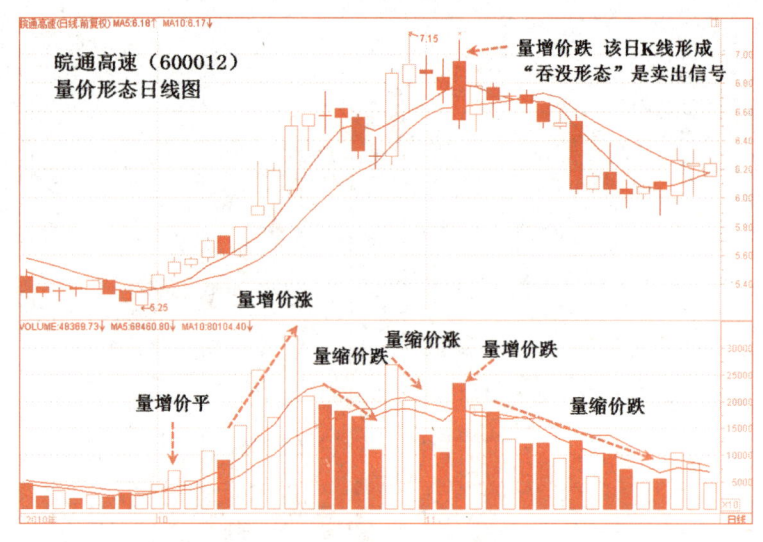

图 5-6　皖通高速（600012）量价形态日线图

在此之后,进入量增价涨的阶段,说明市场进入交投活跃期,黑马线保持向上的趋势。这之后,该股发生了一次回调,符合量缩价跌形态,说明量价配合良好。在连续的四根阴线之后是两根相对于前面上涨成交量是减少的缩量阳线,这是明显的量缩价涨形态,预示着这一波上涨动能减小,主力可能已经在暗中开始出货。在此之后,该股走出了连续三根阴线,第三根阴线放出了这波上中最大的阴量,符合量增价跌的量价形态,同时从 K 线上来看,也形成了吞没形态,这是顶部反转形态,是卖出信号。这样的走势表明,主力资金已经不顾破坏股价的上涨形态，无所顾忌地疯狂出货。后面该股进入缩量价跌的阴跌阶段，到此一波整的上升波段已经结束。

第四节 分时窗口中的秘密

在日线图上，成交量与价格表现出特定的形态特征，这些形态特征同样也会出现在更短周期的图表之中。比如在 60 分钟、30 分钟或 15 分钟周期的 K 线图中都可以应用量价关系来分析行情走势。需要注意的是，技术分析所用的时间周期越短，其可靠性越低，时间周期越长可靠性越高。理由很简单，比如一个交易日内有 240 分钟，如果用 30 分钟周期 K 线来分析走势，那么在 30 分钟内的一个量价齐涨形态，可能只是说明一天之中的某两三个小时处于强势之中，而从日线上来看，可能只是下跌趋势之中的一根反弹阳线而已。

短周期分析应该以长周期作为背景，在长周期 K 线图趋势良好的前提下，再从短周期入手，找具体的买点与卖点。当长周期与短周期达到共振点的时候，就是最佳的操作机会。

当日线上走好，处于买点时机之中时，通常都是在分时图上找细化的买点。分时图如图 5-7 所示。分时图是看股价实时波动的窗口，从中可以看到一白一黄两条价格线。白线表示的是实时成交价，它是用每分钟的最后一笔成交价连结而成的；黄线表示的是实时的成交量加权价格，它把每分钟的成交量与价格进行加权平均计算，黄线也被看作是一天内的平均成本线。

每一笔分笔刷新数据都表现在分时价格线上，那么如何确定具体的买入点和卖出点呢？

想要使买入的成功率提高，需要格外关注分时图中黄线和白线的位置关系。黄线是平均成本线，能反映出当天平均成本的变化情况，当白线在黄线之上运行时，表示市场的平均成本在价格之下，黄线对白线有支撑作用；当白线在黄线之下运行时，表示市场的平均成本在价格之上，黄线对白线有压力作用；可以把黄线看作白线的"价值"，黄线对白线有吸引作用。

白线和黄线的关系与均线和 MACD 指标中讲到的快线与慢线的道理相似，快线带动慢线，慢线吸引快线。当快线与慢线发生黄金交叉时是买入机会，当快线与慢线发生死亡交叉时是卖出机会。在目前国内股票 T+1（当日买入，次日才能卖出）的交易制度下，受制度所限，不适合做太短线的操作，我们在分时图中找的买点一定是在日线上或大周期上已经是买点的时间窗口之内。

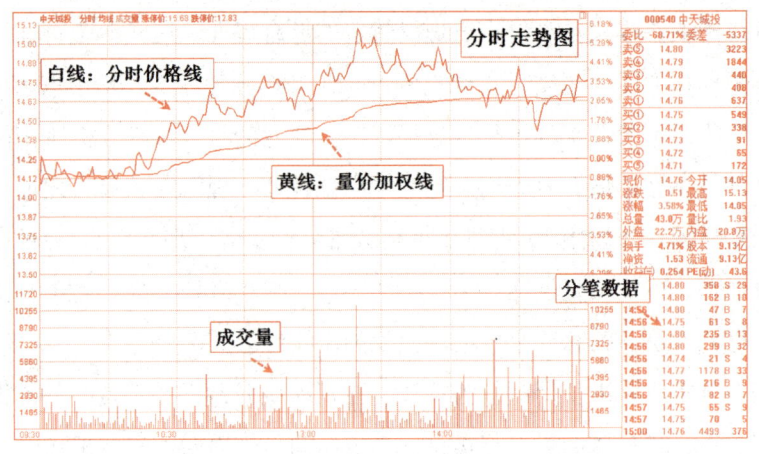

图 5-7　分时走势图

在分时图中，健康的上涨走势有如下特征（见图 5-8）。

(1) 黄线方向向上；

(2) 白线大部分时间运行在黄线之上；

(3) 白线逐波攀升，每波拉升的波谷和波峰都高于前一波的波谷和波峰；

(4) 拉升时量价齐涨。

分时买入策略：

(1) 分时图走势满足健康的分时上涨特征；

(2) 在白线在波谷处，方向向上时买入；

(3) 建议分批买入，把收盘前作为一个买入时点。

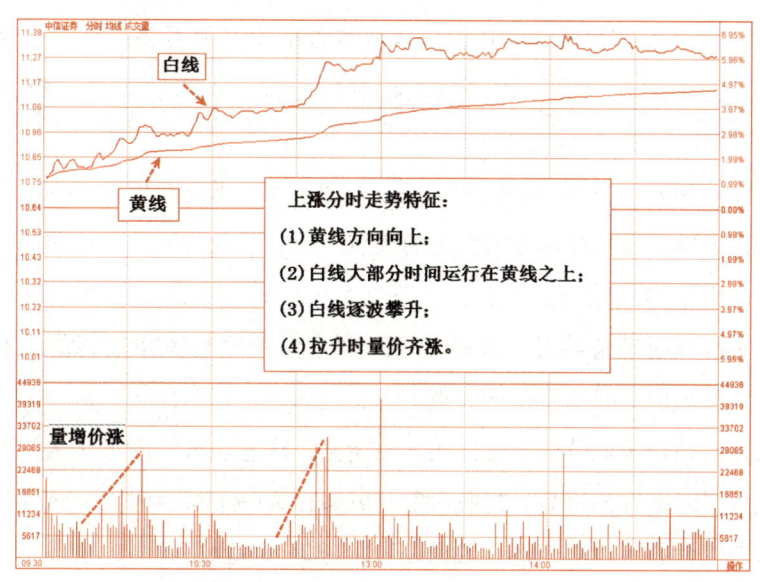

图 5-8 中信证券（000540）上涨分时走势特征图

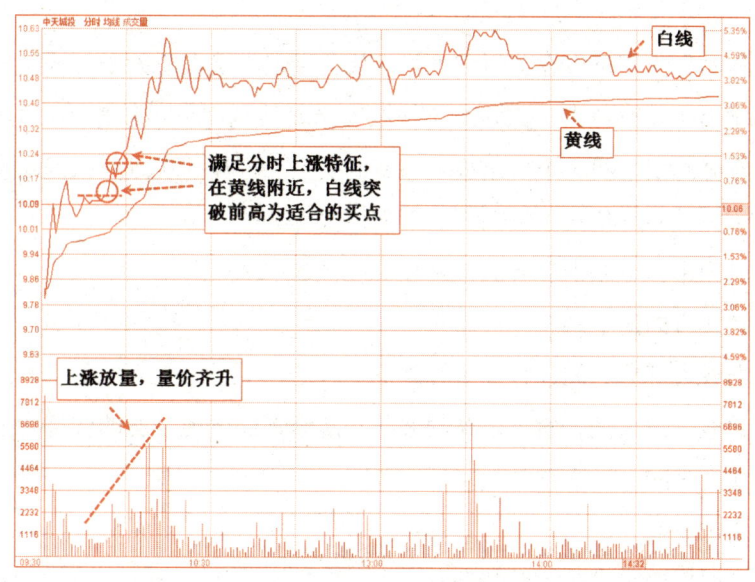

图 5-9 中天城投（000540）分时图上的买点

图 5-9 显示的是个股中天城投（000540）在 9 月 30 日的分时走势图，当时黑马线 MA10 方向向上，均线 MA5 与 MA10 已经发生黄金交叉，处于买入时

间窗口内。如果投资者在这时还没买入或准备加仓，就需要找到一个相对高效的买入点。这个买入点应该满足短线相对低位，买入后股价具有很大的上涨可能。

从该股（000540）的分析图中看到，开盘虽然是低开，但这时在大周期的买入时间窗口之内，要找的是分时线上的买点。当日开盘后不久，该股的价格线白线就带动量价平均线黄线向上移动，等开盘走势稳定之后，该股出现了放量上涨，符合上涨分时走势特征。在高于前一日收盘价之后，并且离黄线不远的位置，当白线突破前高时是合适的买点。

在买入时最好采取分两至三次买入的策略，注意在黄线附近买入，如果在黄线之上太远买入则容易追高；把收盘前三分钟作为一个买入时点，这样如果第二天有异常的变盘，可以卖出部分股票，可以避免一些盘中发生的变盘情况，如果全部重仓在开盘买入，遇到下午变盘的情况时，则只能眼看着陷入亏损的被动局面。

用同样的方法，可以在分时图上找具体的卖点。卖点应处于日线图或更大周期图中的卖出时间窗口内。比如当价格跌破黑马线的时候，已经可以短线卖出，这时可以在分时图上找一个卖出成功率高的卖点。这样的卖点应该满足在短期内的平均高价位，并且价格继续向下的可能性很大。

在分时图中，下跌走势有如下特征（见图 5-10）。

（1）黄线方向向下；

（2）白线大部分时间运行在黄线之下；

（3）白线逐波降低，每波下跌的波谷和波峰都低于前一波的波谷和波峰；

（4）成交量减小，下跌放量。

分时卖出策略：

（1）分时图走势满足下跌特征；

（2）在白线在波峰处，方向向下时卖入；

（3）分批卖出，在黄线附近，并且向下突破前低时是较好的卖出点。

图 5-10 是中信证券在 2010 年 11 月 12 日的分时走势图，从日线上来看，

当天已经是上升波段高位回落之后,处于黑马线 MA10 之下的卖出时间窗口之中,如果在这时还持有股票,短线来说上涨的机会已经很小,最佳的选择就是找一个相对较好的卖点。

在图中可以看出,当天一开盘就开在昨日收盘价之下,是一个低开,低开后不久,白线价格线就开始带动黄线进一步下降。在卖出时间窗口之中,这时要考虑该股有进一步深跌的可能,需要考虑卖出操作。当天价格线有两次向上的反弹靠近黄线,图中用圆圈标示的位置,这两个位置符合共同的特点,就是满足下跌分时特征,并且在黄线之下,白线跌破前低,因此说,这两个位置是卖出时间窗口内的短线优选卖点。该股在下跌中一直受到黄线的压制,下跌放量是行情转坏的明显特征。

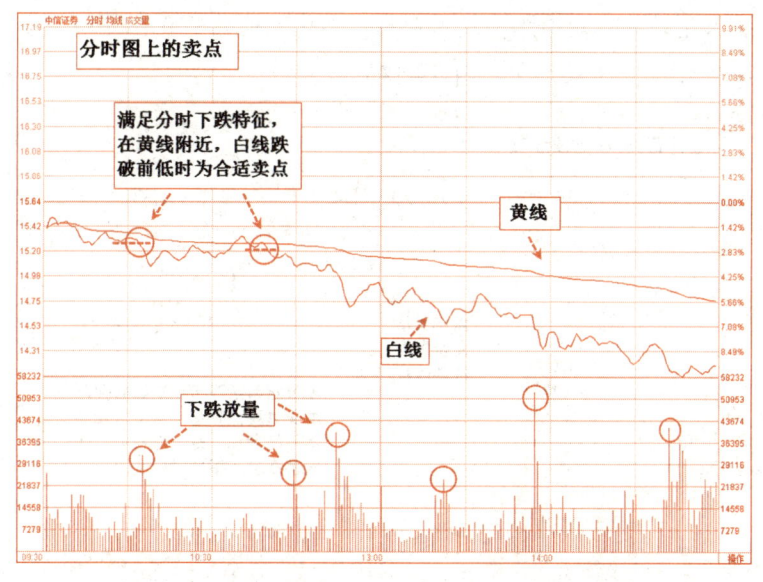

图 5-10　中信证券（600030）分时图上的卖点

▶▶ 三分钟学会一招必杀技之五　量价背离

　　量价背离经常出现在波段顶部，是指在股价经过一段时间上涨之后，在高位出现的，当股价创出新高时，成交量反而萎缩的量价关系。量价背离可作为识别顶部反转的有效图形特征，当股价跌破支撑位时应果断离场。

　　量价背离在波段底部也可以使用，但需要与其它技术方法配合使用，尽量不要在下跌趋势中操作股票。当股价经过较长时间下跌之后，继续创出新低，成交量反而较前波下跌时有所增加，这说明有先知先觉的大资金在进场，投资者在这时可以轻仓进行试探性买入（见图5-11）。

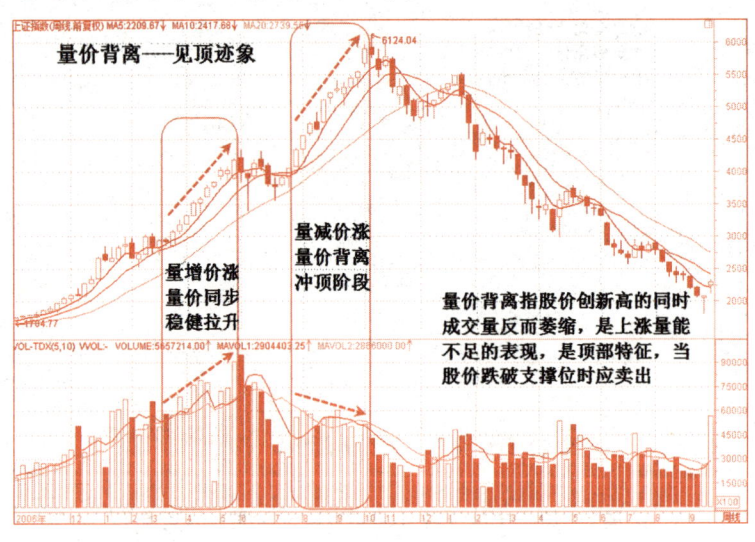

图5-11　量价背离——见顶迹象

第六章

黑马K线图谱

> 你几时知道自己是个优秀的交易者了？当你毫无例外的对赢利仓位加码的时候。
>
> ——传奇债券交易员·D.查理

本章主要内容

第一节　起涨点——买点

第二节　多空临界点——卖点

第三节　左侧交易与右侧交易

第四节　经典图谱

三分钟学会一招必杀技之六　天量阴线

第一节　起涨点——买点

买了就涨是所有投资者都想达到的目标，这样的高胜率买点我们之前已经介绍了很多种，包括以均线、裸 K 线、MACD 指标、量价关系等四大技术方法为依据的买入点。把这些方法都摸透了之后，投资者会发现其中会有共通之处，方法只是用来发现价格本质的工具，本质是客观存在的，本节将从买点的内在特性上来总结各种方法买点的共性。

为什么有些买点容易上涨，成功率较高，而有些买点难于上涨，成功率较低呢？

这要从价格内在动能上说起，股价上涨，不管是强劲拉升，还是平稳上涨，从根本上说都是由于买盘大于卖盘引起的，简单来说就是买的比卖的多。长、中、短各时间周期的投资者都看好的买点是"共振"点，这样的买点位置是所有操作风格资金的共同关注点，上涨的可能性极大，我们称之为"起涨点"。我们之前讲过的四大技术方法，是从图形上来识别那些各个时间周期内的起涨点，因为技术的形式不同，算法不同，因此会造成一些小的误差，但基本不会错过起涨点的时间窗口。起涨点不是唯一的一档价格，它可以是一个低价区间，也可以是一个时间段。

正确地运用共振是提高操作成功率的关键点之一，共振可以指多时间周期的共振，也可以指多种技术方法的共振，多种技术方法互相验证的一个买入位置就是高胜率的买点。比如用双均线交叉方法（系统）和 MACD 方法（系统）共同判断出来的买点，因为两种买入方法不仅包含了价格因素，也由于两种方法的时间中使用了不同的时间周期，因此又同时包含了时间因素，这样两种方法判断的买点一定比普通的单一方法判断的买点更可靠。有经验的投资者会想到，如果再加上量价关系，则更能加大成功率。确实如此，时间、空间、价格、成交量和心态，就组成了常说的"时空价量人"五大要素。越能合理地对它们进行综合运用，就越能提高自身的投资水平。

黑马线与 MACD 指标判断起涨点

我们回顾一下黑马线（MA10）和 MACD 指标运用方法中的两个要点：

黑马线是黑马股的生命线，当股价在黑马线之上运行时，表示该股在短线支撑位之上，当黑马线方向向上，并且股价也在黑马线之上时，说明该股处于强势上涨之中。

MACD 指标的快线 DIF 在低位由下向上穿越慢线 DEA 时被称为黄金交叉，表示短线多头占优势；当快线 DIF 在高位由上向下穿越慢线 DEA 时被称为死亡交叉，表示短线空头占优势。

作为黑马线的 10 日均线是按最近 10 个交易日的平均收盘价格计算得出的，MACD 指标是由 12、26、9 日收盘价格经过 EMA 算法得出的，两种指标的算法覆盖了不同的时间周期，当用两种方法同时判断出符合条件的买点时，无疑是共振的起涨点。

我们看一个在个股绿大地（002200）上找共振起涨点的实例，如图 6-1 所示。

图 6-1 显示的是绿大地（002200）在 2010 年 7 月到 9 月期间的走势图，从图中可以看出，在前期该股率先站上黑马线，而这时的 MACD 指标处于绿柱线的收敛之中，这时还没达到 MACD 指标的黄金交叉买点，直到 7 月 22 日，图中用 A 标注的圆圈位置处，当天该股继续在黑马线之上，同时 MACD 指标的快线与慢线也发生了黄金交叉。这个位置无疑是一个共振点，是一个高成功率的买点，当天收盘价是 20.65 元。

投资者可以把止损位设置在这一小波上涨的最低价附近，这个最低价是 7 月 16 日的 19.39 元。设止损位的目的是，事先计划好万一出现亏损认可小亏出局的位置，这样小亏的操作也是正确的操作，它是波段盈利的成本。相对于大波段来说，这样的成本是值得的。影响投资利润的一个关键是盈亏比，投资者需注意用小成本赢得大收益的方法。

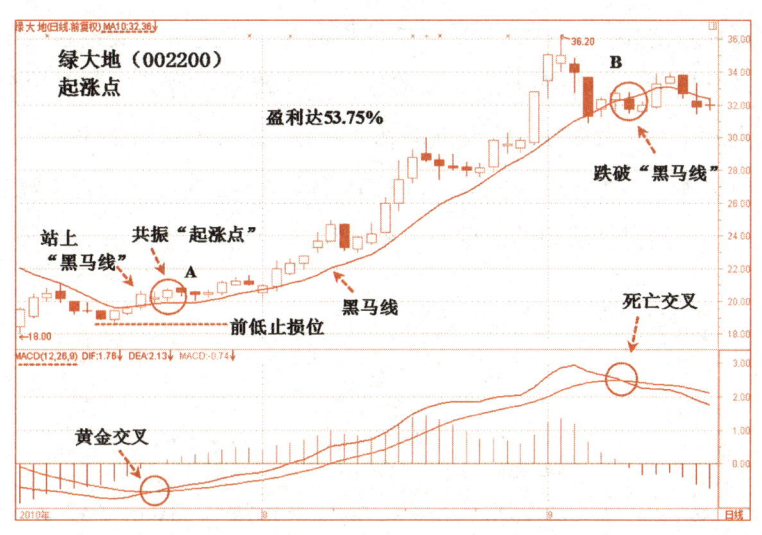

图 6-1　绿大地（002200）起涨点

止损位设好并买入之后，该股的黑马线向上表示处于强势上涨之中，DIF 线也在不久之后向上突破到了 0 轴，说明多头力量占优势。这种强势一直延续到了 9 月 9 日，该股当天跌破了黑马线，MACD 指标也同时产生了死亡交叉，两种方法都指示出了卖点，这是一个卖出的共振点，见图中用 B 标注的圆圈位置处，卖出价位是 31.75 元。

这样，就完成了利用黑马线和 MACD 指标两种方法找共振买点的波段操作，这一波的盈利幅度达 53.75%，可谓获利丰厚。

均线、MACD 与成交量判断起涨点

为了便于说明，图 6-2 选用的仍是绿大地（002200）在 2010 年 7 月到 9 月期间的走势图。图中分别标注了和图 6-1 相同的两个位置，它们是第一次站上黑马线的位置，还有利用黑马线和 MACD 指标判断的共振买点 A。

这次除了黑马线和 MACD 指标还加入了成交量指标，从图 6-2 中，可以看出，买点 A 之后量是处于缩量状态，前期最高的成交量出现在该股站上黑马线当天，说明是一个有量的突破。如果继续上涨，无疑当成交量突破前高之后更具说服力，这个位置正是图中显示的 C 位置。在这个位置，黑马线和 MACD 指标都

在买入时间窗口之中,并且成交量突破前期高量,发生了成交量均线的黄金交叉,这样就又增加了一个强力的买入依据。C处就是三种方法判断出的共振买点,该买点发生在8月2日,收盘价是20.94元,比图6-1中的买点20.65元稍有提高,但更加大了上涨的可能性。从图中可以看到,此后该股再也没有低于C处的收盘价位,这是波段中的最后一个相对低位。

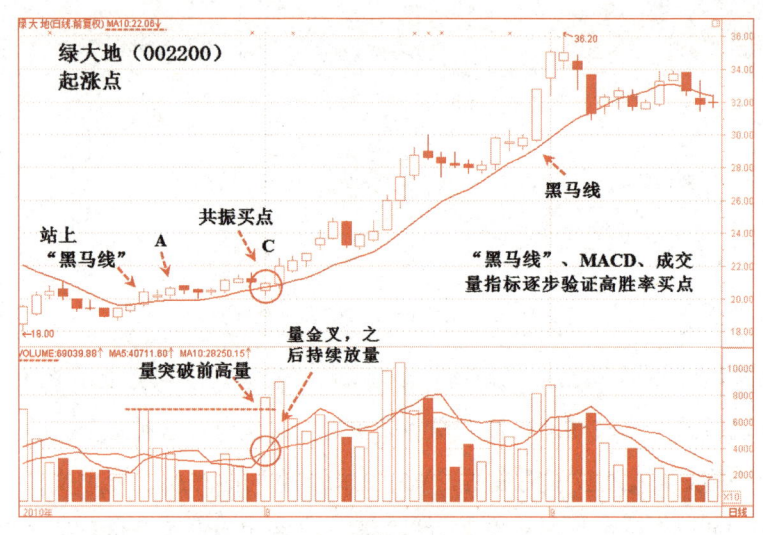

图6-2 绿大地(002200)起涨点

投资者应该能发现,多种方法的共振会提高成功率,但也可能使买点靠后,这是在用空间换胜率,投资者可以根据自己的投资风格来选择偏重哪种方法,胜率高可能稍微减少盈利,决定最终利润总额的是盈亏比和成功率,这两个变量针对每位投资者会有一个优选的结果。

第二节 多空临界点——卖点

一次波段操作之中,与买点相对应的是卖点,用多种技术分析共振的方法判断的买点是起涨点,是高胜率买点;同样地,用多种技术分析方法判断的卖点是多空临界点，是高胜率卖点。

买了就涨，卖了就跌，这是波段操作者的理想操作状态。但在实际操作中，只能增大操作的成功率，但不能确定有100%的成功率。股票投资毕竟不是完全的科学，没有一个固定的公式，不能达到满足条件A或B就一定有结果C这样的程度。投资是资本的概率游戏，我们很多次提到过，影响利润的关键就是盈亏比和成功率，假设说一个人的成功率能达到100%，那么盈亏比只要是正数就可以盈利，哪怕出手一次只赚1%，保证100%的胜率，一年出手20次也能比多数基金经理表现优异了。

事实是没有人能达到100%的胜率，一般来说，多数成功投资者的胜率在40%~70%之间，这说明即使成功率低于50%也可以赚钱。假设某位投资者使用一个成功率是40%，盈亏比是3的方法，并坚持执行，那么计算出来的期望回报值是40%×3－60%×1＝0.6，是正值，这就能保证赚钱，它表示以一定的本金操作每次出手可以赚取相对于平均亏损0.6倍的收益。比如这位投资者用1万元本金操作，按他的方法操作，如果用所有亏损的交易计算出平均的亏损是1000元，那么根据盈亏比是3∶1可以得出他的所有盈利交易的平均盈利是3000元，他只要坚持一致地使用这个方法，每次出手的平均利润都是1000×0.6＝600（元）。

从上面这个例子中可以看出，出手的成功率是影响最终利润的因素之一，但不是唯一的一个因素，成功率低于50%一样可以赚钱，这就是小亏大赚的好处。甚至有些成功的波段交易者的成功率低于40%，在37%左右他也能赚钱，因为他做的是大波段，"放长线钓大鱼"。

同样的，成功率高于50%也不一定能赚钱，因为这种方法只有在盈亏比大于1时才是稳赚的。有些新手倾向于小赢就跑，有利就放手，而当遇到亏损时又难于坚持小亏出局，往往在最后以套牢告终。小赢大亏是没有计划的表现，这从理论上就可以知道不可能长期稳定盈利。

当然，成功率高而且盈亏比也高是最好的方法，但是成功率一旦高于60%~70%，往往出手次数会减少很多，这种方法的适用性不太高。只有极少数人能达到高成功率与高盈亏比，这种方法极少见。大多数成功者使用的方法是低成功率

（在40%~70%之间）加高盈亏比（在3~8之间），还是以大波段操作为主。

比较来说，买点的选择更影响成功率，卖点的选择更影响盈亏比。多数人对买点过于关注，就像过于重视成功率一样，这样容易造成一边倒的操作手法，虽然感觉赚钱的次数比较多，但赚钱时赚得少，亏钱时亏得多却成了影响成败的关键。因此说，投资者在关注买点的同时，应更加重视卖点，把盈亏比做平衡了，放大盈利，"让盈利单飞一会儿"。华尔街的传奇作手利弗莫尔说过："从来不是我的思考替我赚大钱，而是我的坐功。明白了吗？我一动不动地坐着。"简单吗？确实简单，可确实很难做到。

在前面讲买点时，已经出现过共振卖点，像图6-1中的卖点那样，由多种技术方法判断的卖点就是多空临界点，是优选的卖点。再来看一个在个股中信证券（600030）中的例子，如图6-3所示。

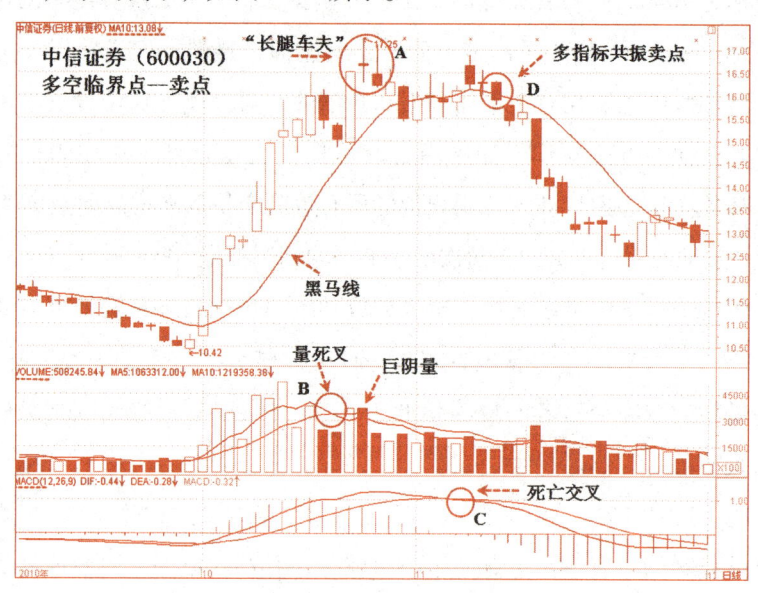

图6-3 中信证券（600030）多空临界卖点

图6-3显示的是中信证券（600030）在2010年9月到12月期间的一段走势，从中可以看到，该股前期在黑马线之上有一波连续的上涨，直到图中标注的B位置处，成交量指标出现了量死叉，又一次验证了量在价先的原理。这时表示该股的量能已经很难再推高价格了，至少是到了顶部区域。在图中的A

位置处，是在讲 K 线形态时讲到过的顶部反转形态长腿车夫，这种形态中 K 线的长上影线和长下影线表明市场短线的分歧已经很大，但仍能维持短暂的均势状态，反转的预期在加大。在长腿车夫 K 线形成当天也放出了巨阴量，这是前所未有的一个放量的阴线，形势实在不太好，这根 K 线可以作为偏短线的一个卖点。

在此之后，MACD 指标也发生了死亡交叉，如图中 C 处所标示。股价围绕黑马线上下震荡，上涨无力，这时已经处在了波段中的卖出时间窗口之中。在图中的 C 位置处，该股终于跌破了黑马线，这时已经是多个指标都显示出了卖出信号，如成交量指标在死叉之中，出现了顶部反转 K 线形态，下跌放量，MACD 指标死叉，最后再加上跌破黑马线，所有这些指标共振产生的卖点就是图中的 D 位置。后面的走势也证明了这是最后一次跌破黑马线，此后该股再也没有回到黑马线之上。

运用共振找卖点的过程，就是多个指标互相验证显示卖出信号的过程，显示的卖出信号指标越多，卖点越可靠，价格一般也会越低，时间越靠后，但这样增加了卖出的成功率，使卖了就跌成为可能。

第三节　左侧交易与右侧交易

左侧交易与右侧交易是波段操作者需要明确的策略问题之一，鱼与熊掌不可兼得，它们都是好东西，但是"鱼"还是"熊掌"只能选其中的一个。

左侧交易是指在一个既定的操作周期内，在一波下跌行情的波谷的左侧买入，在一波上涨行情的波峰的左侧卖出的操作策略；而右侧交易是指在一个既定的操作周期内，在一波下跌行情的波谷的右侧买入，在一波上涨行情的波峰的右侧卖出的操作策略，如图 6-4 所示。

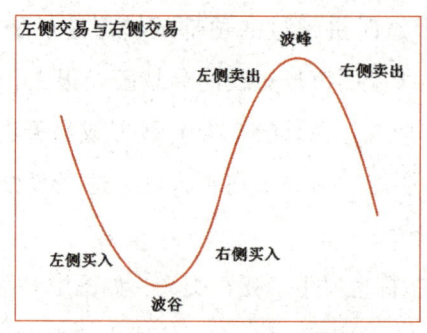

图6-4 左侧交易与右侧交易

左侧交易买点和卖点都比右侧交易要提早，在下跌时，在价格还没到谷底时，左侧交易者就预判可能见底的位置，在波谷形成前，在股价下跌中买入，而右侧交易者要等到波谷形成后，在股价上涨时买入；在上涨时，在价格还没到峰顶时，左侧交易者就预判可能见顶的位置，在波峰形成前，在股价上涨中卖出，而右侧交易者要等到波峰形成后，在股价下跌时卖出。

两种交易策略究竟哪种更好呢？我们认为，没有绝对的答案。选择哪种交易策略，要考虑操作的品种、操作风格、资金量、投资者性格、操作周期、风险偏好等多种因素。但是根据道氏理论和波浪理论，我们一直建议顺势操作，跟踪趋势，所以作为趋势交易者最好选择右侧交易。

左侧交易的优点是，在把握准节奏时，可能获得比右侧交易更多的利润，极端情况就是买在最低点卖在最高点。但是，有利必然有弊，其缺点是，如果判断失误，可能买或卖在半山腰，买在下跌的半山腰则要承受继续下跌的风险，卖在上涨中的半山腰则要承受踏空的风险。因此，对操作者的主观判断水平要求比较高。

右侧交易的优点是，可以较客观地看待行情，所有操作依据是等市场发出信号，不依据主观猜测。缺点是，少了一些操作的激情，在头部要承受眼看着利润缩水的折磨，遇到震荡行情时，可能两头挨打。

左侧交易与右侧交易相比较来看，左侧交易受个人判断影响较大，更适合震荡行情中的操作；而右侧交易更忠实于市场，更适合趋势行情中的操作。

左侧交易与右侧交易在不同周期中可以产生相同的买卖点，它们只有放在同一周期里观察才能明确区分。

具体应用实例看图6-5中左侧交易与右侧交易买点的区别。

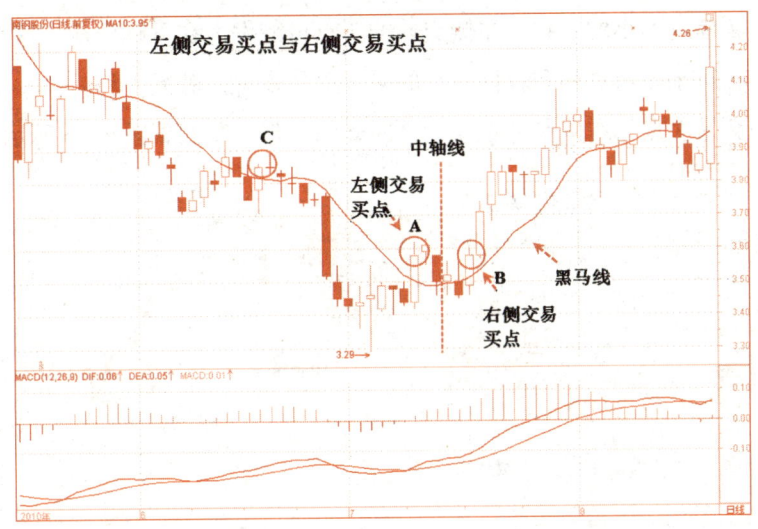

图6-5 南钢股份（600282）左侧交易与右侧交易买点

图6-5是南钢股份（600282）在2010年6月到8月期间的走势图。我们还是以黑马线为例来说明左侧交易与右侧交易买点的区别。在图中黑马线形如一个U字形，在图上标出了其中轴线，中轴线正处在黑马线的波谷中间，在中轴线左边买入的都是左侧交易，在中轴线右边买入的都是右侧交易。

我们利用价格向上突破黑马线作为买入条件，在U形的底部可以看到A、B两个买点，不难看出，这两点都符合买入条件。但是A买点在中轴线的左边，明显是左侧交易的买点；而B买点在中轴线的右边，明显是右侧交易的买点。

可以看出，左侧交易买点是积极的买点，有抄底的意味，当时虽然价格向上突破了黑马线，但黑马线的方向还是向下的，并没有改变下降的趋势。右侧交易是稳健的买点，当时价格既向上突破了黑马线，黑马线也向上发生了拐头，趋势已经明显好转。

在该股图例中，两个买点恰巧在同一价位，都是3.58元，但是右侧交易买点没有承受多少的短线回调的风险，而左侧交易却在买入后不久就经受了一次回调。左侧交易买点是提前进场的买点，通常价格会比右侧交易买点较低，但承担的风险也较高。细心的投资者会注意到图6-5中的C点位置，在那里同样满足了买入条件，也是一个左侧交易的买点，如果在C点买进，就要被迫止损，或是要承受一波幅度不小的下跌。左侧交易的买点可能发生在下跌中途，这是其最大的弊端，相对于提前进场和较低一点的买入价位来说，弊大于利。

左侧交易卖点与右侧交易卖点也是同样的道理，我们看图6-6所示。

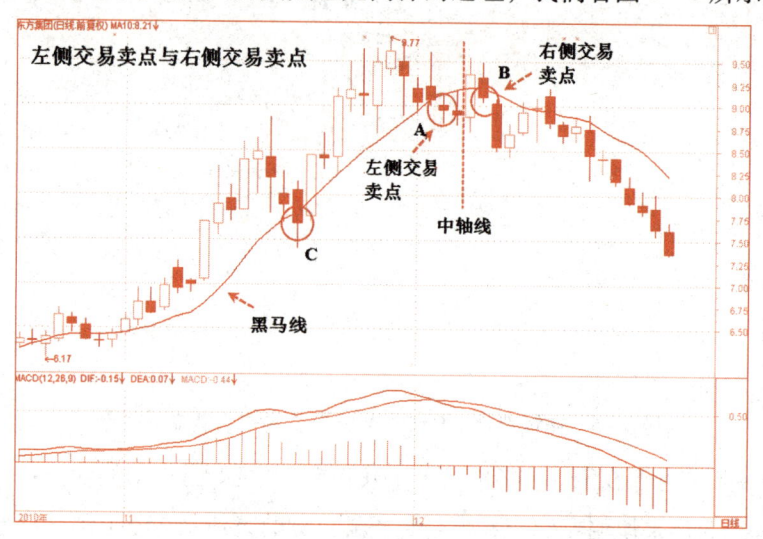

图6-6 东方集团（600811）左侧交易与右侧交易卖点

图6-6是东方集团（600811）在2010年11月到12月期间的走势图。在图中黑马线形如一个倒U字形，在图上标出了其中轴线，中轴线正处在黑马线的波峰中间，在中轴线左边卖出的都是左侧交易，在中轴线右边卖出的都是右侧交易。

我们利用价格向下跌破黑马线作为卖出条件，在倒U形的顶部可以看到A、B两个卖点，这两点都符合卖出条件。但是A卖点在中轴线的左边，是左侧交易的卖点；而B卖点在中轴线的右边，是右侧交易的卖点。

可以看出，左侧交易卖点是积极的卖点，有逃顶的意味，当时虽然价格向下跌破了黑马线，但黑马线的方向还是向上的，并没有改变上升的趋势。右侧交易是稳健的卖点，当时价格既向下跌破了黑马线，黑马线也向下发生了拐头，趋势已经明显转向。

在该股图例中，右侧交易的卖点高于左侧交易卖点。左侧交易卖点经受了一次小反弹，出场太早容易被这种又回到原有趋势中的情况打乱节奏。右侧交易卖点是最后一次远离黑马线，此后该股再也没有回到黑马线之上，证明了卖点的可靠性。

左侧交易卖点是提前退场的卖点，通常价格会较右侧交易卖点较高，但承担更多踏空的风险。细心的投资者会注意到图 6-6 中的 C 点位置，在那里同样满足了卖出条件，也是一个左侧交易的卖点，如果在 C 点卖出，就要被迫在高位买回，或是要承受踏空的风险。左侧交易的买点可能发生在上涨中途，这是其最大的劣势，但它在波段顶部能保护更多的利润。

以上左侧交易与右侧交易的买点与卖点是以黑马线为例进行说明的，在实际应用中，用同样方法，也可以根据裸 K 线或 MACD 指标来区分左侧和右侧交易。左侧和右侧交易的重要性更多地表现在其投资理念上，很多投资大师都强调过做趋势的朋友。

任何方法都不是万无一失的，左侧交易与右侧交易的区别是站在趋势和概率的角度来讨论的。波段投资者最好选择右侧交易，这样更符合顺势的操作理念，是站在大概率一边的方法。

第四节　经典图谱

我们已经讨论完了所有四大技术方法，包括均线、K 线、MACD 指标和成交量指标的波段买点与卖点，以及运用这些方法的一些注意事项。下面将对几个经典的个股进行综合分析。

西单商场

图 6-7 是西单商场（600723）在 2007 年 11 月到 2008 年 1 月期间的走势图。该股是 2008 年奥运概念股，当时走出了标准的黑马形态特征，可以称之为

拉升范本，是以后操作的重要参考。以后再遇到有重大概念的股票，当它们走出黑马雏形时，很可能继续按这样的走势发展。

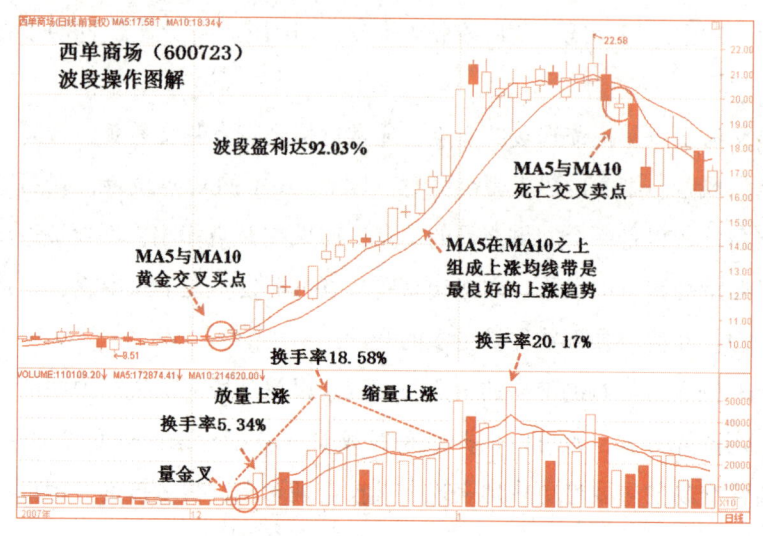

图6-7 西单商场（600723）波段操作图解

从图6-7中可以看到，该股前期只是10元左右的低价股，在低位横盘一段时间之后成交量开始增加，几乎同时发生了量金叉和均线金叉，这时无疑是买点。同时满足金叉的买点发生在12月5日，当时价格为10.29元。买点之后，第一次明显放量的当日换手率达到了5.34%，这一次放量起到了激活黑马的作用。在此后的几个交易日，是明显的放量上涨行情，换手率最高时达到18.58%。注意，当个股的换手率大于15%时，已经表示该股处于疯狂炒作之中。除非之前持有该股并有盈利，否则要以轻仓开始介入，因为高换手率是随时可能见顶的，虽然该股后面一直上涨，但用轻仓介入的策略是相对保险的。

该股在前期放出巨量之后，上涨趋势并没有转弱，说明主力资金握有足够的筹码，市场看涨意愿非常强烈。随后不需要明显的放量，股价一直在上涨，缩量上涨是股价上涨的最后一波，这时产生量价背离现象。一旦股价达到一定高度，先知先觉的大资金开始出逃时，就会再次放量形成顶部。

从图中也可以看到，经过连续的大阳线拉升之后，在高位走出了小阴小阳线，MA5开始向MA10靠近，这是升势转弱的表现。在良好的上涨趋势中，MA5

会向上带动 MA10，形成一个上涨均线带。如果 MA5 向 MA10 靠近，均线有收口的可能，那么上涨趋势也就即将结束。

在 2008 年 1 月 8 日这天，该股出现了最大的换手率，高达 20.17%，成交量创出新高而股价未同时创出新高，这说明有主力资金在出货了。在此之后横向的小阴小阳线都是主力在慢慢出掉手中的股票。

在 1 月 16 日这天，该股创出了最高价 22.58 元，但收了一个很长的上影线，说明上面的压力很大。之后拐头向下，在 1 月 18 日当天，MA5 与 MA10 发生死叉，这时是卖出信号，当天收盘价是 19.76 元。两条均线收口之后，继续向下，这时已经说明这次上涨波段结束。

这波拉升是该股最后一次也是最大的一波拉升，之后便是逐波向下的震荡走势，直到 2008 年奥运会开幕当天，利好正式兑现，该股开始了急剧下跌走势。题材越大的股票，上涨时越有力度，做上涨波段的利润越丰厚，但是也要注意，当判断其见顶之后，也要果断地退出，不管是否还有利好消息，只要价格在跌就是最大的利空。题材股都是炒预期，离题材兑现的日期越近，题材股越危险，因为这时的想象空间已经不大了，主力也已经没有多少的操作空间。

隆平高科

图 6-8 中显示的是个股隆平高科（000998）在 2008 年 3 月到 6 月期间的走势图。这是当时农业股板块的一波疯狂上涨行情，也是黑马股拉升的典范。

该股当时的流通盘在 1.2 亿股左右，是很适合炒作的股票。在 2008 年 4 月 10 日，该股的换手率达到 6.84%，这一天形成了成交量的均线黄金交叉，一个放量 K 线全面激活了该股。在之后的一个交易日 4 月 14 日，从图中可以看到，均线、量均线、MACD 指标，三个指标几乎一起发生了黄金交叉，在图中分别用三个圆圈标了出来，这明显是一个高胜率的起涨点，买入价为 10.54 元。

在买点之后的走势，几乎成了趋势跟踪的投资者最理想的形态。量增价涨，三个指标同时保持着黑马持续中的良好形态。连续的阳线时，换手率在 20% 左右，说明市场非常活跃。直到 5 月 14 日当天，在图中可以看出创出了最高价 21.51 元，收盘形成乌云盖顶的顶部反转形态，又是教科书一样的顶部反转形态。当天放出大阴线,换手率高达28.31%,这个乌云盖顶几乎形成了吞没形态,虽然收盘在前日K线实体之上,但已经走出了吞没形态的意味,对于K线运用熟练的短线投资者,可以在这天出掉部分筹码。

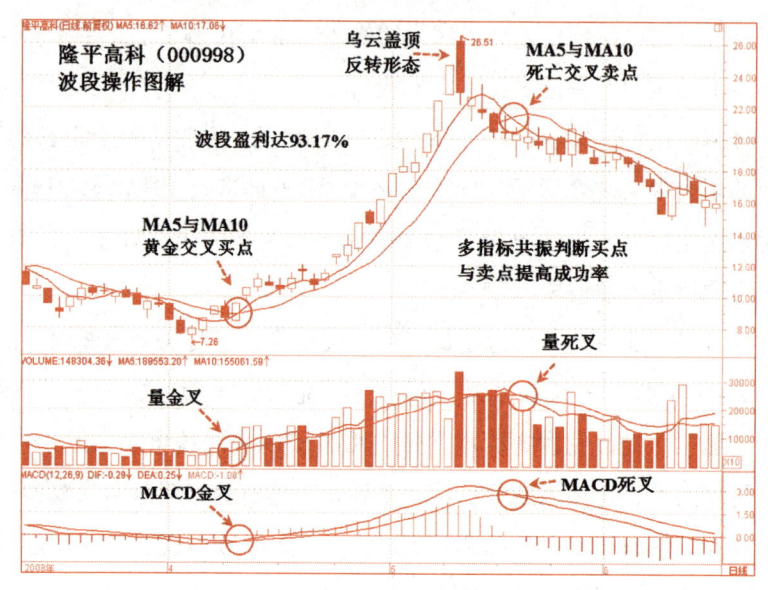

图6-8 隆平高科(000998)波段操作图解

在此之后,该股慢慢回落,在5月21日时,均线、量均线、MACD指标,三个指标又同时发生了死亡交叉,不用说,这里是高概率的多空临界卖点,卖出价格是20.36元。这次波段盈利高达93.17%。

这样的标准走势是需要牢记的,记住一种图形,哪怕只做一种图形都可以。跟踪市场热点题材,然后找到符合黑马雏形的股票,找到起涨点,再跟踪趋势,等到多指标发出卖出信号时就卖掉股票,没有比这样更省心和高效的操作方法了。

在操作中,投资者也要注意使用止损单,高盈亏比的波段操作,理论上会降低成功率,因此如果股价没有按预期的走势发展,一定要按原定的止损执行。波段操作方法的盈亏比可以高达6以上,甚至可以到8~10,那么即使是成功率在40%甚至30%也是可以盈利的。比如假设盈亏比是6,成功率低到30%,平均10次操作中,正确3次,每次盈利60%,亏损7次,每次亏损10%,在这10次中，一共盈利180%，亏损70%，还有110%的利润。关键在于控制住每次亏损幅度，控制止损放大盈利。

德赛电池

图6-9中显示的是德赛电池（000049）在2010年1月到7月期间的走势图。该股有消息称曾是股神巴菲特的建仓股，同时也是新能源概念股。我们不管巴菲特是什么时间在什么价位买入的，更不会知道股神会买入或卖出多少。但我们有技术图表，一切消息都反映在图表上。

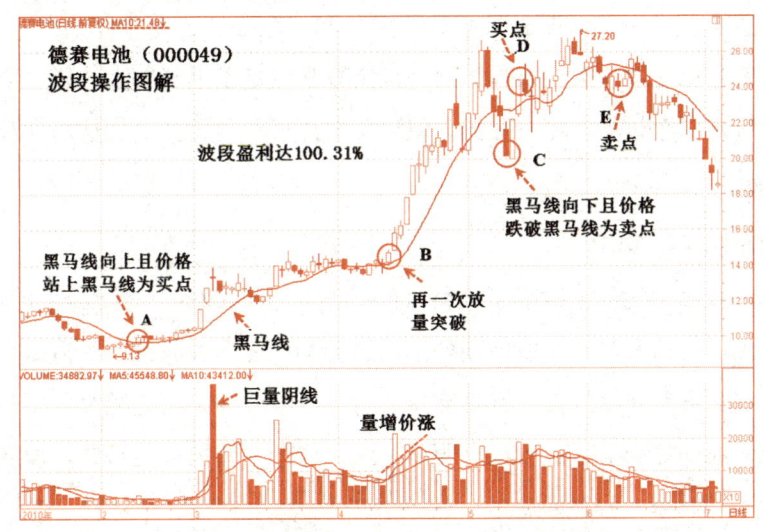

图6-9 德赛电池（000049）波段操作图解

这次我们继续用黑马线MA10作为主要操作依据。图中标示的A位置处是黑马线向上并且价格站上黑马线的买点，发生在2010年2月9日，当天收盘价为10元整。此后该股放量上涨，在图中看到有一天出现了一根巨量的阴线，当天的换手率高达26.95%，这是一个天量的换手，此时需要特别注意，但黑马线方向并没有发生变化，价格没有深度的回撤，我们继续进行趋势跟踪。在此后，该股没有快速上涨，直到图中标注的B位置时，该股再次放量突破向上，出现了量增价涨的现象。

在B位置的突破之后的走势显示出了黑马的本色，连续的放量，连续的长阳线，黑马线向上的趋势一直良好。直到图中所示的C位置处，股价向下跌破了黑马线,并且黑马线也拐头向下,这时是一个卖点,发生在 5 月 12 日,收盘价为 20.17 元。

在卖出之后,该股没有大幅下跌,而是又返回到了黑马线之上,并且黑马线方向也转为向上,客观地按照原定方法操作,这里是一个买点,但在高位需要用小仓位参与,这样既不会踏空,也不会因为可能的反转而损失太多。买点发生在 5 月 14 日,收盘价为 24.41 元,如图中 D 位置所示。小仓位买入之后,该股没能继续强劲上涨,而是在不久之后又出现了卖出,图中的 E 处,黑马线向下,并且 K 线收在其之下,当天是 6 月 8 日收盘在 24.07 元。

这样就进行了两次波段操作,第一次波段是做足了上涨的大波段,第二次波段是在顶部走了个过场,稍有亏损,但忠实地执行了既定方法。这两次波段操作一共获利达 100.31%。

隆平高科 K 线形态

图 6-10 显示的是个股隆平高科(000998)在 2008 年 6 月到 8 月期间的走势图。从图中可以看到,该股前期处于均线 MA10 之下,股价向下滑落,在图中 A 点位,成交量有一次放大,但股价并没能站稳黑马线,而是继续在黑马线之下震荡,此时成交量减少,股价没有明显下跌,这个区间极可能形成阶段底部。在

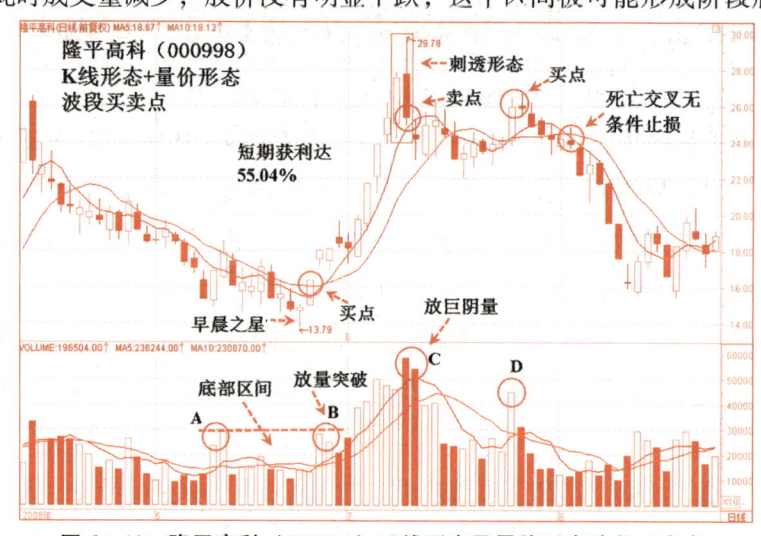

图 6-10 隆平高科(000998)K 线形态及量价形态波段买卖点

6月24日这天,该股创出了新低13.79元,但收盘时价格又回升到了开盘价之上,形成了一个带有长下影的小实体阳线,这是一个标准的锤头线形态,这种形态预示着底部可能形成。在次日,该股放量突破黑马线,从成交量上来看,在图中B位置处,A与B组成了一个U形的底部量形态,在U形底中,主力资金吸足筹码,在股价向上突破并放量时,是买入时机,当天收盘价是16.37元。买点之后的交易日出现跳空高开,这说明很多人在阶段底交出了筹码,这个位置是主力资金在快速地脱离底部,造成了价格在日K线上的缺口,这种缺口都具有强支撑作用。

此后,该股量价齐涨,黑马线以大角度上升,这说明市场多头力量非常强。最后,在7月10日这天,图中的C位置处,放出了天量,而且收出了带有长上影线的大实体阴线,这是刺透形态,是最强烈的顶部反转形态,当然是卖出时机,当日收盘价为25.38元。到此,这次以K线形态和量价形态为依据的波段操作成功结束,短期盈利幅度高达55.04%。这种波段是标准的底部量涨价涨,顶部放量下跌的图形,在波段区间中一定要握紧筹码,不要轻易中途下车,以免放走轻松盈利的大好机会。

在图中还可以看到,在卖出之后,该股经过调整在D点再一次出现了放量上涨的突破形态,这时是对一位投资者是否严格按照自己既定投资计划的考验,很多人可能在这时不敢继续再买入了,这样的做法不是客观的顺势操作。合理的做法应该是继续执行我们的十字金言,即"轻仓、顺势、止损、持长、扩利"。当股票高位换手率高于15%时,选择用轻仓买入一定数量股票,继续跟踪趋势,把这个买点当作一次新的波段操作起点。在第二波买点之后,该股没能重回升势,连续的阴线跌破了MA10,当MA5与MA10出现死亡交叉时,可以作为无条件出场的底限,图中E位置处,这时无条件清仓离场。从图中可以看到,在均线死叉之后,该股出现了快速大幅的下跌,几乎回到了首次买点的价位。

第二次的波段操作虽然是以亏损收场,但是从幅度上来看只是小亏-8.01%,我们在每次买入时,并不能确定该股之后会如何发展,唯一的依据就是既定的操作计划。这就是试错的方法,用小的亏损换取大的利润。从两次波段操作结果来看，第一次盈利55.04%，减去这次的亏损，最后还是盈利47.03%，单从这两次出手来看，盈亏比是55.04%÷8.01%=6.87，这显然是值得的，即使有50%的成功率，甚至低到30%的成功率，以这样的盈亏比操作都是稳赚的方法。

▶▶三分钟学会一招必杀技之六　天量阴线

天量阴线是指，当股价经过一段时间上涨之后，发生在波段高位并伴随巨大成交量放出的阴K线。这种放出天量的阴K线表示，市场在高位时，多头与空头的分歧加剧，有先知先觉的大资金在出逃。多少量为天量呢？一般指成交数量高于前期上涨阳线中的最大成交量时的情况。

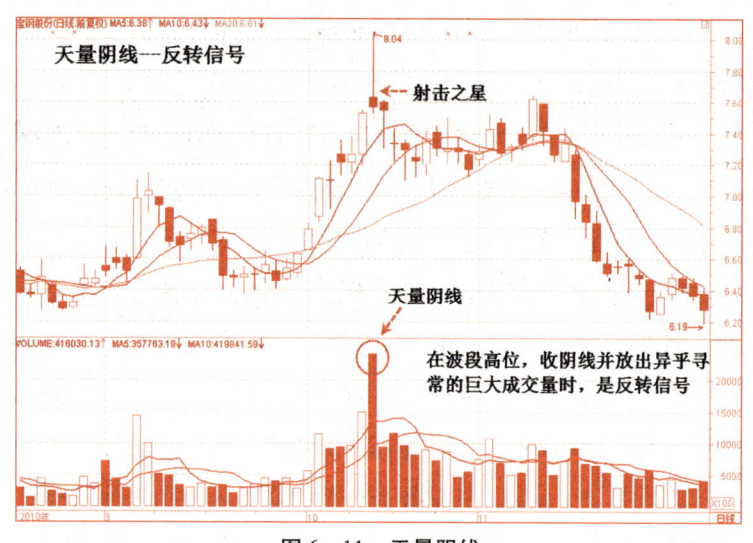

图6-11　天量阴线

从经验来看，以天量阴线作为判断见顶的依据，其准确率可高达80%左右，是短线波段操作中较为明显的见顶标志信号。在天量阴线之后，短期内应以减仓为主，不宜再继续加仓买入。在顶部 K 线反转形态中经常用到天量阴线来验证反转的可靠性，比如在射击之星、乌云盖顶、吞没形态、长腿车夫、墓碑线等形态中，都经常出现天量阴线。阴 K 线实体的长度越大，放量越大，则向下的可能性也越大（见图 6-11）。

第七章

最容易出黑马的板块分析

> 有老交易员，也有无所畏惧的交易员，但却没有无所畏惧的老交易员。
>
> ——《海龟交易法则》

本章主要内容

第一节　主要板块分类

第二节　建立黑马股池

第三节　五大黑马板块之券商板块

第四节　五大黑马板块之有色金属板块

第五节　五大黑马板块之生物医药板块

第六节　五大黑马板块之互联网板块

第七节　五大黑马板块之新能源板块

第八节　永不褪色的长线黑马

三分钟学会一招必杀技之七　合理止损

第一节 主要板块分类

股票板块

股市中的板块概念经常作为主力资金或游资的炒作背景，我们经常会听说某某板块遭暴炒，或某某板块领涨，都是说明具有同种炒作概念的股票集体大幅上涨的情况。股票板块主要是按行业、概念、地区分类。其中行业是根据上市公司所从事的领域划分的，比如能源、采掘、医药等；地区主要是根据省份划分的；概念是根据权重、热点、特色题材所划分的。

股票板块指的是因为有某一共同特征而被人为地归类在一起的股票群体，而这一特征往往是被所谓股市庄家用来进行炒作的题材。比如2008年北京奥运会前的奥运板块，像西单商场（600723）、中体产业（600158）、北京旅游（000802）、北京城建（600266）、首旅股份（600258）、中信国安（000839）等等一批京字号的股票出现了一段时间的拉升行情，有的甚至是连续三、五个涨停板幅度的上涨。主力资金借助这种题材概念很容易把股票拉高，买入后短期内就可以获得丰厚的回报。当然在疯炒过后，同样会有疯狂的下跌，投资者如果能运用合理的技术，并坚决执行投资计划，参与这些能拉出大波段的黑马股还是相当有利可图的。

所有的股票板块都可以在股票行情软件中看到详细的分类，而且按板块都可以查到同一板块内的所有股票。可以通过查看行业指数来分析各行业股票的集体走势情况。顾名思义，行业指数描述了一个行业股票的概貌和运行状况，下面以深证行业分类指数为例来说明A股市场的主要行业板块划分。

深证行业分类指数

深证行业指数是从2001年7月2日开始计算并公布，共有22个行业分类指数,它们分别是农业、采掘、制造、食品饮料、纺织服装、木材家具、造纸印刷、石化塑胶、电子、金融非金属、机械设备、医药生物、水电煤气、建筑、运输仓储、信息技术、批发零售、金融保险、房地产、社会服务、传播文化、综合行业类等共计22个行业分类指数,如表7-1所示。

表7-1 　　　　深证行业分类指数2010年12月20日收盘价格表　　　　单位:元

序号	代码	名称	收盘价	序号	代码	名称	收盘价
1	399110	农林指数	1 108.2	11	399138	机械指数	1 709.09
2	399120	采掘指数	3 491.18	12	399139	医药指数	1 535.33
3	399130	制造指数	1 476.06	13	399140	水电指数	748.89
4	399131	食品指数	2 618.00	14	399150	建筑指数	1 568.59
5	399132	纺织指数	833.13	15	399160	运输指数	1 122.61
6	399133	木材指数	269.50	16	399170	IT指数	1 037.32
7	399134	造纸指数	776.81	17	399180	批零指数	1 666.66
8	399135	石化指数	1 358.58	18	399190	金融指数	828.73
9	399136	电子指数	594.49	19	399200	地产指数	1 382.76
10	399137	金属指数	1 491.67	20	399210	服务指数	1 057.89
11	399138	机械指数	1 709.09	21	399220	传播指数	701.34
12	399139	医药指数	1 535.33	22	399230	综企指数	770.00

表7-1中所列的22个行业指数包括了最具权重,最具代表性的所有行业,很多投资者在分析行情时,知道看大盘做个股的道理,但却很少看分类行业指数。要知道,大盘向好的时候,各板块的股票在多数时间是轮涨的,比如,金融板块和地产板块好的时候,通常是农林板块和医药板块调整的时候,如果投资者能把握好各板块的上涨节奏,会大大提高投资绩效。

在股票软件中查询分类行业指数可以利用涨跌幅排序,很容易地比较出当天的各板块表现情况。然后找到表现强势的板块,再进一步找到板块中的领涨股,这样会增加选股的成功率。

如果看22个行业指数感觉个数太多的话,还可以看沪深300行业指数和中证行业指数分类。这两种行业指数都是把所有股票分成了主要的十大行业,如表

7-2 所示。

表 7-2　　沪深 300 与中证行业分类指数 2010 年 12 月 20 日收盘价列表　　单位：元

序号	沪深 300 行业指数			中证行业指数		
	代码	名称	收盘价	代码	名称	收盘价
1	399908	300 能源	3 749.23	399928	中证能源	4 083.16
2	399909	300 材料	3 326.59	399929	中证材料	3 705.36
3	399910	300 工业	2 927.79	399930	中证工业	3 534.64
4	399911	300 可选	4 024.77	399931	中证可选	4 220.71
5	399912	300 消费	7 029.57	399932	中证消费	7 253.87
6	399913	300 医药	6 598.98	399933	中证医药	7 062.94
7	399914	300 金融	3 813.16	399934	中证金融	3 723.48
8	399915	300 信息	1 984.71	399935	中证信息	3 263.78
9	399916	300 电信	2 726.76	399936	中证电信	3 845.76
10	399917	300 公用	1 722.38	399937	中证公用	1 997.41

表 7-2 中的沪深 300 行业指数和中证行业指数可以作为最主要的分类行业分析指数，最具有代表性。

沪深 300 行业指数：为反映沪深 300 指数成份中不同行业公司股票的整体表现，为投资者提供分析工具，将沪深 300 指数 300 只样本股按行业分类标准分为 10 个行业，再以各行业全部股票作为样本编制指数，形成 10 只沪深 300 行业指数。

中证行业指数：为反映沪深 A 股中不同行业公司股票的整体表现，并为指数化产品提供新的标的指数，将中证 800 指数 800 只样本股按行业分类标准分为能源、原材料、工业、可选消费、主要消费、医药卫生、金融地产、信息技术及公用事业等 10 个行业，再以各行业全部股票作为样本编制指数，形成 10 只中证行业指数。

可以看出，所有行业分类指数都是选择证券市场各行业中规模大、流动性好的股票组成样本股，以反映证券市场不同行业公司股票的整体表现。

在从行业板块方面考虑做黑马股时，同样需要看大盘做个股，只是操作中要再加一个环节——看分类指数。大盘是分类行业指数的背景，而分类指数是板块黑马的背景，这就好比是一个金字塔的结构，所有权重股票是最底层，是底座，只有底层牢靠了，才能再上到中层就是行业板块，行业板块之上就是顶层黑马股，以这种顺序就能在最好的大势中做最好的行业板块，在最好的行业板块中选择最好的股票。

从22个行业指数到10个行业指数，对主要的具有代表性的股票进行的行业划分。对于沪市和深市2000多只股票，最全面系统的分类方式是分为四种，即证监会行业板块、地区板块、行业板块、概念板块等。

证监会行业板块

证监会行业板块是按证监会发行股票时认定的该股票属于哪个行业板块就是行业板块，基本上参与证券市场的股票都属于证监会的范围内，他们是由中国证监会直接监督管理的板块。

证监会行业板块

农业	化学纤维制造业	公路运输业	公共设施服务业
林业	橡胶制造业	管道运输业	邮政服务业
畜牧业	塑料制造业	水上运输业	专业、科研服务业
渔业	电子元器件制造业	航空运输业	餐饮业
农林牧渔服务业	日用电子器具制造业	交通运输辅助业	旅馆业
煤炭采选业	其他电子设备制造业	其他交通运输业	旅游业
石油和天然气开采业	电子设备修理业	仓储业	娱乐服务业
黑色金属矿采选业	非金属矿物制品业	通信及相关设备制造业	卫生、保健、护理服务业
有色金属矿采选业	黑色金属冶炼及压延加工业	计算机及相关设备制造业	租赁服务业
非金属矿采选业	有色金属冶炼及压延加工业	通信服务业	其他社会服务业
其他矿采选业	金属制品业	计算机应用服务业	出版业
采掘服务业	普通机械制造业	食品、饮料、烟草和家庭用品批发业	声像业
食品加工业	专用设备制造业	能源、材料和机械电子设备批发业	广播电影电视业
食品制造业	交通运输设备制造业	其他批发业	艺术业
饮料制造业	电器机械及器材制造业	零售业	信息传播服务业
纺织业	仪器仪表及文化、办公用机械制造业	商业经纪与代理业	其他传播、文化服务业
服装及其他纤维制品制造业	医药制造业	银行业	综合类
皮革、毛皮、羽绒及制品业	生物药品业	保险业	
木材加工及竹、藤、棕、草制品业	其他制造业	证券期货业	
家具制造业	电力、蒸汽、热水的生产和供应业	金融信托业	
造纸及纸制品业	煤气生产和供应业	基金业	
印刷业	自来水的生产和供应业	其他金融业	
文教体育用品制造业	土木工程建筑业	房地产开发与经营业	
石油加工及炼焦业	装修装饰业	房地产管理业	
化学原料及化学制品制造业	铁路运输业	房地产中介服务业	

图7-1 证监会行业板块

证监会行业板块有别于行业板块。行业板块是比较粗的大行业，比如电子制造行业板块就是电子制造，证监会行业板块却又把电子制造分3个细类：电子元器、日用电子、其他电子制造等。投资者不必头疼这么多、这么细的分类，这些只是管理部门的专业分类方法。我们在新闻媒体或日常中经常听到的炒作概念是指通常意义上的行业板块，不如证监会行业板块这样的细分和专业。投资者在投资中只需要重点关注常见的粗分的板块，寻找龙头股操作。

地区板块

地区板块是指按地域划分的股票类别，如图7-2所示。

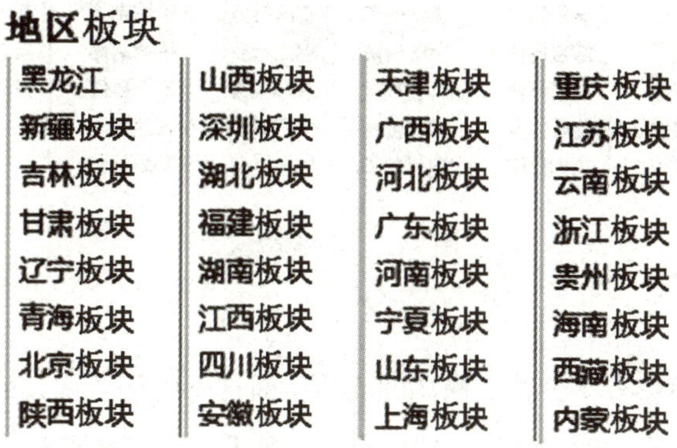

地区板块			
黑龙江	山西板块	天津板块	重庆板块
新疆板块	深圳板块	广西板块	江苏板块
吉林板块	湖北板块	河北板块	云南板块
甘肃板块	福建板块	广东板块	浙江板块
辽宁板块	湖南板块	河南板块	贵州板块
青海板块	江西板块	宁夏板块	海南板块
北京板块	四川板块	山东板块	西藏板块
陕西板块	安徽板块	上海板块	内蒙板块

图7-2 地区板块

地区板块是受地区性经济政策和国家的产业政策的影响，如新疆板块，受国家的新疆区域振兴规划的扶持，最近受到资金市场的热捧。还有像上海本地股，是几乎每年都有的拉升概念，可以说，上海本地股从来都不缺少炒作的理由。

此外，还有一些受益于区域开政策的地区板块，这在每个时期都可以在新闻上看到当时的热点概念。值得一提的是，地区概念有时使该地区内的一些个股形成多重概念的重叠，比如区域开发政策和行业发展政策的双重利好。具有多重概念的个股就意味着有更多的关注，这类股票往往会成为黑马股。

行业板块

指某些处于同一行业的股票划归一类得出的一类股票类别。具体分类如图7-3所示。

行业板块是股市中通常所指的行业划分形式，比如金融行业板块，主要的股票包括我们常说的"工中建农"，即工商银行、中国银行、建设银行、农业银行等四大银行股，还有包括保险股，如中国平安、中国人寿、中国太保等。一提到房地产板块就会想到的股票"招宝万金"，即招商地产、宝利地产、万科、金地集团等四大地产股。

行业板块					
金融行业	煤炭行业	造纸行业	房地产	电器行业	玻璃行业
钢铁行业	建筑建材	环保行业	商业百货	摩托车	飞机制造
家具行业	水泥行业	陶瓷行业	物资外贸	开发区	仪器仪表
石油行业	家电行业	服装鞋类	食品行业	自行车	其他类一
公路桥梁	电子信息	供水供气	纺织行业	船舶制造	其他类二
汽车类	综合行业	发电设备	电力行业	生物制药	其他类三
交通运输	机械行业	纺织机械	农林牧渔	电子器件	其他类四
医疗器械	化纤行业	印刷包装	传媒娱乐	有色金属	
酒店旅游	农药化肥	塑料制品	化工行业	酿酒行业	

图7-3 行业板块

概念板块

概念板块是指具有某种特别内涵的股票，而这一内涵通常会被当作一种选股和炒作题材，成为一段时期市场炒作的热点。比如开头讲到的奥运概念板块，最近一个时期比较受关注的新能源概念、环保概念、互联网+等。像新能源这种概念在较长的一段时期内都会被追捧下去，因为这是受国家的产业政策扶持的概念。

新能源概念的股票有很多，有代表性的包括太阳能（天威保变、航天机电、力诺太阳）、风能（东方电机、湘电股份、长城电工）、生物质能（天茂集团、泸天化、丰原生化）、燃料电池（新大洲、力元新材）等。与其类似的板块还有低碳环保，稀缺资源等。常见的概念板块如图7-4所示。

图7-4中列出的是较有持续性的概念板块，一旦有相关的利好政策出台，这些对应的概念股就会有反应，而且概念股的流通盘通常不是太大，这也有利于资金炒作抬高价格。

概念板块								
粤港澳	次新股	锂电池	免疫治疗	风能	体育概念	蓝宝石	无人机
长三角	含H股	燃料电池	IP变现	充电桩	博彩概念	油气改革	PPP模式
珠三角	含B股	稀土永磁	节能	新能源车	赛马概念	智能电网	新零售
环渤海	含可转债	触摸屏	金融改革	特斯拉	聚氯乙烯	智能穿戴	跨境电商
海峡西岸	军工航天	水利建设	农村金融	汽车电子	绿色照明	智能交通	量子通信
成渝特区	军民融合	卫星导航	高端装备	生态农业	云计算	智能机器人	无人驾驶
武汉规划	稀缺资源	电子支付	食品安全	猪肉	网络游戏	智能家居	OLED概念
皖江区域	5G概念	新三板	养老	草甘膦	安防服务	智能电视	区块链
长株潭	宽带提速	可燃冰	碳纤维	建筑节能	信息安全	智能医疗	债转股
黄河三角	低碳经济	海水淡化	石墨烯	大数据	国产软件	超导概念	人工智能
东亚自贸	黄金概念	保障房	3D打印	空气治理	芯片	在线教育	租售同权
图们江	三网融合	涉矿概念	苹果概念	污水处理	互联金融	在线教育	工业互联
三沙概念	物联网	页岩气	阿里概念	固废处理	受童概念	职业教育	独角兽
一带一路	创投概念	生物疫苗	腾讯概念	风沙治理	养老概念	央企改革	
上海自贸	铁路基建	基因概念	摘帽概念	装饰园林	电商概念	全息概念	
雄安新区	核电核能	抗癌	重组概念	乡村振兴	网贷概念	虚拟现实	
绩优股	太阳能	抗流感	生物质能	土地流转	民营银行	特钢	
ST板块	多晶硅	维生素	地热能	水域改革	民营医院	钛金属	

图7-4 概念板块

第二节 建立黑马股池

沪深两中总共有2000多只股票,这么多的股票,让投资有了更多的选择余地,也更让人产生"乱花渐欲迷人眼"的感觉。我们后面将要选择的五大黑马板块的标准不是股票最多的,也不是股票市值最大的,而是最有可能持续轮涨,最有可能走出较大涨幅的板块。我们将根据下面的六个选择依据,选出五大板块,然后建立每个板块的黑马股票池,方便投资者在以后的投资中抓到更多的优质股和黑马股。

五大黑马板块选择标准:

(1) 历史表现。

指所选的板块股票需要是在历史上经常有大幅上涨的,是经常以板块轮动的方式能轮动到的上涨板块。

(2) 流通盘适中,股性活跃。

指总股本和流通股都不太大,利于资金炒作和大幅拉升的,股票的波动性利于操作，不是涨跌无序的所谓明显被做盘的股票。

（3）良好的持续性。

指所属的板块概念会一直存在或在很长的一段时期都存在，不会出现反复选择的问题。

（4）受关注程度。

指所选的板块不仅是被大多数机构和基金看好的，而且是被普通散户投资者经常关注的股票。

（5）可以期待。

指所选择的板块机会不是由于一时的重大利好刺激而产生的，不是未知的，而是根据股市规律和政策规律，是有周期的循环出现的。

（6）国家政策和经济规律。

指所选的板块应是符合国家长期政策扶持的板块，或是国家在一个领域的支柱产业，并且是资本市场不可缺少的行业。

通过这六大标准我们选出的五大黑马板块，可以作为投资者整个投资生涯所关注的板块，甚至根本不用再看其他板块的股票就可能取得高于平均水平的投资收益。投资者可以根据自己的投资习惯在其中做一两个板块的改动，也可以在这五大板块的基础上再精减一些，形成自己关注的核心板块。这样一次的深入研究，可以省去以后很多年的选择成本，省时省力又可以提高投资收益。最重要的是能深入地了解这些持续关注的板块性格和节奏，这对于波段操作者是至关重要的。

在五大板块中我们会选出五大潜力黑马股，这样一共就是25只股票，我们建议投资者建立一个由三到五个板块，每个板块由三到五只个股组成的备选黑马股票池，把股票池中的股票选入股票软件的自选股中，那么一共就是9～25只股票，每次看行情都重点关注股票池中的股票，假以时日你也可以成为这些个股的驾驭者。

建立股票池的好处：

（1）深入了解股性和波段特征。

我们已经讲过四大波段操盘技术，每种技术都是在股票的波段形态特征的基础上建立起来的。我们说细节决定成败，阻碍投资水平提高的瓶颈，在很多时候并不是因为我们看得不够广博，而是因为我们看得不够深入。一招鲜吃遍天，只要有一项技术琢磨透了，那么很多技术其实是万法同源的。多细心观察同一股票池，有助于摸透这些个股的股性，同时也有助于把这些个性总结起来，再如法炮制用到其他同类个股上面。

（2）避免频繁换股盲目操作。

"多看少动"不仅应该作为初学者的原则，而且作为投资老手也应该会赞同这句话。我看到过很多新手在一年里操作的股票多达二三十只，更有甚者达到了上百只之多，这种操作勇气可嘉，可实在不是一个成熟的投资者应有的操作。专注地守住一个股票池，只做可以把握的机会，宁可错过那些不在计划之中的机会。这是减少亏损积累经验的好方法。

（3）有利于复盘总结。

复盘对于很多成功的投资者来说是必须经历的过程，复盘的过程就是认识自己和认识市场的过程。复盘要面对的，也是投资者最不愿面对的是自己失败的操作记录。如果你还不能坦然的接受自己有过的失误操作，那么距离提高还有段差距。投资是概率的游戏，每个人都不能保证每次出手都是正确的，成功的投资者是用小的亏损去博取大的盈利，每当他做错一次，也就意味着下一次出手的成功率会提高。

第三节　五大黑马板块之券商板块

券商板块几乎在每次大盘进入上行周期的时候都会很好的表现，而且往往是领涨板块。金融创新业务一直是券商股的炒作概念，随着股指期货和融资融券业务的运行，以后必定会不断放开并降低准入门槛，让更多的中小投资者能够参与到创新投资业务之中。这些创新业务必将提升券商的业绩，并且带动市场成交的活跃度和经纪业务总量的提升。从国际经验看，融资融券业务推出使得证券公司在获得融资利息收入的同时，对市场交易量放大作用明显，从而推动经纪业务增长。

创新业务可能带来行业价值重估契机。融资融券和股指期货等创新类业务对证券公司来说意义不仅局限于增加了利润源，而是从盈利模式上使券商进入了一个新的发展阶段，券商估值存在进一步上行的空间。

随着我国金融市场的不断壮大，投资品种和交易额必然会不断增加，这也符合作为发展中国家快速经济增长的要求，券商板块的相关的股票具有长期的投资价值。此外，券商板块也能反映出权重股票的整体波动趋势，投资者有必要选择这样一个可以长期关注的板块。该板块股票多是优质股，成长稳健，有国家政策支持，对于稳健的投资者，可以多关注优质的券商股。

综合基本面、历史表现、流通盘、关注度等因素，我们选出了以下5只潜在黑马股作为备选股票池：招商证券（600999）、国元证券（000728）、中信证券（600030）、国泰君安（601211）、华泰证券（601688）。

下面是用波段技术操作个股宏源证券（000562）的战例，如图7-5所示。

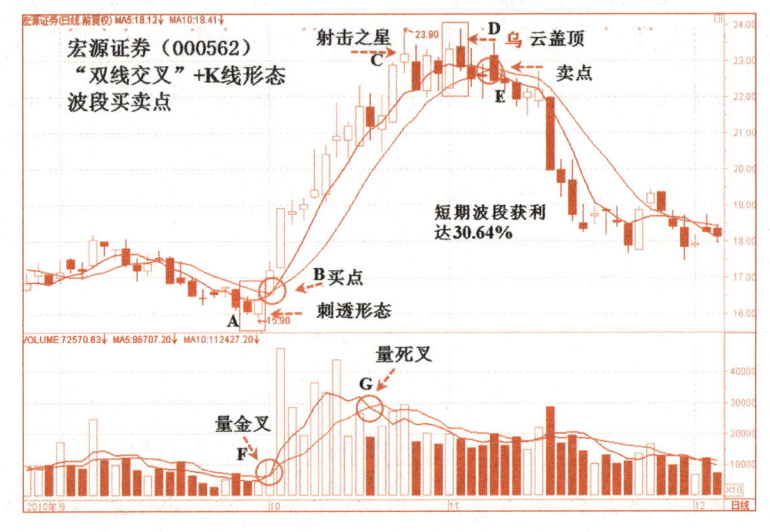

图7-5　宏源证券（000562）"双线交叉"与K线形态波段买卖点

图 7-5 中显示的是宏源证券（000562）在 2010 年 9 月到 12 月其间的走势图，该股是券商股中较为活跃的个股，每当券商板块轮动时，通常都会有不俗表现。

从图中可以看到，该股通过前期的缩量下跌阶段之后，在 A 位置处出现了底部的刺透形态，这是我们讲过的极有可能发生反转的形态，这时应多加关注。在次日，该股便放量形成了量金叉，如图中 F 位置，同时价均线也形成了黄金交叉，当天是 10 月 8 日，这是买入机会，当日收盘价为 17.2 元。出现买点之后，该股站上黑马线，并开始大幅向上拉升。在 10 月 21 日那天，出现了量死叉，图中 G 点处，这说明该股的量能已经开始萎缩，之后的上涨是量价背离的上涨，部顶将会在不久后形成。

到 10 月 26 日，该股走出了一个射击之星，这是顶部反转的 K 线形态，这时短线投资者需要加倍小心，一旦股价向下突破就应当果断卖出。之后在 11 月 2 日，该股又再一次试图突破前高位，但没能成功突破，收盘形成了乌云盖顶形态，图中 D 位置处，这是第二次出现的顶部反转形态，又一次加大了反转的可能性。最后，在 11 月 5 日该股形成了 MA5 与 MA10 的死亡交叉，出现了卖点，当日收盘价为 22.47 元，图中 E 位置处。到此，一波完整的利用均线双线交叉波段操作方法，以及用成交量和 K 线形态技术相配合的操作已经完成，短期内波段获利达 30.64%。再次可以看出，多种技术方法的互相验证，能加大判断的准确率。

第四节　五大黑马板块之有色金属板块

有色金属板块是指以开采有色金属，冶炼、加工有色金属制品为主营业务的上市公司股票分类板块。由于大部分有色金属具有良好的保存性、不可再生性，而这些金属又是国民经济建设中不可或缺的，对有色金属的消耗可以看出国家的建设是放缓还是加速从而预期经济发展方向，使得有色金属具有了跟国际市场相挂钩的金融性，所以在股票市场上有色金属经常有亮眼的表现。

有色金属板块被人们称为"股市不死鸟"，近些年来，我国经济出现了持续快速的增长，由此产生的对上游产业的拉动效应也非常明显。尤其是最近两年，我国通用和专用设备、发电设备、汽车和大中型拖拉机、家用电器、电力、电子等行业的快速增长，以及城市化步伐的加快，都极大地拉动了市场对有色金属的需求，从而导致了有色金属供需缺口加大，刺激有色金属行业出现持续的快速发展。

更重要的一点是，有色金属具有稀缺性和垄断性，这也是很多国外机构资金追逐的热点，甚至像巴菲特、索罗斯等国际投资大师都将目光锁定在中国的资源股上。资源股不仅稀少而且不可再生，也是我国必需储备的战略资源，有些资源的限制出口措施就是为了保护我国的资源的战略地位。

在有色金属板块中有很多具有黑马潜质的股票，我们从中选择了5只相对较好的股票，供投资者作为建立股票池的参考，具体如下：

有色金属板块五大潜力黑马：北方稀土（600111）、洛阳钼业（603993）、厦门钨业（600549）、中金岭南（600060）、赣锋锂业（002460）。

我们在有色金属板块中首推的是股票是北方稀土（600111）。稀土不仅作为一种简单的商品，它还被上升到了外交层面的战略高度。稀土是电脑、手机、半导体、家电、汽车等工业生产环节所需的金属材料，北方稀土的稀土销售数量大约占全球总需求的一半。

在实战操作中，有色金属板块的股票波动性也较好，没有很妖的走势，具有很好的趋势性，我们来看利用黑马线的分析实例，如图7-6所示。

图7-6显示的是北方稀土（600111）在2010年7月到11月期间的一段走势，我们利用第二章讲到的一线乾坤来分析这只股票的波段操作方法。

黑马线在捕捉中期趋势中是一种很实用的实战技术，从图中我们看到，只显示了一条作为黑马线的MA10均线，把黑马线拐头向上设为买点，相对应地，把黑马线拐头向下设为卖点。很简单而明确的方法，图中显示的第一个圆圈处是7月19日，当天黑马线开始拐头向上，是一个买点，买入价位是36.99元。这个买点也正好是MACD指标的快线与慢线黄金交叉的买点位置。多种方法相互验证可以增大买入的成功率。

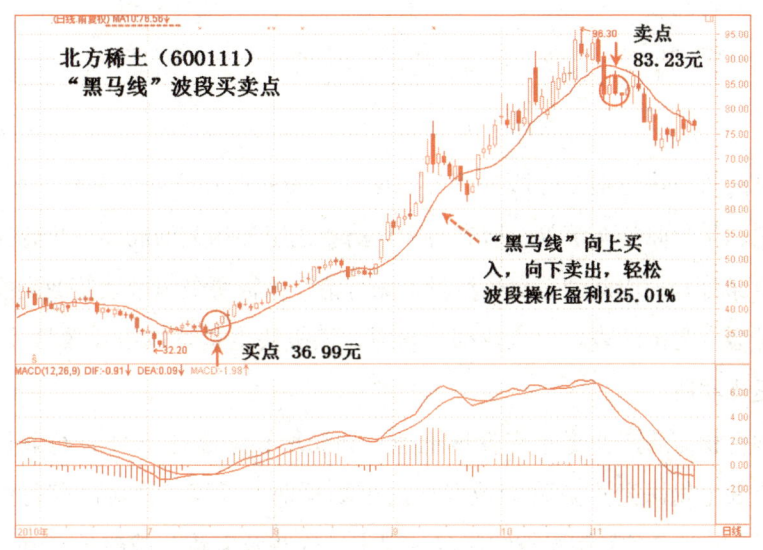

图7-6　北方稀土（600111）黑马线波段买卖点

买入之后，黑马线继续向上运行，MACD指标的DIF线也开始突破0轴，进入多方，市场明显开始了上涨行情。这时趋势完好，只需耐心持股待涨，其中有两次股价跌破了黑马线，但并没能改变黑马线的方向，趋势没有被破坏。直到11月5日那天，图中第二个圆圈标注的位置处，股价跌破黑马线并连续收在其之下，带动其拐头，这时是卖点，卖出价位83.23元，这个位置也是MACD在高位发生死亡交叉的位置附近。

到此为止，就完成了对黑马股票池中的个股北方稀土（600111）的一次波段操作，利用黑马线买卖点，轻松获利125.01%。

第五节 五大黑马板块之生物医药板块

生物医药板块包括医疗服务行业、医疗器械、医药商业、中药、生物制品、化学制剂、化学原料药等等,所有与医疗药物或服务相关的股票。生物医药板块在每一年保持有平均两到三次的波段上涨行情,该板块受国家政策或突发事件刺激,经常会有突出的表现。从业绩上来看,该板块也是整体增长较快速的行业,其中不乏优质股。

我国生物医药产业近年来发展迅速,利润增长率高达70%,行业促进政策的出台带来生物医药产业将加速发展的市场预期。近期,针对医药行业的系列"十二五"规划正在紧锣密鼓的制定过程中,这些政策将与战略性新兴产业政策一起对生物医药产业带来综合利好效应。

投资者对医药板块的投资策略应该是,在充分认识生物医药产业良好发展机遇的大背景下,借助新医改的东风,通过自下而上的投资方法,精选医药业的优质上市公司,在科学严格管理风险的前提下,谋求资金的中长期稳健增值。医药卫生事业关系到亿万人民的健康与幸福,关系到经济发展和社会和谐。人均用药水平的提高和政府对医保的投入将给医药行业带来巨大的成长空间,生物医药板块未来的前景将被长期看好。

生物技术和生物制药将是未来战略性产业的重点发展对象,将比其他医药行业发展更迅速。发展新兴产业这一决定是医药板块内个股上涨的最大驱动因素,未来2~3年,政府将至少引导1000亿元的资金投入到新兴产业中来,生物医药行业将直接受益。

医药板块在2010年跑赢过所有指数,该板块整体业绩优良,在国家行业促进政策利好的基础之上,整体都处于上升趋势中。另外,医药板块的长期投资机会值得看好,但目前行业的整体估值已偏高,投资者需在基本面背景支撑下,利用技术分析做好波段操作,抓住每一年中该板块的上涨机会。

综合基本面、历史表现、流通盘、关注度等因素,我们选出了以下5只潜在黑马股作为备选股票池:双鹭药业(002038)、信立泰(002294)、复兴医药(600196)、云南白药(000538)、丽珠集团(000513)等。

下面是用波段技术操作个股海王生物(000078)的战例,如图7-7所示。

图7-7显示的是个股海王生物(000078)在2009年7月到12月期间的走势图。该股在新医改推进的背景下,有大幅度拉升,这种图形是波段操作的好机会。该股是甲流概念股,每当有甲流新闻报道的时候,它都会受到投资者的关注。市场想象空间大,有强烈的上涨预期是黑马股的必要条件。

从图7-7中可以看到,该股经过前期的调整,在A点处形成了向上开口的三线开花形态,这是我们在均线部分讲过的买点,当天是9月3日收盘价8.84元。综合成交量来看,成交量在前期已经提前出现了量金叉,如图中D点所示,这就是常说的量在价先。成交量提前预示着该股在调整末期有大资金进入,极有可能上涨。

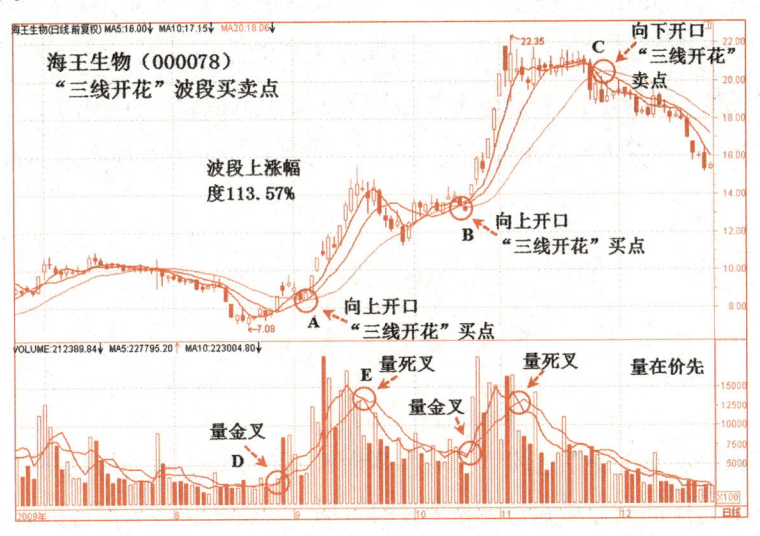

图7-7 海王生物(000078)"三线开花"波段买卖点

在买点A之后,该股开始大幅拉升,换手率平均在20%之上,这说明市场的炒作热情急剧膨胀,这时对于空仓者很难有再次买入机会。而已经在场内的投资者只需要跟踪趋势，根据技术图形来选择可能发生转势的卖点。直到9月17日这天，该股的成交量发生了死叉现象，图中E点处，短线投资者可以这时卖出部分筹码，原因是上涨量能萎缩，短线调整的可能性加大。

经过调整之后，该股再一次在B点发生了向上开口的三线开花，这时对于上波退出的投资者或减仓的投资者是再次进场的机会，这个位置是经过调整后的向上突破，减少了在上升波段末期追高的风险。B点在10月26日，收盘价为14.51元。果然在买点之后，该股又开始创出新高，放量突破，但从成交量上可以看出，这一波的成交量相对于前一次上涨，平均量能有所萎缩或稍有减小，根据波浪理论，这很可能是上升推动中的第五浪，这是最疯狂的浪，也极可能是冲顶的一浪。

在第二波段上涨中，同样表现出了量在价先的特点，在创出新高价格之后，成交量均线发生死叉现象，股价在高位做小幅震荡，这是主力资金在高位争取时间出货，这时做顶的可能性已经很大了。终于在图中在C点处，11月26日形成向下开口的三线开花，这是卖出时机，当日收盘价为18.88元。

这个巨大概念股的操作例子，用均线方法中的黑马线或双线交叉同样有效，具体操作点会稍有不同，但总体上都能抓到主要上升波段。本例中用三线开花方法，从8.84元一直用趋势跟踪到18.88元，抓住的上升波段幅度达113.57%。

第六节　五大黑马板块之互联网板块

随着网络科技的不断进步，互联网概念再一次受到了市场的热烈追捧。新的技术不断为传统的商业模式带来新的发展机遇，很多传统业务都可以依靠互联网转型，创造新的服务和产品。国家已经制定了"互联网+"行动计划，推动移动互联网、云计算、大数据、物联网等与现代制造业结合，促进电子商务、工业互联网和互联网金融健康发展，引导互联网企业拓展国际市场。国家已设立400

亿元新兴产业创业投资引导基金，要整合筹措更多资金，为产业创新加油助力。

"互联网+"简单地说，就是以互联网平台为基础，利用信息通信技术与各行业进行跨界融合。比如大家比较熟悉的在线教育，就是"互联网+教育"的产物。

实际上，移动互联网的最大投资机会在于对传统行业的改造，互联网思维和传统思维最大的不同就是对于用户的理解，而把传统消费者转变为用户，是盘活存量的一个表现形式，可以为发展带来更多提升空间。

综合基本面、历史表现、流通盘、关注度等因素，我们选出了以下5只潜在黑马股作为备选股票池：科大讯飞（002230）、苏宁易购（002024）、紫光股份（000938）、四维图新（002405）、东方财富（300059）。

下面是用波段技术操作个股三五互联（300051）的示例，如图7-8所示。

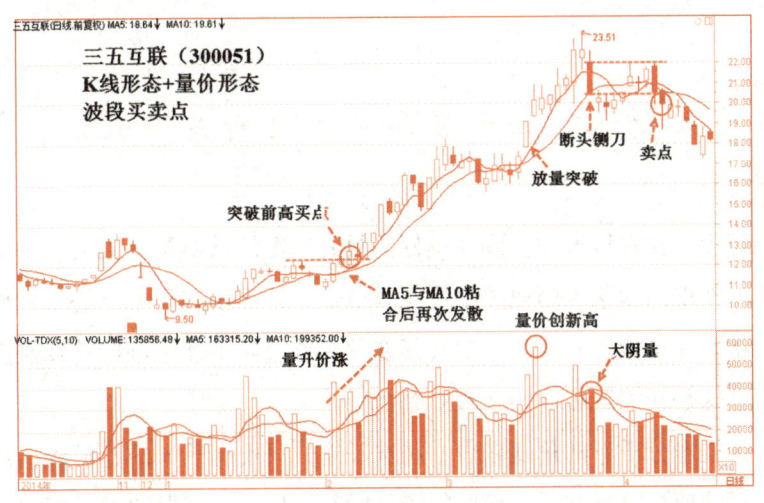

图7-8 三五互联（300051）K线形态及量价形态波段买卖点

图7-8显示的是个股三五互联（300051）在2014年10月到2015年4月期间的走势图。从图中可以看到，该股前期处于均线MA10之下，股价向下滑落，创出最低价9.50元。此后该股开始缓慢回升，放量站上了MA10。MA5与MA10粘合之后再次发散，这时股价放量突破前期高点，这里产生了买点。在买入之后，该股开始呈现出量升价涨，股价不断创出一轮新高。

再经过缩量调整之后，该股再次放量突破前高，量价均创出新高。但此后成交量开始有所萎缩，可以判断这可能是第5上升浪的缩量上涨。在创出最高价23.51元之后，该股走出了一个放量阴线，封闭了由MA5与MA10形成的上升均线带。这种封闭均线带的K线是断头铡刀顶部K线形态，放量阴线很难再收复。经过对阴线高点的挑战失败之后，该股再次连续以阴线收在MA10之下，这时产生了卖点。

这次依据K线形态和量价形态进行的波段操作，抓住了一轮上涨行情的第3浪和第5浪，也就是抓住了黑马的主升波段。很多强势股都会以这种5浪上涨的形式发展，在第3浪量升价涨是明显标志。在经过第5浪的缩量上涨之后，出现放量大阴线的时候考虑出场。

第七节　五大黑马板块之新能源板块

新能源板块在政策推动下预期良好，具有一定的长期投资机会。为了促进新能源产业的发展，国家专门成立了能源委员会。这不仅有利于更好地发展能源行业，也必将对保障能源安全、应对气候变化和推进经济社会可持续发展产生重要推动作用，这是新能源板块的政策红利机会。

从一位技术分析者的角度来看，在选股上，只要有重大的、可以期待的大背景、大题材的依托就足够了。任何的黑马股在显出上涨雏形的时候都逃不过我们技术系统的捕捉，在买卖点的选择上还是主要参考技术面的分析。

综合基本面、历史表现、流通盘、资源关注度等因素，我们选出了以下5只潜在黑马股作为备选股票池：华帝股份（002035）、天齐锂业（002466）、阳光电源（300274）、大族激光（002088）、方大炭素（600516）。

新能源板块的个股每年都会有两三次主要波段行情，这个板块的股票股本适中，适合大资金机构之间的博弈，有足够多的流动性，这样的股票也不会很妖，适合波段操作。下面是用 MACD 快线与慢线交叉判断买点与卖点对国阳新能（600438）的操作示例，如图 7-9 所示。

图 7-9 显示的是个股国阳新能（600438）在 2010 年 9 月到 12 月期间的走势图，从中可以看到，该股前期是小阴小阳线调整走势，直到图中标出的 MACD 指标快慢线发生黄金交叉，股价同时突破前期高位，这一天是买入时机，发生在 10 月 8 日，当日收盘价为 17.35 元。从 MACD 的柱状线上来看，从买点之后，柱状线逐步发散，表示上涨力道不断加强，股价也是以长阳线的方式向上拉升。在一波拉升之后，快线 DIF 线开始向慢线 DEA 线靠近，这时的 MACD 柱状线开始收敛，这表示上涨力道在减弱，股价在高位震荡做顶。在 11 月 5 日这天，快慢线终于发生了死亡交叉，这时是卖出时机，当日的收盘价为 30.63 元。在卖出之后，该股向处做了一次假突破，创出新高价之后，快速向下，MACD 柱状线呈绿柱发散状态，表示空头力量在增加。这次根据 MACD 指标的操作波段盈利达 76.54%。

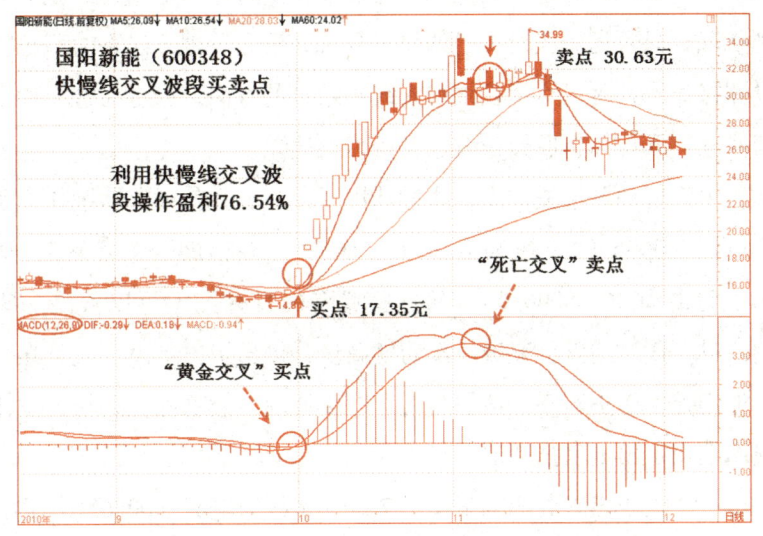

图 7-9　国阳新能（600348）快慢线交叉波段买卖点

第八节　永不褪色的长线黑马

经过多年的股票操作，投资者会发现，每一次上涨趋势行情到来的时候，一些黑马股总会卷土重来。在大盘的跌势当中，这类股票也不会没有节制地下跌。他们始终受到多数基金的青睐，是基金的建仓股。我们可以把这类多年保持良好业绩、持续攀升的股票作为长线操作品种。

强者恒强这句话，在这类长线黑马股身上有很好的体现。我们也可以称他们是白马股，并且像基金那样，一直关注并操作这类股票。一提到这类股票，我们就会想到一些知名公司的优质股票，比如贵州茅台、格力电器、中国平安等等。

这类明星优质股既然是多数基金的建仓股，并且几乎都是被选入沪深300指数的指标股，那么他们的基本面就没有问题，投资者基本不用担心他们的财务状况和盈利状况，只管运用我们讲过的技术分析和资金管理方法去大胆地操作这类股票。具体操作上，可以运用长线与短线相结合的方法，只有在这类股票上才可以放心留底仓，既可以持股做长线，又可以做短差。

综合历史表现和基金关注度，我们选出了以下五只长线黑马股作为备选股票池：格力电器（000651）、伊利股份（600887）、五粮液（000858）、美的集团（000333）、青岛海尔（600690）。从这些股票的日线图上可以看出一些共同特征，他们经过一段时间就会突破一次前期高位，创出历史新高。大盘在一轮上涨高位时，他们处于历史新高。他们与大盘同步波动，但上涨比例较大。他们在周线或月线图上会走出上涨推动浪。

我们看一个长线黑马股的例子，图7-10是格力电器（000651）的后复权周线图。格力是中国驰名品牌，"好空调，格力造"是家喻户晓的一句广告语，这家公司更是经常出现在各种媒体上，甚至出现在各种有关公司管理的案例上。格力不仅是名牌公司，更是一只长期保持上涨趋势的黑马股。从图中可以看到，该股从2006年到2018年，每一次的上涨波峰都高过前一次的高位，处于长期上涨趋势之中。在 12 年中，有 7 波中线的波段上涨，每一波都创出了历史新高。

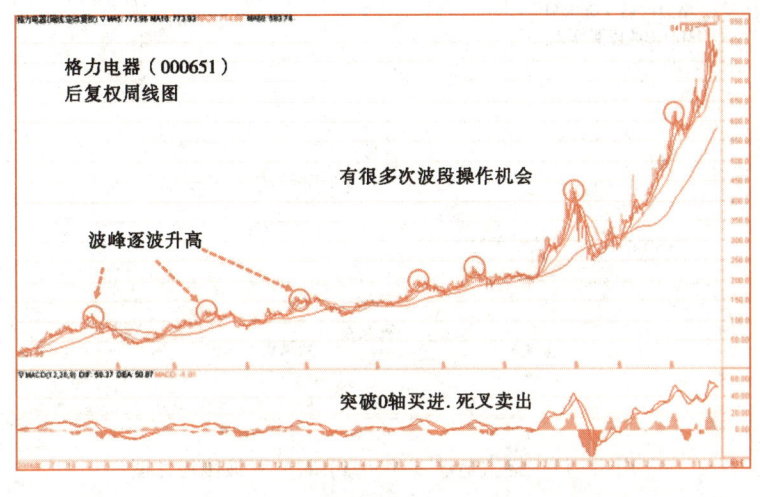

图 7-10　格力电器（000651）后复权周线图

从复权图中看到，格力从 2016 年开始后复权，现在的股价已经到了 800 多元，如果是在更长时期的图上复权，它的股价可以达到数千元。这说明该股是一只长线的绩优股，不仅相当具有投资价值，而且是很好的波段操作标的。我们利用中长线的方法，在 DIF 突破 0 轴时买入，在 DIF 与 DEA 死叉时卖出，用不太复杂的方法，就可以实现盈利。由于长线黑马股处于长期的上涨趋势中，在中线进入多头时买入，在短线空头时卖，这在概率上处于有利位置。从图中看到，该股有 6 次向下突破或粘合 0 轴，经过短暂调整，然后向上突破 0 轴，之后每次都能突破前高并创出历史新高。每次的多头起点都是很好的买入区域。

图 7-11 显示的是该股在日线图上的波段操作，我们依据 MACD 指标的快线与慢线的交叉来做短线波段。可以看到，指标图中有两波明显的波段机会。第一波段从买点 A 的 38 元到卖点 A 的 45 元附近，盈利 18%，第二波段从买点 B 的 44 元到卖点 B 的 55 元附近，盈利 25%。由于是长线绩优股，可以用一部分资金做长线，用另一部分资金做短线波段。长线可以在周线图上的卖点考虑减仓。通常可以长线持股，利用波段机会降低成本。

从图中可以看到，在两次波段中，均线 MA5 与 MA10 都在上涨过程中发生过交叉，如果以均线死叉作为卖出依据，那么在起涨的回调位置或者在中段的回

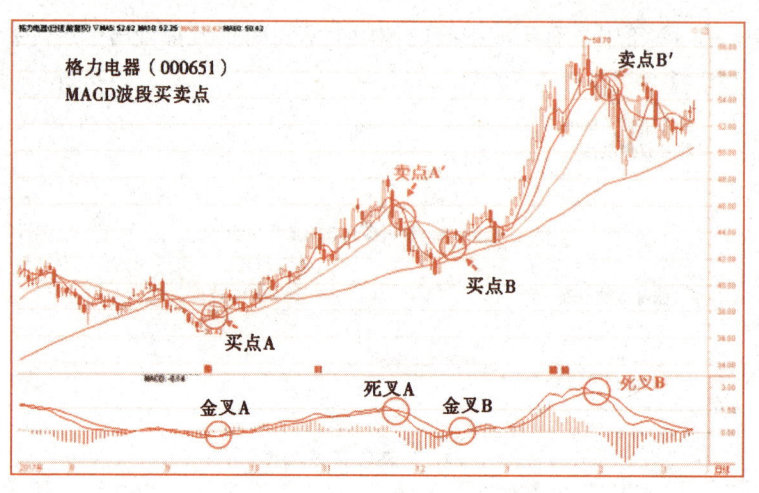

图 7-11　格力电器（000651）MACD 波段操作图

调位置都可能被迫出局（2 浪和 4 浪回调）。由于 MACD 的平滑作用，使得 DIF 与 DEA 在这两次波段中没有发生死叉，MACD 柱线始终是红色的，避免了在调整中出局，却卖在了波段头部。

长线黑马股是投资者值得关注的操作品种，他们是很多资金追逐的对象，这保证了其黑马本色的延续。在大盘发生集体下跌的很多时候，最先反弹的都是这些优质股。下跌时，他们更能体现出价值，上涨时，他们更能吸引关注。

●●三分钟学会一招必杀技之七　合理止损

　　止损，顾名思义就是止掉亏损，是指在进行买入操作时预先设定的，若发生亏损时应离场的价位。是否能合理运用止损技术是决定一位投资者能否成功的关键因素之一。止损是离场的技术，我们在市场中常听到，会买的是徒弟会卖的才是师傅，这句话就是在说成功的离场策略比入市策略要重要得多。

止损的方法可以分为固定金额止损、固定比例止损、时间止损、跟踪止损等。这是关于如何处理持股的技术，前三种止损方法比较简单，限定一个亏损的底限（金额或比例或时间），如果到了这个底限就无条件地卖出。对于波段操作者，我们建议使用跟踪止损法，跟踪止损是指，当股价到了一个用既定方法判断出的趋势转变位置做卖出操作，如图 7-12 中所示的方法。

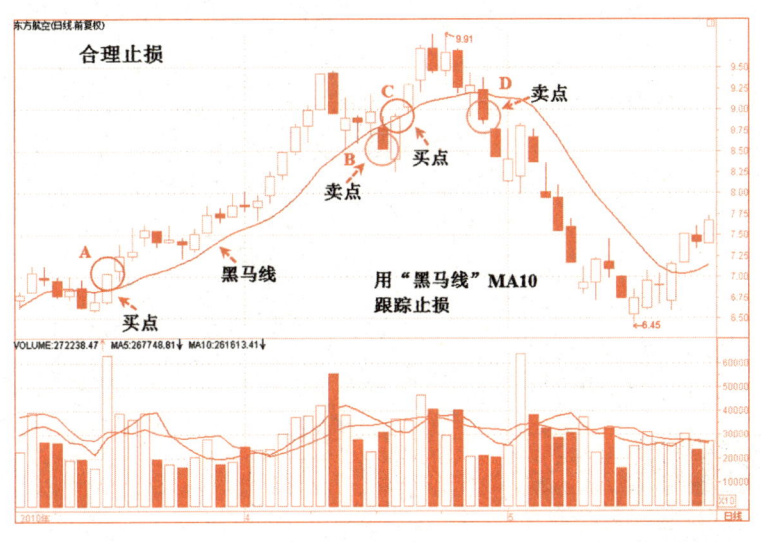

图 7-12　合理止损

用黑马线 MA10 作为买入和卖出依据，当股价站上 MA10 为买点；当股价跌破 MA10 为跟踪止损位，也就是卖点。图中可以看到，A 与 B 是一对买卖点，是第一次波段操作；C 与 D 是一对买卖点，是第二次波段操作。B 与 D 都是因为跌破 MA10 而触发了跟踪止损，虽然在 B 处卖出之后，股价又回到 MA10 之上，又再次出现了买点，看起来好像在 B 点卖出是多此一举，实则不然，如果我们把 K 线图以像实时图那样再次逐根地呈现，那么在 B 点时，你并不知道股价会不会像 D 点之后那样出现一泻千里的下跌走势。如果 C 到 D 之间的行情没有走出来，那么 B 就等同于 D。如果你在 B 点不止损离场的话，那么在 D 点也同样不会止损，后面的走势又跌回到了买点 A 的价位附近，一波上涨波段也便错过了。因此，止损要做到客观与严格执行。用跟踪止损法卖出时并非一定是亏损的，它的好处是，把止损、止盈与普通的卖点等都融合到了一起，作为统一的离场策略。

第八章

黑马交易系统

> 胜兵先胜而后求战,败兵先战而后求胜。
>
> ——《孙子兵法》

本章主要内容

第一节　交易系统——抓黑马之神器

第二节　误区与优势

第三节　建立高胜算交易系统

第四节　交易系统实例——黑马线交易系统

三分钟学会一招必杀技之八　对策比预测更重要

第一节 交易系统——抓黑马之神器

我们已经介绍了四大波段操作方法，这四种方法是分别依据均线、K线、MACD指标、成交量等技术形式的特征与形态研究出来。四种方法没有优劣之分，开发它们的目的都是为了寻找价格波动的规律，找到这些规律也就找到了财富密码。股市有其神秘的一面，同时也会给参与者以启示。世界上的任何事物都有它有秩序的一面，股市更是呈现一种秩序，也可以说是混沌中的秩序。

许多投资者都想找到一种能把这种秩序常规化、固定化的方法，也就是许多人都在找的圣杯。那么究竟有没有圣杯呢？或者圣杯是否能找到呢？对于这个问题，确实很难回答，因为有了圣杯就等于战胜了股市，就等于把股市变成了提款机。要找到问题的答案就要看股市中是否有成功者，持有圣杯的人不可能是投资的失败者，这是必然的。国际投资大师不在少数，他们必然是成功者的代表，最有名的像巴菲特、索罗斯、彼得林奇等人，他们一定有圣杯，投资中的成功者是那些能持续稳定盈利的人，而不是一时暴富的神话缔造者。有稳定成功者存在就证明了圣杯的存在，那么圣杯究竟是什么呢？

圣杯是指被物化的神器，不少投资者一定以为它是一个是一种特殊的、少有人知道的神秘方法。这种看法只说对了一半，答案没有这么简单。试想，如果巴菲特、索罗斯把他们的圣杯交给你，你也会和他们一样成功吗？应该会很难，所欠缺的就是答案的另一半——你自己！因此说圣杯不只是一种所谓的神秘方法，它还包括使用方法的人，那就是投资者本身。一定要记住，成功的关键在于"知行合一"。

在这一章，我们要讲的就是圣杯的物化方法——交易系统，至于圣杯的另一半——你自己，还要通过投资实践慢慢磨练。有了方法就有了成功的基础，有了这个基础，是否能让圣杯发挥作用，就要看你的功力和修为了。功力不是一两天就能提高的，这需要通过大量的研究去悟道。

经过大量的投资实战和研究之后，投资者不应只满足于熟悉几种技术的用法，而是应当更进一步，把这些技术方法组合成一个系统，依据技术方法形成的一整套操作策略，就是我们将要讨论的交易系统。

对于刚刚开始接触系统化交易的投资者来说，系统交易与交易系统是比较容易混淆的两个概念，这两个名称听起来有些相似，这两个概念到底有什么区别呢？

系统交易（System Trading）是指运用交易系统（Trading System）进行交易。系统交易是一种理念，它也可以称为系统化交易。而交易系统是具体的方案、原则和计划，是系统交易思维的物化。这就好像我们想"乘汽车出行"（系统化交易），于是我们选择了乘坐"汽车"（交易系统）。系统交易思维是"道"，"道"的物化则是"器"。

与系统交易类似的概念还有：策略交易、机械交易、一致性交易、计划交易等。在交易领域，这些概念基本和系统交易表达的是相同的意思，我们都称为系统交易。其中的机械交易更强调在执行交易系统上的一致性。总之，只要是有计划的交易我们都叫系统交易，交易的计划都叫交易系统。所谓"计划你的交易，交易你的计划"，这样，概念就更加明确了。

从技术分析开始，到指标研究，最终到系统化交易，这是一个技术面派投资者要走的历程。为了消除在实际交易中情绪波动的负面影响，克服人性的弱点，有相当多的投资者开始研究建立各种各样的交易系统，期待通过系统化交易来达到执行的一致性，实现稳定盈利的目标。系统交易者对风险控制，持续性盈利等方面，较一般的非系统交易者会有更深入的认识。可以说，系统化交易是一位投资者走向成熟的重要标志，也是走向稳定盈利的必经之路。

系统化交易的理论基础：

（1）价格波动不是完全随机的，其非随机部分（趋势）是存在的并且可以追踪识别。

（2）在既定风险水平上实现正期望的交易系统是存在的。

（3）系统化交易能够克服人性弱点，实现既定风险收益水平下的持续稳定盈利。

系统化交易的特点：

（1）风险收益可以预期：交易系统经过几年甚至十几年历史交易数据的测试，各项风险控制指标及参数都经过测试，如预期利润率、可能遭受的最大亏损、最多连续亏损次数、风险收益比值等，都可以提前测试出来，使得风险可以控制，收益可以预期。

（2）顺势交易：系统采用趋势追踪技术，动态跟踪市场趋势，不断调整持仓方向使之与目前市场方向一致。

（3）客观性：交易系统的全部规则和参数完全明确化，交易信号由系统触发，完全排除了投资者的主观判断，从而有效解决了投资者的情绪对交易的负面影响。

由此可见，交易系统在理论上可以说无懈可击，如果能够将理论百分之百付诸实践，无疑可以实现确定性盈利目标，问题在于投资者能否找到合适的交易系统并持续一致地执行。

交易系统三大关键因素：

交易系统本身由三大部分组成，分别是：技术分析、资金管理和交易心理。这些是决定系统交易成功的三大关键因素。

（1）技术分析。技术分析是交易系统的基础，它指投资者的技术分析方法和技术分析理论，它主要解决"在哪里买，在哪里卖"的问题。常见的技术分析方法和理论有：

指标分析，如MACD（指数平滑异同移动平均线）、MA（均线）、VOL（成交量）等。

日本蜡烛图形态分析，如早晨之星、锤头线、刺透形态、红三兵、射击之星、黄昏之星、长腿车夫、吞没形态、三只乌鸦等等。

技术分析理论，如道氏理论、波浪理论、江恩理论、亚当理论等等。

这些技术分析方法和理论是从不同角度对市场的解读，是投资者认识市场的途径，最终要领会市场波动的本质规律，形成自己认识到的市场秩序。

（2）资金管理。资金管理是交易系统的重要组成部分，它包括仓位管理和风险控制两部分，它主要解决"买多少，卖多少"的问题。顾名思义，资金管理就是对投入本金的使用计划，其中的仓位管理是指开仓、加仓、减仓、清仓策略；风险控制是指止损、止盈的策略。

资金管理是被很多投资者忽略的问题，很多投资者一出手就满仓或重仓，这样是没有计划的操作，很容易对风险失去控制。

（3）交易心理。交易心理是交易系统的上层建筑，它包括投资者的综合素质和交易习惯的训练，它主要解决"如何做到"的问题，也就是执行的问题。交易心理看似简单，可是有些投资者一旦进入市场，心理状态就完全不一样了，像"着了魔"一样。所以说，投资者的心理控制是系统化交易最后要面对的关键问题，决定稳定盈利的成败。

"系统既是谁都不重要，又是谁都很重要；系统就是一个都不能少。"然而，人都是有情绪的，每个人由于自身条件和实践经历以及理解能力的差异导致了他们对系统各个组成部分重要性的不同认识。对于成熟的投资者而言，在交易系统三大组成部分中（技术分析、资金管理、交易心理），从重要性来看，技术分析最低占20%左右，资金管理占30%，而交易心理最重要，占50%。技术分析所占比重最低，但它是另外两部分的基础，没有技术分析，其它两部分则无从谈起。三大部分组成一个体系，哪个部分有问题都关系整个系统的绩效，投资者在哪部分有短板，就应该多加重视哪部分，短板是首先要解决的重点。

第二节　误区与优势

对交易系统认识的误区

投资者初次听到交易系统这个名词时，一定会觉得很专业，很复杂。而实际上，交易系统只是对方法的总结，如果你的方法是复杂的，那么你的系统就对应是复杂的；如果你的方法是简单的，那么你的系统也对应是简单的。更需强调的是一种系统化的交易思想。比如以我们讲过的黑马线为例，有些投资者学会用黑马线之后，可能只拿它来判断买点，在买入成功后，他就不由自主地放弃了跟踪趋势，而开始靠感觉交易，在自己想卖的位置就把股票卖掉了，结果黑马线还一直保持向上，股票继续上涨，之后这位投资者极可能开始胡乱下单，完全没有了波段操作的节奏。这就是没有系统化交易思想的表现，凭感觉、靠冲动进行没有计划的操作。

如果投资者能客观地使用黑马线，那么他就会慢慢形成一套简单的方法，这就形成了一个交易系统。交易系统甚至可以简化到一条原则，比如当黑马线向上时买入，当黑马线向下时卖出。只要一贯地按这个原则操作，那么这位投资者就是一位系统化投资者。

刚开始真正接触交易系统的投资者，一般会有一些认识上的误区，我们总结为如下几点：

误区一：交易系统就是电脑程序。

这种认为交易系统是电脑程序的看法，其实是指交易系统的程序化。交易系统是一整套交易计划、策略、方法。人工手动完全可以执行。如果把交易系统编成程序代码，通过电脑来执行，那么就是程序化交易。程序化交易是以系统交易为前提的。但并不是说交易系统一定要由电脑来自动执行。电脑可以替代人重复执行交易系统，电脑是比人工更有效率的执行方法而已。

交易系统的程序化是系统化交易中的更高阶段。一般是比较专业的投资者或投资机构会用到程序化交易。比如，期货中有一些短线交易系统可以非常频繁地以每秒几次的频率发出交易指令，这个速度就不是人脑和人工所能企及的了。但对于个人投资者，有些中长线交易系统可能会相隔很久才会发出交易信号，这就没必要用自动交易了。使用电脑确实可以极大地改善交易系统运行效率，可以及时地将系统制作者的思想体现出来。而且，将交易系统放到电脑上，由电脑给出各个信号，这样的信号更加客观，可以促使投资者更好地执行交易系统，避免人为情绪的波动对投资产生影响。在交易系统建立好了以后，有能力的投资者可以尝试交易系统的程序化。

误区二：指标就是交易系统。

在网上经常看到有人声称发现一个如何好的指标，好像用了这个指标就能赚钱一样。首先要说的是，指标没有好坏之分，只有用得好坏之分，我们一再提到，指标只是工具，而运用工具的人才是关键。绝大多数的指标都是由价格的不同算法演变过来的，对于有经验的投资者来说，看价格就能猜到指标的形态，指标只是价格的外衣，其本质还是反映价格。

指标可以作为交易系统建立的依据，不排除有一些好的算法，使用由这些算法得出的指标更便于观察和总结价格波动规律。但指标是没有思想的，指标即使加上操作策略也只是解决了技术分析的出入场点的问题，还有交易系统中另外两个更重要的问题，即资金管理和心理控制没有解决。

误区三：交易软件就是交易系统。

市面上卖的交易软件所谓的交易系统，一般只是技术上的交易信号，告诉投资者何时买进何时卖出。这些交易软件严格来讲，是一种技术指标或是指标的组合，只是表现形式可能直观一些，有些还做的比较花哨。目前，通过普通的股票行情软件，如通达信、同花顺、大智慧等，投资者已经可以自己通过交易软件中的指标公式自动提示买卖信号。只要把指标加载到行情软件上即可。而且这些软件上一般也会自带很多指标供使用者选择，有些系统性指标都可以提示买卖点。

总之，交易软件多是指标的表现形式，没有形成交易策略，更没有资金管理，也谈不上心理控制。

误区四：交易系统就是为了节约时间。

有些投资者之所以想用交易系统，是认为交易系统省去了看盘时间。这种看法是有些舍本逐末了，交易系统的确能减少看盘时间，但这只是交易系统诸多优势中的一项附加好处罢了。比起省时省力来说，交易系统更重要的作用是为了客观地执行交易策略，实现稳定盈利目标。

有了交易系统，投资者不必再受盘中情绪波动的干扰，尽量避免冲动性交易，交易系统包括对所有可能的走势的对策。投资者只需要按照既定的交易系统严格执行即可，不需要盘中的思考，在盘中要做一个没有思想的操作者，一切操作行为应都是对行情走势的对策。相比节约时间来说，交易系统更重要的目的是使投资者能稳定盈利。

误区五：交易系统是一个预测系统。

交易系统的技术分析部分是解决进出场信号的。每一个买入卖出信号必然对应的是对未来行情的判断。一个买入信号意味着交易系统发现行情的走势符合一个既定的特征，这个既定的特征代表调整已经结束或者价格发生了有意义的突破，从熊市转变为牛市。因而，交易系统认为可以买入，但这一信号并不意味着行情将有100%的可能性发生转变，有时候信号也会出错，甚至出错的可能性在某一时间段还会很高。如果投资者按照这一信号大举买入，重仓甚至满仓操作，其风险将不能得到控制，很可能使投资者损失惨重。其实，分析预测功能只是交易系统的一部分，交易系统还有其他两个重要的组成部分资金管理和交易心理。这三个部分是相辅相成的，缺少任何一部分，交易系统都是残缺的。如果只把交易系统作为一个预测系统，不注重风险控制和执行，投资者即便有较好的买入或卖出机会，也可能会亏损出局。只有良好的技术分析、资金管理与交易心理相配合，在信号正确的情况下，尽可能扩大盈利；在信号错误的情况下，可以及时止损退出，这样的交易系统才是完整的交易系统。

误区六：交易系统就是圣杯。

很多人认为，交易系统可以大大提高交易的稳定性和成功率。里面一定包含了不为人所知的秘诀。交易系统不就是圣杯吗？尤其是一些售价很高的交易软件也自称为稳赢的交易系统，而当投资者买回来后才发现并没有那么神奇。事实上，交易系统只是我们交易方法、经验和原则的集合。要想取得稳定的收益，有了交易系统已经有了半个圣杯，另一半就是你自己！一定要记住，完整的圣杯中最重要的是你自己。

在市场中每过一段时间经常会有一些传奇发生，比如某人做股票一年赚了200%的利润，某人做权证一周盈利80%，某人做期货两天赚了50%等等。我们相信这些的确会真实的发生。因为只要市场上有大行情，一定有赚到暴利的人。但我们也要相信，稳定比暴利更重要。交易系统是控制盈利和风险比的，不是来挑战暴利的。那些财富故事往往是来得快，去得也快。我们只能相信暴利的存在，但千万不要奢望它发生在自己的身上。我们强调的是稳定和执行，实现复利增长才是正道。这个市场中活得久的才是成功者。

还有一种错误的想法是，通过是自建或是花钱购买等方式得到一套能赚钱的交易系统，然后就可以一劳永逸，靠它发大财了。我们说，交易系统并不是建立好了之后就永远不变了，它的细节还是需要根据市场变化而做相应的调整，不过大的框架可以不用改变，除非是交易观念上的彻底转变，否则不会重建交易系统。

系统交易的优势

"凡事预则立，不预则废。"系统交易能提高盈利稳定性是毋庸置疑的，具体有哪些优势呢，我们总结如下几点：

优势一，有助于控制风险。这是首要的好处！我们在交易中经常会遇到出局难、止损难的问题。止损对于交易来讲，其作用是不言而喻的。投资者如同高速公路上的驾车人，如果遇到紧急情况不知道或不会刹车，那么将是致命的。交易系统使交易过程更加明确化、标准化和机械化，使投资者从由情绪支配的随意决策，转变为定量的数量化的决策，即交易动作只有在交易条件满足时才会被触发。当投资者能够一贯地执行系统的全部操作信号时，可以说该投资者已经走上了成功交易的康庄大道。

交易系统之所以能控制风险，关键在于其控制风险的有关参数，比如单笔止损值、仓位大小等都是在交易之前就能确定的合理对策。事实证明，不使用交易系统或是不能有效执行交易系统的投资者很难合理地控制风险，这也是多数投资者亏损的主要原因之一。

优势二，有助于树立正确的交易理念。系统化的交易理念是专业交易思维的表现。交易系统告诉我们必须坚守自己的交易哲学，根据自己交易系统的客观性原则进行交易，以一切价格触发的信号为准。这虽然一时难以获取暴利，但更重要的是它的稳定性和持续性。试想，一个30岁的年轻人现在以10万元为本金，年利润率以许多股市高手看不起的20%复利计算，10年后，他的财富是会是62万元，如果是20年后呢?！这正是"股神"巴菲特让所有人称赞的秘密。在某个阶段你的投资成绩可能会远远超过巴菲特、索罗斯这样的交易大师，可是你失去的却是最重要的一致性、持续性和稳定性。这也是几乎所有投资者无法成为巴菲特的一个重要原因。"巴菲特之所以伟大，不在于他75岁时拥有450亿财富，而在于他年轻时候想明白了很多事，并用一生的岁月来坚守。"

优势三，保证了交易执行的一致性，有助于扩大盈利。系统交易能在剔除众多情绪干扰的同时，舒缓交易者的心理压力。投资者在操作时只需依照既定的交易系统就可以了，这样的交易过程自然没有情绪的干扰，也不会产生较大的心理压力。仅抛一次硬币很难说正面是向上还是向下，但连续抛10亿次，正面向上的次数便不难确定了。与此类似，只有连续的使用同种方法，概率才能发挥作用；而失算部分则可以通过止损加以弥补，从而实现总体利润的最大化。

系统化交易是有计划地实施交易策略，不会因为某次的失误而错过大的行情。交易系统像一张"鱼网"，组织其各部分发挥系统性的作用来捕捉"大鱼"。我们通常是事后才能在图表中看出来大行情，当时总是因为没有计划唯恐被套牢而不敢入市。系统化交易是一个概率的思维，能在控制亏损的基础上捕获大的行情。这也就是资金管理中说的大R（R乘数，指盈利与亏损的比例）。交易系统不但有助于骑上黑马，还有助于骑得住黑马；使我们把注意力从关注波动转移到具体的执行上。这样，能很好地调节我们在盈利中的心态，从而获得更多的收益。

优势四,有助于正确地分析市场。投资者有了交易系统后,看行情的心态和眼光都会不一样,不会随股价的波动有太大的心态起伏,能更客观地观察研究市场波动规律。当靠感觉操作的投资者头昏眼花辛苦看盘、绞尽脑汁猜测庄家时,系统交易者则在从容冷静地思考自己的投资策略,完善自己的交易系统。以更高的视角来看市场会有更多的新发现。

优势五,有助于交易知识和经验的积累。把交易规则系统化,有助于投资者把市场经验和知识进行积累、整合和修正。交易系统的改进过程就是学习交易的过程。我们保存下来各阶段使用过的交易系统,就是我们学习成果的体现。通过对交易系统进行历史测试,使交易者能够从容面对震荡行情,压力减轻后给生活各方面带来无法估量的好处,很多走过来的系统交易者会对此深有体会。

第三节　建立高胜算交易系统

如何建立高胜算交易系统

"知己知彼,百战不殆",投资者在建立交易系统之前要先明确一下自己的各种"参数"。先做到知己,多问自己几个问题,比如:

(1)我的风险偏好如何?是倾向进攻还是倾向保守的策略?

(2)我的看盘时间有多少?每天有多少时间盯盘?还是只看每天的收盘价?关注股价有多频繁?

(3)我想投入多少本金?是闲置不用的钱还是需要随时取出的?我能承担的最大风险有多大?每次亏损的底限是多少?

(4)我一年的期望收益百分比是多少?一年中我肯定不忍受亏掉多少?

(5)我一年操作多少次比较合适?

诸如此类的问题,这好比是我们想买一辆车,就需要考虑自己的经济承受能力、车的用途、主要是谁使用、在哪使用、对动力的要求、安全性等。明确了这些问题才能选择合适的汽车。

做完"知己"的准备工作后，就可以开始建造我们的交易系统了。建立交易系统的过程是认识市场的过程，最终是要达到"知彼"。做到了"知己知彼"才有可能实现"百战不殆"。要知道"胜可知而不可为"，我们只要建立了盈利需要的交易系统，盈利就在我们的系统概率内，只要做到严格执行，剩下的让概率去发挥作用。

交易系统是投资者的工具，拥有交易系统是持续获利的必要条件，但并非充要条件。这说明拥有一个好的交易系统是取得成功的良好开端，但最终能否取得成功还必须交易执行者的配合。在交易过程中最难的还是人的心态，有句话说得好，"性格决定命运"，在投资中则是性格决定了交易工具的选择和投资的最终成败。

建立交易系统的原则

交易系统相当于赛车手的赛车，自然是动力越足、速度越快越好。但也要注重其适用性和稳定性。不能一味追求暴利而忽略潜在的风险。一般好的交易系统要满足以下几点：

（1）具有完整性和客观性。交易系统应该有明确的、量化的进场点和出场点。

（2）简单原则。越简单的系统适用性越强。

（3）防止过度优化。过度优化的系统会增加特性，而减少普遍性，容易被市场淘汰。

（4）捕捉趋势。任何系统都有优势和弊端，好的系统应该能把握住主要趋势，单边行情是利润的主要来源。

（5）概率作用。交易系统应该做顺应趋势的大概率交易信号。并且系统化交易强调持续一致地执行，只要是经过足够多次验证的正期望系统，一定要坚持执行，让概率发挥作用。

建立高胜算交易系统

为了更清楚地说明建立交易系统的相关问题，我们制作了如下两张表格，一目了然!

建立交易系统需要回答的策略上的问题见表 8-1。

表 8-1　　　　　　　　　　系统策略问题表

系统策略问题	影响因素
系统理念	做趋势还是做震荡
操作周期	短线、中线还是长线
选股条件	板块、流通盘大小、价格高低、其他
预期收益	年收益率、胜率、R 值、数学期望

建立交易系统需要回答的具体问题见表 8-2。

表 8-2　　　　　　　　　　系统具体问题表

技术分析（20%）		资金管理（30%）		交易心理（50%）
问题	系统参数	问题	系统参数	执行情况
首次买入条件	入场点	买多少	开仓量	
再次买入条件	加仓点	买多少	加仓量	
亏损了怎么办	减仓/出场点	卖多少	减仓/止损量	
加仓亏损怎么办	止损/止盈点	卖多少	止损/止盈量	
盈利如何离场	止盈点	卖多少	止盈量	

我们看到，在交易系统的三个组成部分中，按重要性来说，技术分析最低占 20% 左右，资金管理占 30%，而交易心理最重要占 50%。这里要再次强调一下执行的重要性。投资者需要认真思考表格中列出的条件问题，然后明确交易系统所需参数，便能很容易地建立起交易系统。

交易系统测试

建立了一个交易系统后，要对其进行严格的历史测试。有人形容建立交易系统的过程就是测试、测试、再测试。是否进行科学严格的历史测试，是系统交易者与感觉交易者的一个明显区别。心理学家告诉我们,人类的心理存在着选择性记忆和选择性理解的现象,简单说,对于过去,人们总是只记住好的,例如记住了用某个方法操作的某只个股成为了大黑马,而记不住用同样的方法操作的其他很多个股却导致亏损。在股市中,人们的一个心理倾向就是强化做对的一面,即使是在黑马股上提前出局,他也会说选股和买点是正确的,而回避卖点不合理的事实。对系统的测试可以让交易者更勇敢地面对自己。

对于测试方法,可以视工作量而定,如果数据量小,那么用手工或 Excel 表格足够完成测试。如果操作周期较短,需要测试的时间又较长,这时最好用比较专业的交易软件。国内的股票软件一般只能测试进出场信号的成功率,还不能测试整个交易系统的盈利绩效。在测试这方面对投资者来说会有一个瓶颈,因为在系统测试方面,还是期货软件或外汇软件比较好,这需要有一定的软件应用能力,甚至外语能力和计算机编程能力。可以把行情数据导入到其他专业软件平台中进行测试,这些平台包括 TradeBlazer、MultiCharts、TradeStation、MT4 等。

在学习系统化交易的初期,还不用进行这么严格的测试,最重要的是先建立系统化的交易思想,明确系统中的细节原则。成为一个系统交易者不是一件简单和轻松的事情,需要不断地学习和积累,我们认为,这些辛苦比起无谓的大量亏损来说还是相当值得的。有了系统就有了优势,至少比 80% 甚至 90% 的散户都有更多赢的机会。

简单来说,一个完善的交易系统应该具有以下特征:

(1)稳定性。表现为收益的稳定性,有可能有大起,但决不会有大落,一切可能造成重大亏损的交易都不能存在,资金回撤幅度是交易系统的一个重要评价指标。

(2)枯燥性。盈利没有乐趣可言,过程一定是枯燥的,交易系统经过验证可行以后,每天只是枯燥地去执行,具体交易不需要掺杂任何的个人情感。

(3)简单性。交易计划的制定和执行全部加以程式化,人需要做的只是去付诸实施,并加以监控。简单往往最有效。

实践证明,能承受交易系统亏损期的投资者通常是市场中的赢家,因为他们知道正常的亏损是交易的一部分，没有任何人的系统能做到100%的胜率。需要接受这些小的亏损，正是这些小的亏损增大了系统的适用性，大的盈利才能被系统捕捉到。投资者往往在静态的图表上，能客观地对待已经发生的系统信号，知道依据交易信号操作是最合理的选择，但一旦交易信号发生在盘中，就很难再有盘后的那种客观，这时的主观看法成了影响系统绩效的最大潜在风险。因此，"历史的眼光"在系统应用中显得尤为重要，作为一个系统化交易者，不应该再担心"买入后是否会涨"、"会涨多少"这类预测性的问题，而应该是以对策为主，最关心的是"做对了怎么办"、"做错了怎么办"这类策略性的问题。

第四节 交易系统实例——黑马线交易系统

黑马线的应用是本书着重讲解的波段操作方法之一，黑马线是黑马股的生命线，在第二章我们讲过两种黑马线的方法，一种是利用其方向，一种是利用其相对价格的位置。下面将主要以这两种方法为主要依据来建立一个中短线交易系统。

建立黑马线交易系统

均线是被最广泛使用的指标之一，其有简单明确的特点，别看它简单，但我可以肯定地说，如果能按这个系统来执行的话，会取得比七成以上的投资者更好的收益。因为常说的"7亏2平1赚"，而我们下面将要建立的这个黑马线交易系统，是至少属于不亏钱的那三成里面的系统。至于赚多少，要看投资者自己的运用。在完成交易系统后，会有将该系统运用在上证指数和个股上的测试报告，投资者可以到时验证其效果。

交易系统的建立原则可以简要概括为"合理、简单、明确、可行、可控"。我们为了便于说明还是以表格的形式做实例（见表8-3）。

表 8-3　　　　　　　　　黑马线交易系统相关问题表

系统相关问题	影响因素或选择范围	明确选择结果
系统理念	趋势、震荡	趋势
投入本金数额	N 元	1 万元
使用期限	N 年 N 月 N 日止	4 年
手续费率	1‰～3‰，分单向或双向	3‰
预期收益比例	胜率、R 值、数学期望	胜率 50%～70% R 值 3～8
亏损底限	N%	10%
操作周期	短线、中线、长线	中短线
选股条件	板块、流通盘大小、PE 值、换手率、价格高低、其他	做熟悉的、图形流畅、流动性好、盘子适中的股票
股票池	熟悉的 3～5 只股票	中金岭南、开滦股份、包钢稀土、上海能源、180ETF 等
操作股票数量上限	N 只	3 只
技术理论、指标	波浪理论、江恩理论、量价理论、MACD、KDJ、均线、其他	黑马线 MA10，DIF
左侧右侧交易	左侧交易、右侧交易	右侧交易
仓位控制方法	正金字塔加仓、均匀式加仓、其他比例	4：4：2 比例加仓
其他问题	……	……

具体参数见表 8-4。

表 8-4　　　　　　　　黑马线交易系统具体参数表

技术分析		资金管理	
系统参数	明确条件	系统参数	明确数值
入场位	(1) MA10 向上 (2) 收阳线 (3) 收盘价在 MA10 之上 (4) DIF 在 0 轴之上	开仓量	总资金的 40%
加仓位	(1) 满足买入条件 (2) 盈利 5%	加仓量	第一次加 40% 第二次加 20% 当止损而有持仓,又满足开仓条件时,则按上次止损量加仓,使总持仓量回到止损前的水平
减仓位	跟踪止损,同止损位	减仓量	同止损量
止损位	(1) MA10 向下 (2) 收阴线 (3) 收盘价在 MA10 之下 (4) 或低于买入价 10%	止损量	第一次止损持仓量的一半,连续第二次则清仓
止盈位	跟踪止损,同止损位	止盈量	同止损量
其他参数	……		……

解释一下上面回答的几个重要的问题:

(1) 数学期望。

数学期望是数学和统计学上的一个概念,用来计算一定概率下的预期收益,用在投资中,当数学期望是正值时,则表示预期是盈利的,如果是负值,则表示预期是亏损的。我们根据经验预计这个系统的胜率(P)在 50%~70% 之间,盈亏比 R 值在 3~8 之间。我们根据数学期望公式:$EP = P \times R - (1 - P)$,来算一下数学期望是否为正。

按保守的数值来计算,当 $P = 60\%$、$R = 3$ 的时候,可以计算得出 $EP = 1.4 > 0$,因此,这个黑马线交易系统是正的数学期望,也就是赚钱的,之后我们将通过测试结果来验证,看具体值是多少。

(2)开仓与加仓数量。

根据凯利公式 F = ((R + 1) P – 1)/R,我们算一下在 P = 60%、R = 3 的时候,F = ((3 + 1) ×60% – 1)/3 = 47%。所以我的开仓数量定在了占总资金比例的 40%。由于加仓的时候,随着行情的上涨,在高位的风险会加大,胜率会降低。所以我在第一次加仓用 40%,第二次加仓用 20%,这样避免在顶部加重仓。

对于止损后再次满足买入条件的情况,这一次加仓需要包括两部分。首先要把上次止损的仓位补上,其次再按计划加仓。比如,在第一次买入 40% 后,由于行情回调触发了止损位,这时果断止损掉开仓量的一半即 20%。如果行情继续下跌,再次满足止损条件则卖出另外的 20% 清仓出局。如果行情只是震荡洗盘之后又重新进入升势,当价格满足加仓条件时,首先加上前面止损的 20% 仓位,再按计划加仓 40%。简单来说,在有止损而未清仓的时候,加仓量为持仓量与计划加仓量之和(20% + 40%)。

(3)选股条件。

我们建议过投资者建立一个股票池,这个股票池是提前选出的黑马板块中的质地优良的股票。这些股票具有长期轮动概念,在每一波的上涨行情中一般都会高于平均的涨幅。还有一种观点是,做指数型基金也能收到不错的回报。所以说,无系统投资者看来很重要的选股,在系统投资者看来并不那么重要。对于系统化投资者来说,稳定就是暴利,持续的复利增长,是最稳妥的赚钱方法。

(4)入场位。

黑马线向上是买入的基本条件,我们进一步增加了三个过滤条件,第一个是,收阳线,虽然简单却是说明短线上涨的最有力证据;第二个是,收盘价在黑马线 MA10 之上,只有在黑马线之上时才是好的做多机会;第三个是,MACD 指标中的快线 DIF 线在 0 轴之上,这是用来识别多头行情的。在优化时还可以加其他过滤条件,投资者可以依据系统风格而定。

加仓的买入条件是,在满足首次开仓条件的基础上,盈利 5% 才能加仓,这样就保证了只在盈利的时候加仓，永不摊平亏损，这是制胜原则之一。

（5）离场位（止损、止盈）。

我们采用跟踪止损策略，意思是说，出场位的设定也随着股价的上涨而提高。止损和止盈都是统一的卖出条件。黑马线 MA10 方向向下是主要卖出条件，其他的三个条件是：收阴线；收盘价在黑马线之下；为了过滤掉一些小的回撤，我们把买入之后亏损但亏损比例不到 10% 的持仓做继续持有处理。当亏损达到 10% 时都无条件卖出。当满足卖出条件时，按持仓数量分两次离场，每次卖出持有数量的一半。

（6）手续费。

手续费常规包括：印花税：成交金额的 1‰，有时按双边收，有时按单边收，目前是单边收取。证券监管费（俗称三费）：约为成交金额的 0.2‰，实际还有尾数，一般省略为 0.2‰。过户费（仅上海股票收取）：每 1000 股收取 1 元，不足 1 000 股按 1 元收取。券商交易佣金：最高为成交金额的 3‰，最低 5 元起，单笔交易佣金不满 5 元按 5 元收取。目前，很多券商把佣金已经调至了 0.8‰~1‰。这样一般单边的手续费平均在 2‰ 以下。我们考虑到滑价或一些其他误差，把手续费定在相对较高的，按双向都是 3‰ 计算。

个股测试之一

明确了表 8-4 中的问题，我们就有了一个黑马线中短线交易系统。

有了交易系统之后，就要对其有效性进行测试。测试时，如果测试时间周期不长，交易信号又不是频繁地出现，比如用 DIF 线建立的中长线系统，可以用笔纸记录下来每次满足买入和卖出条件的价格和时间，然后计算一下成功率和盈利与亏损比例，如果成功率在 50% 左右，盈亏比在 3 左右就可以肯定是一个盈利的交易系统了。一般来说中长线的交易系统胜率在 40%~60%，盈亏比在 3~5，如果是胜率太高或是盈亏比太高，那么在实际交易中的适用性会降低。所以不一定要追求过于高的胜率和盈亏比，这样的方法一般不符合实际，运用在实战中容易失效。

对于测试结果的可信度还有一条重要的衡量标准，就是交易的次数要足够多,也就是统计学中所说的样本数。如果一个系统在几年的时间里只有几笔交易,那么这个系统的可信度就值得怀疑。这就好像是衡量一位篮球运动员的命中率一样,假如有两位球员,分别是 A 和 B,球员 A 投 10 次进了 6 个,球员 B 投 100 次进了 60 个,虽然命中率是一样的都是 60%,但教练肯定会选球员 B,因为他的出手次数多,稳定性强。通常来说,衡量一个交易系统的可信度,交易信号要达到 30 次,当然如果能更多则更好。

我们要测试的黑马线交易系统,是偏中短线的系统,发出交易信号的次数不会出现样本不足的情况,测试期间定在 2006 年 1 月 1 日到 2010 年 1 月 1 日期间,整整四年的时间。因为期间数据量较大,我们把黑马线交易系统编成了程序,放到行情软件里进行测试。

交易信号如图 8 - 1 所示,这些完全是根据交易系统由计算机程序判断触发条件发出的交易信号,是对交易系统严格的执行。

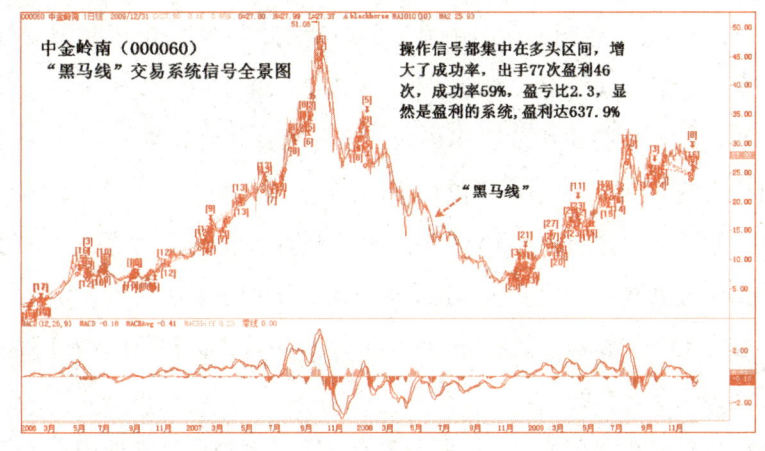

图 8 - 1 中金岭南 (000060) 黑马线交易系统信号全景图

图 8 - 1 显示的是 2006 年 1 月 1 日到 2010 年 1 月 1 日期间,个股中金岭南 (000060) 的黑马线交易系统信号全景图,从中不难发现,用数字标出买入的信号都出现在多头区间内。图中显示在 K 线下方的向上箭头表示买入;显示在 K 线上方的向下箭头表示卖出,数字表示交易数量。由于测试时间较长,全景图上可能看不太清楚细节,但能够看出信号全部集中在上涨的大概率区间,可见 DIF

线的"多空穿越"起到了很好的分辨多空市场的作用,下面再看一幅2009年5月到9月这个时间段的放大图(见图8-2)。

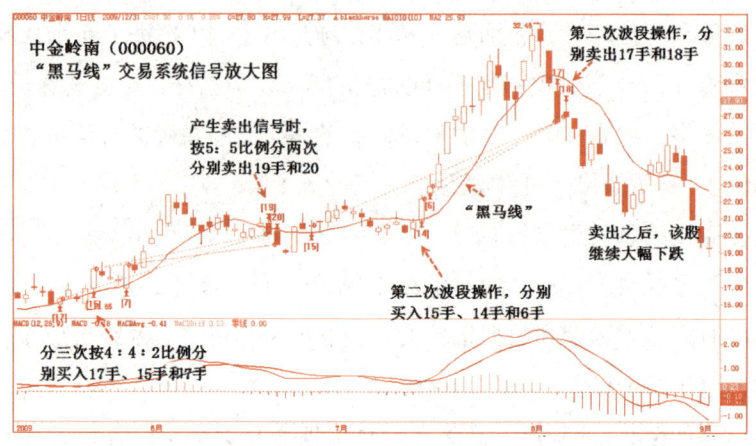

图8-2 中金岭南(000060)黑马线交易信号放大图

图8-2中,可以看到,在图中显示的时期内,一共发生了两个波段的买入和卖出信号。在第一波段中,当股价满足所有买入条件后,发出了第一笔买入信号,我们按4∶4∶2的比例分三次买入,第一笔占总资金量的40%,是按当时资金计算得出的17手。当第一笔盈利5%之后,再次满足买入条件,就出现了第二笔和第三笔买入,分别买入15手和7手。这时已经是满仓状态,并且是小有盈利。从图中可以看到,当黑马线拐头向下时,出现了卖出信号,卖出是分两次每次出一半的策略,分别卖出了19手和20手。用计算机执行的信号和我们之前制定的系统是完全符合的。

同样可以看到在清仓之后,该股并没有向下,而是再次出现了买入信号,这时对于没有系统的投资者来说,这个位置就会不敢再坚决买入,而系统是客观的,对于系统化交易者来说,系统就是冷静的自己,是有计划和理智的自己。在出现买入信号时,都要坚决地执行。从图中看到,还是有条不紊地分三次买入,分别买入15手、14手和6手;之后达到卖点时,分两次出场,分别卖出17手和18手。这样按系统的操作一点不受市场情绪的影响,圆满完成一次中线波段操作,并且抓住了波段的主升浪。

再看一下测试结果,如表 8-5 所示,列出了对交易系统绩效考核的主要参考指标及测试结果。

表 8-5　　　　　　黑马线交易系统测试报告　　　　　单位:元

中金岭南(000060)测试报告	
统计指标	全部交易
净利润	63789.51
总盈利	90300.92
总亏损	(26511.41)
总盈利/总亏损	3.41
交易次数	77
盈利比率	59.74%
盈利次数	46
亏损次数	31
平均利润	828.44
平均盈利	1963.06
平均亏损	(855.21)
平均盈利/平均亏损	2.30
最大盈利	7742.10
最大亏损	(2210.79)
最大持续盈利次数	18
最大持续亏损次数	10
平均持仓周期	26
平均盈利周期	33
平均亏损周期	15
最大持仓数量	52.00
最大使用资金	80758.00
佣金合计	2800.49
收益率	637.90%
年度收益率	64.93%
总交易时间	1458 天
持仓时间比率	59.12%

测试的日期是，2006年1月1日至2010年1月1日，本金为1万元。

下面来分析测试结果。

从测试报告中可以看到，按照黑马线交易系统操作，中短线交易一共出手77次，盈利46次亏损31次，成功率59.74%，成功率接近之前60%的预期。总盈利为90 300.92元，总亏损为26 511.41元，净盈利63 789.51元，我们用了1万元的本金，所以很容易计算出收益率为637.90%。

再来看另一个关键指标R值（平均盈利/平均亏损），R = 2.30。R值低于之前的预期值3，这反映了中短线交易的特点，出手次数多，平均盈亏比R值较低。成功率大于50%，R大于2就是肯定赚钱的系统，但我们还是要计算一下这个系统的数学期望。通过数学期望公式 EP = P × R −（1 − P）= 59.74% × 2.30 −（1 − 59.74%）× 1 = 0.97 > 0，是正期望的系统，这表明，使用这个系统，每一次出手1元本金的平均收益是0.97元，只要按这个系统执行当然会赚钱。

通过以上分析，可以知道这个黑马线系统是小亏大盈并且高成功率的交易系统。年平均收益率可达64.93%，要知道多数的基金经理平均年回报率才是20%~30%。"股神"巴菲特的投资业绩，一种说法是在20年中平均收益率在20%左右，另一种说法是平均年收益在28.6%。当然，巴菲特的资金庞大也影响了他的整体回报率。巴菲特之所以是大师，主要是因为复利的持续增长，他的稳定性是普通人不能比的。普通投资者只要能坚持一个正期望的交易系统坚决地执行下去，不仅能达到而且能超过大师的投资回报水平，因为我们有资金规模较小，操作灵活的优势。我们一直强调稳定比暴利更重要，稳定就是暴利！

个股测试二

下面通过一个例子来分析黑马线交易系统在震荡市和趋势市中的表现，看黑马线如何在这两种市场波动中捕获波段。

首先看黑马线交易系统对开滦股份（600997）的测试结果，如图8-3所示。

从图8-3中同样可以看出，在四年的测试期内，黑马线系统只在多方市场

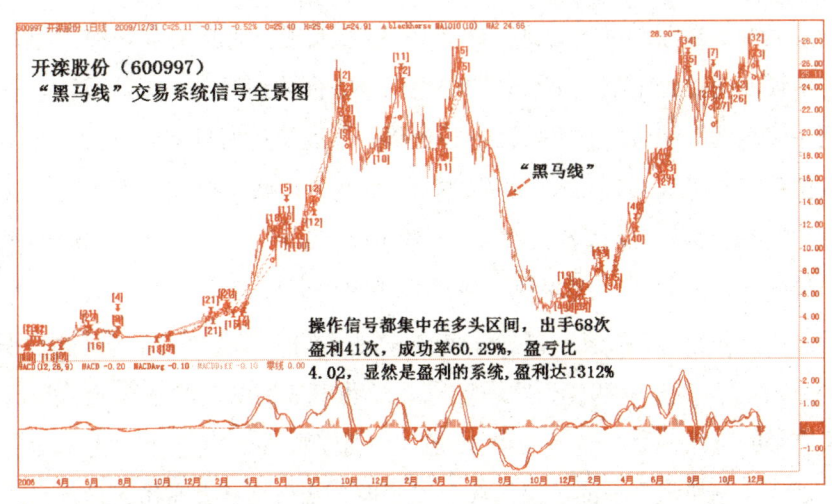

图 8-3　开滦股份（600997）"黑马线"交易系统信号全景图

时才出手，而在明显的下降趋势中则是空仓休息。这也符合趋势交易的理念，做趋势的朋友，趋势自然会给你回报。

交易系统在震荡市中的表现

图 8-4 是黑马线交易系统在震荡市中的表现放大图，是 2007 年 7 月到 2008 年 7 月的走势，也就是图 8-3 中，图中间位置的"三重顶"部分。

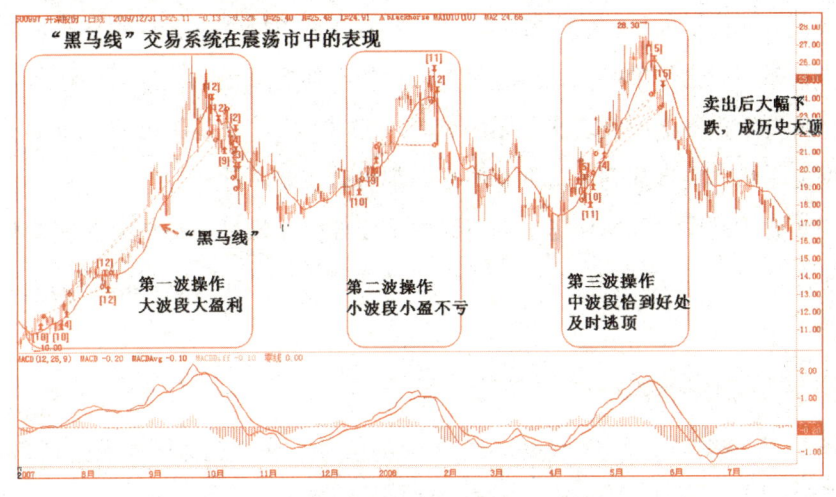

图 8-4　黑马线交易系统在震荡市中的表现

从放大的信号图中可以看到,在 2007 年形成历史大顶的那段时间里,黑马线系统敏锐地捕捉到了三次上涨。图中用三个方框分别标出了三波操作。第一波操作是一波大的上涨波段,是一波冲顶走势,上涨快速而且涨幅巨大。黑马线系统从低位分三次买入(10 手、10 手、4 手),在一次回调时被震荡出了一次(12 手),趋势没有反转,紧接着又在买入信号时买回(12 手),此后该股的黑马线一直保持向上,完成了一次冲顶,在黑马线拐头时分两次出现了卖出信号(12 手、12 手)。不过在之后有一根强反弹的 K 线,又被"骗线"开了一仓,不过我们定的原则是第一仓是 40%,只有在第一单盈利 5% 以上时才加仓,这次买入后,没有继续上涨,小仓位亏 10% 离场。相对于前面的满仓坐等上涨相比,小仓位的试错还是相当合算的。黑马线系统的理念就是小亏大赚做足波段,不放过可能的上涨就需要去试错,因为在系统内总是用小亏损博取大利润。

第二波操作是一波较小的波段,股价没有突破前期顶点,这次出手还是抓住了主要波段,因为在头部的波段较剧烈,第二笔卖出的收盘价回撤较大,不过总体上这波操作也是盈利的。而且依靠系统躲过了后面更大幅度的下跌。

第三波操作是一个短暂突破前高形成"三重顶"的最后一浪上涨,在第一笔买入时,被一次深回调给震荡出局了一次,但后面在趋势好转后,又重新布局分三次买入抓住了最后一波上涨。有些投资者在波段操作中,看到在头部的下跌中失去很多利润会很难接受,但这是波段操作必然要接受的,因为要按照信号客观操作就要承担资金回撤。交易系统就是一张"网",它是用来捕大鱼的,总会有漏网的小鱼,一旦捕到大鱼,那些小鱼都可以忽略不计。

三次波段操作,都抓住了上升行情的主要部分,躲过了每波的深度调整,还抓住了起涨点。在震荡市中还能保持这种表现,这个系统可以说已经相当不错了。

交易系统在趋势市中的表现

图 8-5 是黑马线系统在趋势市中的交易信号。这个趋势区间发生在 2009 年 3 月到 9 月期间,该股走出了一波连续的上涨行情。

图 8-5 也是黑马线系统在趋势市中的表现情况,图中显示的是顶部的两次

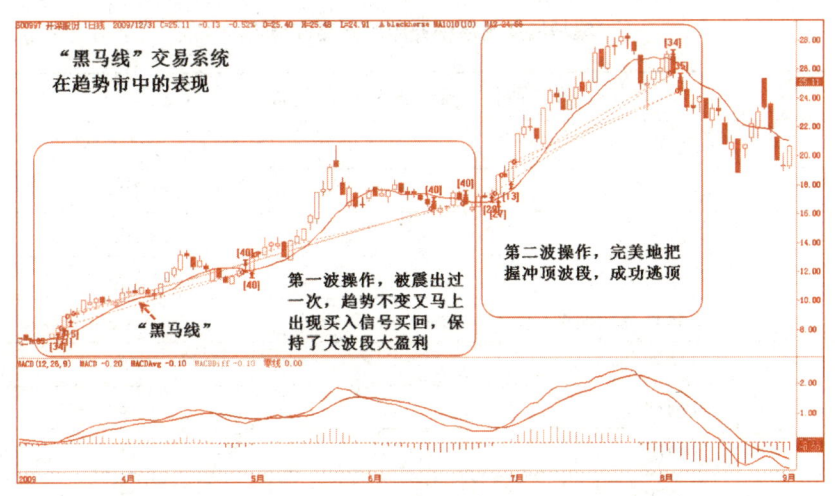

图 8-5　黑马线交易系统在趋势市中的表现

趋势波段操作，在第一波操作中，该系统在上涨趋势开始的位置分三次买入（34手、31手、15手），其中有一次短暂出局（40手）。第二波操作中同样分三次买入（29手、27手、13手），在顶部成功分两次卖出（34手、35手）。这两波操作可称为是经典之作。

两次波段操作的卖点处产生信号时，我们并不知道之后股价如何发展，所以不能说因为之后还可能上涨就不卖。如果在第一次波段的两个卖点（40手、40手）处不卖出，那里也可能是顶部，继续持有就会因为违反系统而造成不必要的亏损。系统的作用就在于它的客观性，在可能向下转势的地方卖出。即使后面又再次涨回来，那么这次也是正确的操作，理解这一点很重要。看图中第二次的两个卖点（34手、35手）之后，该股有大幅度的下跌。第一次波段操作的卖点处也可能发生这样的跌幅，在发生之前我们并不知道。因此，要相信系统给我们指示信号。

我们再来看详细的测试报告，如表8-6所示。

表 8-6　　　　　黑马线交易系统开滦股份测试报告　　　　　单位：元

开滦股份（600997）测试报告	
统计指标	全部交易
净利润	131 199.53
总盈利	156 905.74
总亏损	(25 706.21)
总盈利/总亏损	6.10
交易次数	68
盈利比率	60.29%
盈利次数	41
亏损次数	27
平均利润	1 929.40
平均盈利	3 826.97
平均亏损	(952.08)
平均盈利/平均亏损	4.02
最大盈利	19 688.78
最大亏损	(3 007.62)
最大持续盈利次数	13
最大持续亏损次数	5
平均持仓周期	29
平均盈利周期	40
平均亏损周期	12
最大持仓数量	81.00
最大使用资金	148 250.00
佣金合计	3 129.47
收益率	1 312.00%
年度收益率	94.82%
总交易时间	1 449 天
持仓时间比率	62.67%

测试日期同样是 2006 年 1 月 1 日至 2010 年 1 月 1 日，本金为 1 万元。下面来分析测试结果：

从测试报告中可以看到，按照黑马线交易系统操作，中短线交易一共出手 68 次，高于一般的样本数 30 次，其中盈利 41 次、亏损 27 次，成功率 60.29%，成功率略高于 60% 的预期。总盈利为 156905.74 元，总亏损为 25706.21 元，净盈利 131199.53 元，我们用了 1 万元的本金，所以很容易计算出收益率为 1312%。这次远高于前一次的结果。

再来看另一个关键指标 R 值（平均盈利/平均亏损），R = 4.02，R 值高于之前的预期值 3。成功率大于 50%，R 大于 3 肯定是赚钱的系统。我们再计算一下这个系统的数学期望，通过数学期望公式 EP = P × R - (1 - P) = 59.74% × 2.30 - (1 - 59.74%) × 1 = 2.03 > 0，是正期望的系统，这表明，使用这个系统，每一次出手 1 元本金的平均收益是 2.03 元，在该股中黑马线系统的盈利比相当好。

图 8-6 是利用黑马线交易系统时资金随时间增长的面积图。

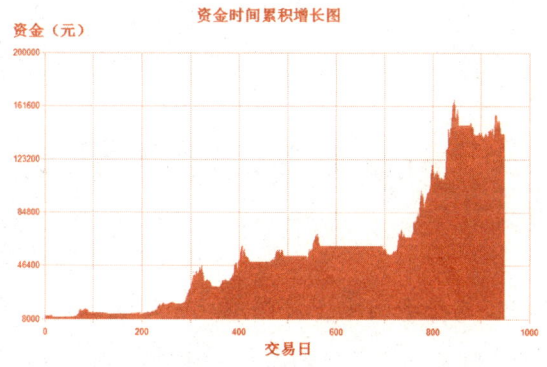

图 8-6　黑马线交易系统资金时间累积增长图

图 8-6 中横轴表示交易时间，纵轴表示资金值，从中可以看出，从开始的 1 万本资金，用了四年的时候，最高时达到过 16 万元，最后逐步累积到了 131199.53 元。这就是黑马线交易系统复利增长下的暴利表现。图中的横线处，

是因为长时间空仓造成的资金增长停滞,从分析报告中也可以看到,持仓时间大约占总交易时间的 60%,这说明投资者并不需要不断地交易,应该学会适时地休息,有 40% 的时间是空仓的。波段操作者需要有上升波段才有出手机会,市场调整时,我们也要知道停手,没有机会不强行操作,这份耐心是成功的一部分。

最后,对如何合理优化有以下几点建议:

(1) 正确认识和深刻理解所建立交易系统的理念,这样才能对如何优化有正确的方向性把握,不能只看结果,没有方向的速度是徒劳的。

(2) 在尽量做到简单的原则基础上,用其他技术分析方法配合增加过滤条件。比如在价格或成交量上做一些小的限定条件,不必太过复杂。条件越苛刻的交易系统,其适用性越差。

(3) 在资金管理上改进,不必只盯住技术分析不放。

(4) 多做测试,多积累经验。投资如博弈,需要通过实践去领悟。多动手,说不定下一次试验就会成功。还要在内力上提升对交易的理解,所谓"练武不练功,到老一场空"。

▶▶三分钟学会一招必杀技之八　对策比预测更重要

很多的投资者在实战中会出现"重预测、轻对策"的情况,更糟的情况是根本没有对策,这也几乎是所有新手的通病。股神巴菲特曾说过,"我从来没有见过能够准确预测市场走势的人",这确实是一个很难让人接受的事实。

投资是资金的博弈过程,市场之所以正常运作,正是由于有足够多的人参与,而不同的人有各自不同的投资方法与策略。博弈之中,对方的策略会影响自身的策略,如同下棋一样,对方每走一步,你都要根据对方的招数,考虑自己下一步的应对方法。象棋高手甚至能想到后面的十几步棋,还有对手可能做出的应对方法。投资的过程是复杂的博弈过程，用哪种思维做投资不仅决定了投资境界，也决定了你是否能在市场中生存。

重预测的投资者经常表现出以下几种思维方式，"市场将会如何"，"市场一定会如何"，"市场应该如何"等等。如果你现在还一直存在这种想法，说明你的主观交易思维很深。你的思维是自己一定不会错，而是市场错了。试想一下，如果你在下棋时老想着"对方应该会走在这里"，以这种思维下棋一定不会成为高手，也很难赢棋。

而重对策的投资者会经常这样想，"市场如果……我会……"，这是一个动态的决策过程，有经验的成功投资者会针对市场的变化做出自己最合理的操作行为。他的策略是随市场的变化而变化的，"唯有变化是不变的"。他们不会凭主观猜测市场会如何走而做出投资决策，他们是根据市场的每一步棋，走出自己的每一步棋。这最后一招必杀技是关于"方法的方法"，是最重要的一条投资策略，请投资者一定要牢记，用博弈的思维做投资，对策比预测更重要！

后 记

究竟有没有一种能战胜市场的指标？又有没有一种能笑傲股市的操盘方法呢？

这是投资者经常问到的两个问题。形象地说，指标如同是射手的枪，而操盘方法如同是射手的枪法。这样来看，有战胜对手的枪法而没有战胜对手的枪。我在书中介绍了四大技术分析方法，每种方法使用一种技术分析工具，包括均线、裸K线、MACD指标和量价指标。这四种分析工具就是投资者手中的"枪"，针对每种工具也介绍了很多种实效性较强的"枪法"。于是，开头的问题也就有了答案，没有能战胜市场的指标，但有能笑傲股市的操盘方法。

一切的技术形式都是工具，它们是客观的，都是价格的变形。而运用这些技术的方法却是需要投资者经过长期的学习、摸索和实战检验才能得到的本领。

在与投资者的交流中，我曾经遇到过一位有趣的投资者。起初，这位投资者对我说，技术都是用来壮胆儿的。在经过了一段时间的投资实战之后，又对我说，没有技术是肯定不行的。这是一种典型的对技术分析的认识过程，在起初，他由于自身对股市和投资的认识不足，特别是有了几次暂时的成功操作之后，便以为股市并不复杂，也便有了所谓的技术无用论。可是，经过一段时间在市场中的摸爬滚打之后，他就会认识到靠几次侥幸的成功操作是很难在市场中生存的。在受到市场的教训之后，才会认识到在股市中赚钱，并不像想象的那样轻松。从此之后，便开始专心钻研技术分析，发现市场的规律，并逐步走上正轨，这几乎是所有投资者的成熟过程。

市场总是向人们显露他充满诱惑的一面，而把它狰狞的一面隐藏起来，如果你不对它保持足够的重视和尊重，它就会使你陷入亏损。

有的投资者很注重心态和个人修养方面的问题，甚至说这会影响投资的成功。这种说法有些道理，但还不全面。影响投资成绩的三大因素是：技术分析、资金管理和心理控制。心态属于第三大因素心理控制的部分，确实是比较重要的部分，但技术分析是基础，资金管理也是非常重要的一环。还拿射手的例子来说明，如果在没有枪，没有弹药，不具备一定的射术的情况下，一位射手即使有再好的心态也是徒劳的。因此说，心态一定是建立在一定的技术分析和资金管理水平之上的，心态属于上层建筑，技术分析是最基本的环节，没有这个基础，一切都是浮云。

投资者只有在技术分析、资金管理和心理控制这三大方面都具备一定的水平之后，才能说是一位具有基本"作战"素质的射手。随着投资水平的提高，对于成手或高手来说，技术分析的重要性逐步降低，好比是一个金字塔，最大的底座是技术分析能力，中间的部分是资金管理能力，最上面的那部分是心理控制能力。

这是从纵向来看的，如果从横向来看，技术分析还可以分为从兵器（指标），再到战术（运用方法），最后到战略（理念）的过程。作为最基础部分的技术分析能力的提高也有它的过程，希望投资者在学习技术分析方法的同时，也要注重在投资理念方面的建设。书中开头部分的"十字金言"投资理念渗透于各章内容的讲解当中，一定要深刻体会！

学习投资，学习技术分析，都会经历从简到繁，再由繁到简的过程，所谓为学日益、为道日损。

最后，需要提醒投资者，投资做的是概率，技术分析就是寻找属于每位投资者自身的优势方法，需要发现自己的市场秩序，始终站到大概率的一边，长期坚持一致性的投资原则，笑傲股市并不是很困难的事情，希望投资者早日找到属于自己的"神之一招"！